Stand your ground!

Tim K.

Kein Teil des Systems

Alles, was am Ende zählt, ist,
ob man den Seinen
und sich selbst treu geblieben ist.

(Tim K.)

© Tim K. Verlag, Köln
Alle Rechte der Verbreitung, auch durch Film, Funk,
Fernsehen, fotomechanische Wiedergabe, Tonträger jeglicher Art,
Nachdruck (auch auszugsweise) sowie Einspeicherung
und Download in bzw. von Datenverarbeitungsanlagen
jeglicher Art sind vorbehalten und nur mit schriftlicher
Genehmigung des Verlages gestattet.

ISBN: 978-3-00-053618-2
1. Auflage, 2016
Titelfoto: Dirk Neumann, Fotograf
© Text und Fotos: Tim K.
Printed in Germany

Tim K.

Kein Teil des Systems

INHALT

Vorwort 8

1.   Das System 12

2.   Kriegstrommeln in der Nacht 20

3.   Pseudo-Profis 31

4.   Vom Land der Dichter und Denker 41

5.   Das Flüchtlingssommermärchen 42

6.   Anzeige gegen die Pfarrerstochter 49

7.   Heimat 53

8.   Silvester! 55

9.   Stellung beziehen 64

10. Städteverbot 79

11. An die Opfer der Silvesternacht 83

12. Amanda 86

13. Person des öffentlichen Lebens 88

14. Reisefreiheit 92

15. „Anne Will" – staatlich gelenktes Fernsehen
     für Gutmenschen 95

16. Der „Zuwanderer" – ein kläglicher Versuch,
     die Bevölkerung zu täuschen 97

17. Sie machen Ernst! 99

18. Dunkle Rüstung 104

19. Unerlaubter Waffenbesitz 110

20.	Speerspitze	121
21.	Ein Land, das derartige Urteile toleriert, ist dem Untergang geweiht	130
22.	Fakten der Niedertracht	133
23.	„Flüchtling" missbraucht Kind: Bewährungsstrafe!	134
24.	Die Saat geht auf	136
25.	In der Spirale des Irrsinns zurück zur Quelle	145
26.	Das Baby wächst und gedeiht	153
27.	Reflexionen	161
28.	Politik gegen die eigene Bevölkerung	163
29.	Das Trojanische Pferd	171
30.	Ihr könnt es!	174
31.	Am Ufer	176
32.	Facebook-Zensur	181
33.	Die Bundesregierung antwortet nicht!	185
34.	Dunkle Zeiten	187
35.	Verrat als Grundbestand	188
36.	Der Wanderprediger!	199
37.	KSK – Im Stich gelassene Elite	202
38.	Brothers MC Germany	215
39.	Grenzübergang Nickelsdorf	225

40. Eine aufschlussreiche Bahnfahrt 229

41. Das darf nicht Vergewaltigung heißen 232

42. Beim *„Kaufland"* um die Ecke 237

43. „Merkel-Dämmerung" 250

44. Überwachungsstaat – DDR 2.0 258

45. Sport ist etwas Wundervolles! 261

46. Ein Tag im neuen Zuhause 263

47. Vollpension und Sex-Flatrate 266

48. Die rollende Entgleisung in Person 271

49. 4-Sterne-Hotel für unsere Neuen! 273

50. Echte Flüchtlinge 274

51. Kinder-Ehen oder
der Untergang des Abendlandes 277

52. Friseurbesuch in Cottbus 279

53. Wann haben wir endlich Einsicht –
Gibt es in Düsseldorf etwa
keine 4-Sterne-Hotels? 280

54. Einkaufen in Deutschland 289

55. Nur mal angenommen 291

56. Stellen Sie sich einmal vor! 292

57. Unwetterkatastrophen 293

58. Es ist gar nicht so schwer 294

59. Subjektive Beschreibung eines Ausflugs 296

60. Deutschland im Herbst 298

61. Zwei Meldungen vom selben Tag 300

62. 80 Prozent Atomphysiker/Ärzte und Lehrer 301

63. Fragen, die Millionen
von Menschen interessieren dürften 303

64. Wem nützt eigentlich diese Invasion? 305

65. Wir stehen am Abgrund! 312

66. Vatertag 314

67. Siggi 316

68. Fremd im eigenen Land 319

69. Ein Sohn Kölns 322

70. Mein Eid 328

71. „Eure Hoheit" – Lösungsvorschlag 329

72. IS-Messe 332

73. Symbolik einmal anders 334

74. Das „Stalingrad"
der Kölner Polizeiführung 336

75. Es gibt nur einen einzigen
richtigen Weg: deinen eigenen! 339

76. Ist der Dalai Lama etwa jetzt ein Nazi? 341

77. Ein bedauerlicher „Einzelfall" 342

78. Dunkle Zeiten – ein Ausblick 347

79. Letzte Worte 351

VORWORT

Wir leben in einer bedrohlichen Zeit, und eine viel dunklere Epoche steht uns noch bevor. Dessen bin ich mir sicher. Das, was wir derzeit erleben, ist nur der Anfang. Wir werden überwacht und zu gläsernen Menschen gemacht. Wir dürfen nicht mehr unsere freie Meinung äußern und sollen politisch gleichgeschaltet werden.

Die Presse und die Medien in diesem Land sind gleichgeschaltet und berichten nur so, wie es erwünscht wird. Staatsorgane funktionieren, wie es von den Mächtigen befohlen wird. Grundrechte werden eingeschränkt und außer Kraft gesetzt. Wir ziehen in Kriege, die nicht unsere sind, und kämpfen für Mächte, die letztendlich gegen uns sind. Hunderte Milliarden von Euro fließen überall hin, nur nicht dorthin, wo es für die eigene Bevölkerung Sinn ergeben würde. Dieses Land wird regelrecht okkupiert von Millionen fremder Menschen, die weder die Legitimation besitzen, hierher zu kommen, noch aus der Not heraus gehandelt haben. Werte, die allzeit kostbar waren, fallen immer mehr in Ungnade und geraten in Vergessenheit. Treue, Loyalität, Aufrichtigkeit und Respekt sind Attribute, die sukzessive zersetzt werden.

In der Wirtschaft zählen nur noch Profit, Gier, größtmögliche Rendite und das Wohl der reichen Despoten und Großaktionäre. All das geschieht nicht aus Zufall, sondern wurde von langer Hand vorbereitet und geplant. Ausgeführt wird es nun von dem

System, das aus Netzwerken und Charakteren besteht, welche dieses Planes würdig sind und diesen effizient umsetzen. Das ist das System, von dem ich spreche: über das ich schreibe und gegen das ich stehe.

Ich war selbst einmal ein kleines Zahnrädchen in diesem großen Systemuhrwerk, als ich vor 15 Jahren als Polizist anfing zu studieren und dann zu arbeiten. Ich war bereits damals relativ schnell ein Sandkorn im großen Getriebe. Nicht, weil ich schlecht oder destruktiv arbeitete, sondern weil ich ehrlich und gerecht handelte. Und weil ich immer frei sein wollte. Ich ließ mich nicht gleichschalten und konformieren, sondern entwickelte immer mehr meine Individualität und Standfestigkeit. Langsam, aber sicher begann ich, mehr und mehr gegen das System zu wirken. Meine Ehre und meine Werte stellte ich über Konformismus und Angepasstheit. Ich entlarvte einen hochrangigen V-Mann des Systems, ein widerwärtiges und hochgradig kriminelles Subjekt, das mit jenem kooperierte. Aus dem Grund, weil es falsch und pervers war, mit jemandem, der alles das verkörperte, gegen das ich einstand, zusammenzuarbeiten. Das System schlug zurück und inszenierte meine Verhaftung, bot falsche Kronzeugen auf und verhängte eine 7-monatige U-Haft, um mich damals schon mundtot zu machen. Das Ziel war meine Verurteilung. Es gelang nicht, denn ich wurde letztendlich freigesprochen.

Während meiner Haftzeit schrieb ich mein erstes Buch, und ich wurde gefährlicher für das System und seine Schergen. Aufgrund dieses Buches meldeten sich Eingeweihte aus Kreisen des Systems und machten mich auf ein noch viel größeres Unrecht aufmerksam.

Es sitzt jemand unschuldig wegen Mordes lebenslang im Gefängnis, für einen Mord, den in Wirklichkeit der von mir enthüllte V-Mann begangen hat. Also schrieb ich mein zweites Buch, und ich wurde noch gefährlicher für sie. Ich wurde Mitglied in einem Motorradclub, der sich für Schwächere, Frauen und für Gerechtigkeit einsetzt. Mittlerweile bin ich eine Person des öffentlichen Lebens geworden. Ich bin weder links noch rechts. Ich achte und wertschätze jeden Menschen, jede Herkunft, jeden Glauben und jede Religion, ich pauschalisiere nicht und habe keine Vorurteile, entscheide immer individuell und situationsbezogen. Aber ich bin auch Deutscher, in diesem Land geboren, aufgewachsen und zu Freiheit, Anstand und Respekt erzogen. Ich stehe für Wahrheit, Gerechtigkeit und Werte ein, und ich lasse mir weder mein Denken, meine freie Meinung noch mein Handeln vorschreiben.

Ich bin Tim K.,
und ich bin kein Teil des Systems!

1. Das System

Wir leben in keinem freien Land. Das ist erst einmal festzuhalten. Wir leben in einem Land, das freier ist als Nordkorea, aber letztendlich besteht der Unterschied auch nur darin, dass wir Kabelfernsehen haben, frei reisen dürfen und die Auswahl und der Vorrat an Konsumgütern und Lebensmitteln nicht vergleichbar sind. Länder werden von Systemen geführt und beherrscht. System bedeutet in diesem Fall gleich Staat. Der Staat.

Ich bin der Meinung, dass wir seit dem Dritten Reich zu keinem Zeitpunkt ein so erdrückendes und freiheitseinschneidendes System auf deutschem Boden hatten wie das jetzige. Zur Erklärung bedarf es, dieses System zu beschreiben und zu durchleuchten, um auch seine Absichten und Ziele zu verstehen. Ich denke, es wird gewünscht, dass die gesamte Bevölkerung irgendwann nur noch eine schlichte, gleichgeschaltete und meinungslose Konsumherde sein soll, die generell ihren Mund hält und froh sein kann, in Lohn und Brot zu stehen, oder dass das soziale Netz so viel abwirft, dass das alltägliche Leben einigermaßen zur Zufriedenheit verläuft und gelebt und ertragen werden kann. Die ganze Welt dreht sich nur um Kapital, Gewinn, Finanzen und daraus resultierend um Macht. Die Mächtigen bedürfen der Massen, um ihre Gewinne zu vermehren, oder besser umschrieben: diese überhaupt erst einmal zu erwirtschaften. Kriege werden nicht aus Gerechtigkeit oder Nächstenliebe geführt, sondern aufgrund von wirtschaftlichen oder machtpolitischen Interessen. Und auch in diesen Fällen ziehen große Teile der Massen in Schlachten, verlieren ihr Leben oder Gliedmaßen, damit einige wenige ihre Macht und ihren Reichtum ausweiten oder erhalten können. Dies mag zwar alles sehr einfach und pauschalisierend klingen, aber letzten Endes ist es genau so. Es ist überall dasselbe, und immer wieder verläuft es nach dem Prinzip „Brot und Spiele" wie im alten Rom. Solange das Volk genug zu fressen hat, am Wochenende die Bundesliga läuft oder am Nachmittag das Primitiven-Fernsehen, solange laufen die Massen in der Spur. Unsere Politiker sind die Vollstrecker eines Plans, der einzig und allein darauf abzielt, politischen und wirtschaftlichen Lobbygruppen immer mehr Einfluss und Gewinn zu verschaffen. Es ist weltumspannend ein riesiges Netzwerk, das eng miteinander verwoben ist. Politik und Wirtschaft und Wirtschaft und Politik. Dazu noch eine gehörige Prise an Religion und fertig ist das Gericht, welches die wenigen an ihrer Tafel feist und gierig schlemmen wollen. Man sollte annehmen, dass die Mägen schon so voll sind, dass der Appetit längst vergangen sein müsste, aber das Prinzip der Maßlosigkeit steht diesem vor. Je mehr, desto besser, und die Gier ist unersättlich. Wie funktioniert dieses System und wie erhält der Staat sich selbst seine Macht? In Deutschland existiert keine Macht des Volkes oder gar eine Mitbestimmung des Einzelnen. Alles dreht sich nur um die großen Parteien. Nach dem Zweiten Weltkrieg wurden in der BRD die großen Volksparteien installiert und durch die Alliierten abgesegnet: CDU und SPD. Betrachtet man unsere Nachkriegsgeschichte, dann erkennt man, dass entweder die eine oder die andere Partei dieses unsere Land jeweils regiert hat. Natürlich gibt es auch noch die kleineren Parteien, die immer wieder dazu dienen, Koalitionen zu schließen, wenn die absolute Mehrheit alleine nicht vorhanden ist. Wie schwachsinnig das Verhalten oft ist, äußert sich schon darin, dass alles, was die regierende Partei von sich gibt, vorschlägt oder umsetzt, generell von der Opposition kritisiert oder gar abgelehnt wird. Allein das indiziert schon, dass es nicht um die Sache und um das Wohl der Bevölkerung oder des Landes geht, sondern einzig und allein um den eigenen Vorteil bzw. den persönlichen Standpunkt. Man begehrt nach der Macht. Immer und immer wieder. Das ist das Einzige, was zählt. Jede Partei ist gleichermaßen aufgebaut: Jugendverbände, Kreis- und Ortsverbände bis hin zu den Landes- und Bundesgremien. Es ist eine einzige Tretmühle, in der jeder Kandidat und jede Kandidatin so lange gemahlen, gepresst und geformt wird, bis das gewünschte Resultat am Ende dabei herauskommt. Niemand anderes würde jemals an die Spitze einer Partei gelangen. Kein Mensch, der Rückgrat, Anstand, seine eigene Meinung kundtun oder leben würde, hätte jemals den Hauch einer Chance, in der politischen Landschaft eine Rolle zu spielen, ganz egal, wie klein oder unbedeutend diese auch wäre. Das ist auch der Grund, warum wir keine Macher oder Persönlichkeiten mehr in der Politik besitzen. Es ist überwiegend die Negativauslese einer Gesellschaft. Konformisten, Egoisten, Machtmenschen, die alles dafür tun würden und auch tun, um persönlichen Erfolg oder Einfluss zu gewinnen. Derjenige, der selbstlos für die Menschen und die Allgemeinheit etwas tun will, der wird niemals diesen Spießrutenlauf und diese politische Gehirnwäsche erfolgreich absolvieren, weil er bereits sehr früh ausgemustert und verbannt werden wird. Das ist aber auch die Misere. Das ganze System, der gesamte Staat ist nur auf diesen Parteien aufgebaut. Es ist sogar noch schlimmer, der ganze Apparat besteht nur aus Mitgliedern der Parteien. Dies ist sogar Voraussetzung für die Vergabe der meisten Posten; die Richter am Bundesverfassungsgericht, an den Land- und Amtsgerichten; die Staatsanwälte, die Polizeipräsidenten und –präsidentinnen; Generäle der Bundeswehr; Leiter der Behörden Verfassungsschutz, Bundespolizei und Zoll. Jeder Presserat bei ARD, ZDF oder anderen Sendern ist zusammengesetzt aus Parteibuchinhabern. Die Vernetzungen von Politik, Wirtschaft und Presse sind so eng, dass man von keiner Objektivität oder Unbefangenheit mehr sprechen kann. Es ist alles ein einziger Sumpf: Vorteilsschlacke und Vernetzung von persönlichen Interessen. Genau so funktioniert das System und erhält und sichert sich selbst. Die Pyramide gilt für jeden Bereich in unserer Gesellschaft, und es wird immer von oben nach unten hinab delegiert. Ganz gleich, welcher Bereich, es regiert immer dieselbe Formel. Polizei, Justiz, Sozialämter, Presse, Staatsanwaltschaften, Bundeswehr, alles ist im Besitz der Parteien und nicht der Bevölkerung. „Im Namen des Volkes" ist eher ein schlechter Witz, als dass es der Realität entspräche. Alle Institutionen und Behörden befinden sich im Besitz und zur freien Verfügung der großen Parteien, die dieses Land wie eine Firma führen. Eine Art Selbstbedienungsladen. Und alle vier Jahre darf und soll das Stimmvieh wieder an die Urnen herangeführt werden, um sein Kreuz zu machen, damit die Macht erhalten bleibt und die Herde danach wieder schön ihr Maul geschlossen hält. Vor den Wahlen wird wieder von Wahlplakaten herab gegrient, und irgendwelche haltlosen Phrasen werden dem Volk in die Köpfe gepustet. Versprechen und Zusagen, die so schnell nach der Wahl wieder vergessen oder negiert werden, wie sie vorher kurzfristig ausgerufen wurden. Es ist und bleibt eine einzige Komödie auf Kosten der Bevölkerung dieses Landes. Deutschland wird geführt wie eine Firma, und die Interessen liegen eindeutig bei seinen Großaktionären, die vertreten werden durch ihre leitenden Angestellten. Nicht anders ist es zu erklären, wie eine farblose und schlichte Pfarrerstochter aus der Uckermark, die weder über Intellekt, Charisma oder eine anderweitige Ausstrahlung verfügt, an die Spitze dieses Landes gelangen konnte. Ihr gesamter Stab besteht aus rückgratlosen Speichelleckern und Kriechern, die wie die Lemminge bedingungslos ihrer Anführerin folgen und es zu keinem Zeitpunkt wagen würden, etwas gegen diese zu sagen. Das soll Politik im Namen des Volkes sein? Wenn ich mir diese Gestalten durch die Bank so ansehe, dann erweckt es in mir den Eindruck, dass das genau die sind, mit denen damals in der Schule niemand spielen wollte. Und heute wollen genau die uns sagen, wie wir zu leben und was wir zu denken haben? Ich weiß, dass man nicht gegen das System gewinnen kann, denn die Masse der glitschigen Duckmäuser ist zu groß und hält wie eine Armee von Lemmingen zusammen. Das Mindeste, was man aber tun muss, ist: ihnen zu zeigen, dass man nicht dazugehört. Dass man kein Teil ihres Systems ist. Natürlich gibt es auch einige, die mit guten Absichten angetreten sind, aber diese kommen entweder nicht nach oben oder werden später von der Macht und dem Geld korrumpiert. Politiker sind der Bevölkerung entrückt, und die heutige Politik ist ein Virus, das alle Bereiche wie Presse, Staatsorgane, Rundfunkanstalten und Gerichte infiziert hat. Das Abstruse ist, dass Personen, die selbst in einem System gelebt haben, das sich aufgrund einer gleichgeschalteten Presse, dem Verbot der Meinungsfreiheit und einer Führung, die letztendlich gegen die eigene Bevölkerung regiert, selbst abschaffte, nunmehr genau dasselbe in dem Land perfektionieren, das vormals eben dieses andere System abgelöst hat.

Ich möchte eines noch zu unserer herrschenden Kaste und zu dem System loswerden, nämlich: Als wenn es irgendjemand von denen ernsthaft interessierte, wie es dem Volk geht. Sie interessieren sich einen Dreck für Dich, Deine Kinder, Deine Meinung oder sonst irgendwas. Das Einzige, was interessiert, ist die Macht an sich und diese zu behalten und wenn möglich zu vergrößern. Und die vielen kleinen Ameisen, die das System stützen und damit überlebensfähig machen, wollen doch auch nur ihre Mieten bezahlen und tun deshalb alles, was von ihnen verlangt wird. So war es schon immer und so wird es immer bleiben. Ich sollte ein größerer Dorn im Auge des Systems werden, aber das wiederum sollte noch dauern. Ich hatte mir bis dahin ihren

Unmut auf andere Art und Weise bereits zugezogen, indem ich mit meinen Büchern dabei war, einen Justizskandal aufzudecken, für den ein Unschuldiger im Gefängnis saß. Das System vergisst niemals und verzeiht nicht, und es kämpft immer mit unfairen Mitteln. Das sollte ich schon bald am eigenen Leibe erneut erfahren. Das einstmals kleine Zahnrad knackte bereits immer lauter im Getriebe, und das System schlug mit allen Mitteln zurück.

2. Kriegstrommeln in der Nacht

Es war die Nacht von Dienstag auf Mittwoch, 4.05 Uhr. Draußen war es stockdunkel, und ich saß daheim in meinem Büro vor dem PC und korrigierte noch mein letztes Buch. Am Abend zuvor hatte ich mir „Wir waren Könige", einen kritischen, deutschen Film über ein Spezialeinsatzkommando, das aufgrund von internen Skandalen und Verbrechen sich selbst zugrunde richtet, mit meiner besten Freundin Anke angesehen. „Wir waren Könige" ist ein deutsches Filmdrama und ein Thriller von Philipp Leinemann aus dem Jahr 2014. Der Film spielt im Polizeimilieu einer ungenannten deutschen Großstadt und feierte seine Premiere am 28. Juni 2014. Nachdem ich den Film gesehen hatte, dachte ich mir, dass ich irgendwann einmal einen Zettel an alle meine Türen hängen müsste, auf dem draufsteht: Ich bin zu Hause, unbewaffnet, brecht keine Türen auf, ich verhalte mich friedlich und öffne freiwillig!

Ich saß vor dem Bildschirm des PC, hatte meine Kopfhörer auf und schwenkte zwischen Buchkorrektur und Musikvideos hin und her. Auf einmal ertönte eine Explosion, und trotz des Kopfhörers und lauter Musik dachte ich, dass eine ganze Etage in meinem Mehrfamilienhaus eingestürzt wäre. Ruckartig streifte ich den Kopfhörer ab und hörte das Aufbrechen der Eingangstür sowie lautes Schreien und den Widerhall vieler Stiefel im Treppenhaus. Von draußen ertönte über ein Mikrofon fortwährend die Durchsage: *„Herr K., hier spricht die Polizei, öffnen Sie die Tür und kommen Sie heraus! Herr K., hier spricht die Polizei ..."*

Ich begriff allmählich, was vor sich ging. Geistesgegenwärtig ließ ich mich langsam von meinem Schreibtischstuhl hinuntergleiten, legte mich bäuchlings auf den Boden und streckte Arme und Beine weit von mir. Mir war klar: Träfe mich das SEK stehend an, würden sie in mich hineinschlagen und mich brutal zu Boden reißen. Ich erwartete jeden Moment das Splittern der Wohnungstür, aber das ließ noch auf sich warten. Also robbte ich zu meinem PC und kappte die Stromzufuhr. Danach kroch ich bäuchlings zur Wohnungstür. Fortwährend schrien die eingesetzten SEK'ler: *„Herr K., kommen Sie heraus! Herr K., wo sind Sie? Kommen Sie heraus!"* Ich schrie mehrmals zurück: *„Hier bin ich!"* Mit der rechten Hand, immer noch auf dem Boden liegend, öffnete ich die Wohnungstür, um mich sofort wieder mit dem Gesicht auf den Boden zu pressen. Schließlich stürmten die schwarz gekleideten SEK'ler in meine Wohnung. Ich sah nur die schwarzen Stiefel und Schienbeinprotektoren. Der erste Beamte trat mir absichtlich mit seinem Stiefel im Vorbeigehen an den Kopf, während man mir umgehend ein doppeltes Paar Kabelbinder um die Handgelenke zog. Selbstverständlich wurden diese noch einmal richtig festgezogen, bevor man mich ins Büro zurückschleifte. Ich lag auf dem Bauch und wurde von zwei Beamten aufgerichtet. Einer drückte mir den Kopf sofort wieder in Richtung Boden und wies mich an: *„Runter gucken!"* Die ganze Zeit schwirrten nervöse und aufgedrehte SEK'ler durch das Treppenhaus und schrien herum, dass dies ein Polizeieinsatz sei. *„Gehen Sie zurück in Ihre Wohnungen!"* Der SEK-Mann, der mich die ganze Zeit vor mir stehend fixierte, richtete seine Waffe in meine Richtung. Ein anderer schrie: *„Ist hier noch jemand?"* Sodann fragte ich in die Runde, was der Anlass für diese ganze Aktion sei. *„Das erklärt Ihnen gleich ein Sachbearbeiter",* war die ruppige Antwort, und dieser kam kurze Zeit später.

Ich trug ein „Brothers MC"-Shirt, eine kurze Adidas-Hose und Badeschlappen. So lag ich endlose Minuten auf dem Boden und fragte mich: *„Wo ist der Knopf, der diesen Albtraum stoppt? Wo ist der Schalter, der das beendet und mich aufwachen lässt?"* Durch meinen Kopf zogen Bilder: Jetzt geht es in die Pennerzelle des Polizeigewahrsams, am nächsten Tag in irgendeine JVA. Es sollte alles wieder von vorn beginnen! Alles zog an mir vorüber. Wieder mein ganzes Leben zerstört, mein Besitz geht vor die Hunde, sechs Monate U-Haft in irgendeinem Loch, für was auch immer! Ich wusste nämlich wirklich nicht, was man mir vorwerfen wollte. Ich bin kein Chorknabe, aber ich hatte nichts getan, was diesen Einsatz gerechtfertigt hätte. Der SEK'ler, der mich die ganze Zeit bewachte, blickte neugierig auf meine Kutte und auf alle anderen Rockerinsignien. Als ich dalag und mein Leben, zumindest für diese endlosen Minuten, mal wieder ein Scherbenhaufen war, hatte ich mit meiner Freiheit abgeschlossen. Wer hatte wieder Lügen über mich erzählt? War es ein Komplott?

Ich saß inmitten meines Büros auf dem Boden, als der zuständige Sachbearbeiter des KK 21, ja, Sie lesen richtig, sich mir gegenüber auf den Stuhl setzte.

„Was werfen Sie mir vor?"

„Herr K., wir haben einen Durchsuchungsbeschluss, weil Sie im Verdacht stehen, eine scharfe Schusswaffe zu besitzen." Als ich das hörte, fing ich an zu grinsen, und all die Anspannung fiel umgehend von mir ab. Ich lachte (ich tat das wirklich) und sagte regelrecht glücklich zu dem Ermittler: *„Jetzt mal ganz ehrlich, ich dachte schon, es wäre etwas Ernstes, aber das ist ja wunderbar. Tun Sie mir einen Gefallen und zerstören Sie nicht alles unnötigerweise, denn eines kann ich Ihnen garantieren: Sie werden hier keine Waffe finden. Aus dem einfachen Grund, weil es hier keine gibt!"* Ich musste lachen und realisierte sofort, dass ich weder eingesperrt noch in irgendeine JVA kommen würde. Der Ermittler fuhr fort und teilte mir mit, dass

es eine Zeugenaussage gegen mich gebe, in der jemand ausgesagt hatte, dass ich über eine scharfe Schusswaffe verfügte. Was für ein Dreck! Und vor allem, was für ein Stück Dreck! Ein verlogenes dazu! Ich wusste selbst nur zu gut, dass niemand eine Waffe bei mir finden würde. Inzwischen bekam ich ein Bild von dem Polizeieinsatz gegen meine Person. Ich kannte das Szenario bereits, es war nunmehr meine zweite Festnahme durch das SEK, und mir war klar, dass das ganze Haus voller Polizei war. Zwischen den mindestens zwei Gruppen SEK'lern (circa zwölf Mann) wieselten fast 20 zivile Ermittler durch das Haus, unterstützt von mehreren Sprengstoffhunden. Ich fragte, ob ich Anke, die über mir wohnte, noch etwas sagen könne, was mir gewährt wurde. Ich ging in Begleitung mehrerer Beamte zu ihr, sie öffnete die Tür und ich beruhigte sie mit den Worten: *„Es ist alles gut. Die suchen nur eine scharfe Waffe. Alles ist gut!"* Anke war gefestigt und abgeklärt. Fürwahr professionell. Sie hatte den ganzen Mist auch schon einmal dank mir miterlebt!

Der gesamte Parkplatz vor meinem Haus war voller Polizeifahrzeuge in Zivil, und die SEK-Bullis hatten quer über die Straße geparkt. Schaulustige hatten sich versammelt, und alle Nachbarn drückten ihre Gesichter an den Fenstern ihrer Wohnungen platt. Ein Action-Krimi mitten in Horn-Bad Meinberg! Das gab es noch nie, und ich sollte der Grund sein, es diesen Spießern einmal zu ermöglichen, solch einem Krimi beizuwohnen.

Ich wurde nach draußen geleitet, sollte ich doch umgehend erkennungsdienstlich behandelt werden, und zwar in meiner ehemaligen Behörde in Detmold. Die Ermittler des KK 21 (organisierte Kriminalität) setzten mich in ihr Auto und fuhren mit mir nach Detmold, während die Armee weiter meine Wohnungen durchwühlte und verwüstete. Ich sagte noch, dass, wenn man mir keine Waffe unterjubeln würde, sie definitiv auch keine finden würden. In Rekordzeit war auch mein Rechtsanwalt Hendrik Schnelle am Durchsuchungsort, nämlich an meinem Wohnhaus, eingetroffen. Ich begrüßte ihn freundlich, und er fuhr im Konvoi mit zur ED-Behandlung. Fairerweise muss ich an dieser Stelle sagen, dass die Beamten des KK 21 durchweg freundlich zu mir waren. Dies mag einerseits dem geschuldet sein, dass einer von beiden meinen Vater von früher kannte, und andererseits, dass die beiden auch allmählich realisierten, dass der ganze Einsatz nur das unnötige Verschwenden von Steuergeldern war.

In Detmold angekommen wurde ich von einer Dame im ED-Behandlungszimmer erwartet, die ich von damals kannte. *„Haben sie dich meinetwegen aus dem Bett geworfen?"*, fragte ich amüsiert, worauf sie antwortete, dass sie schon im Vorfeld Bescheid gewusst habe. *„Und dann hast du mich* *nicht angerufen?"*, fragte ich belustigt. Danach begann die ganze Prozedur, allerdings in einer sehr entspannten Atmosphäre, erneut. Vermessen: 1,82 Meter; Gewicht: 134 Kilogramm; elektronische Fingerabdrücke nehmen; den Oberkörper freimachen und alle Tattoos erfassen; Bilder von allen Seiten. Ich hatte mich seit dem letzten Mal verändert, und alles musste demnach aktualisiert werden. Nachdem wir fertig waren, grüßte ich noch ihren Freund, den ich von damals aus dem Fitnessstudio kannte, und wurde dann vom KK 21 wieder nach Hause gefahren. Dort angekommen hatte sich die große Armada bereits aufgelöst. Einige Ermittler und Durchsuchungskräfte waren noch da. Mein Auto wurde durchsucht und alles in allem nichts gefunden. Ich korrigiere, eine einzige Patrone von damals, als ich noch Polizist war. Diese fand man in meiner Kellerwohnung – und auch nur aus dem Grund, weil man diese eine Patrone vor über fünf Jahren bei der letzten Durchsuchung schlichtweg übersehen hatte. Als sich endlich alle eingesetzten Kräfte wieder aus dem Staub gemacht hatten, erkannte ich den Grad der sinnlosen Zerstörung. Jetzt erst bekam ich die Möglichkeit, in Ruhe mit Anke zu sprechen und mir von ihr noch einmal den ganzen Einsatz aus ihrer Sicht schildern zu lassen.

Anke schlief im ersten Stock, als sie von drei Explosionen, nämlich Knallirritationskörpern, aufgeweckt wurde.

Gleichzeitig schlug man die vordere, verglaste Eingangstür ein sowie das große Fenster auf der Rückseite des Hauses, der Wohnung meines Nachbarn. Dieser hatte rein gar nichts mit mir oder der Durchsuchung zu tun, was jedoch das SEK-Team hinter dem Haus nicht davon abhielt, auch seine Wohnung zu stürmen. Das ganze Haus war, wohlgemerkt um kurz nach vier Uhr nachts, umstellt und von Scheinwerfern und Lasern der Maschinenpistolen beleuchtet. Eine Lautsprecherdurchsage, die in ganz Bad Meinberg zu dieser Uhrzeit zu hören war, ließ ununterbrochen ertönen: *„Herr K., hier spricht die Polizei ..."*

Die Spezialisten strömten durch das Treppenhaus und schrien herum, dass es sich um einen Polizeieinsatz handele. Anke versuchte zu sagen, dass sie einen Schlüssel für die Wohnungen habe, was man jedoch nicht zur Kenntnis nahm. Stattdessen wurde sie angeschrien, und die Türen wurden mutwillig und vorsätzlich „geöffnet", gesplittert und zerstört. Das Haus wurde komplett durchsucht und man schrie pausenlos: *„Herr K., kommen Sie heraus! Wo sind Sie? Herr K., kommen Sie aus der Wohnung raus! Hier ist die Polizei ..."*

Während ich mich in Detmold der ED-Behandlung unterziehen musste, beobachtete Anke als Zeugin der Durchsuchung einige mehr als interessante sowie verräterische Dinge. Insbesondere interessierten sich die

Ermittler für sämtliche Unterlagen, Kopien, investigative Schreiben, Briefe des inhaftierten Carsten B. und alle weiteren buchbezogenen Unterlagen. Alles wurde fein säuberlich aufgelistet, fotografiert und archiviert. Ging es bei der absolut unnötigen und maßlos übertriebenen Aktion etwa erstrangig gar nicht um eine angebliche scharfe Waffe, sondern vielmehr um mein neues Buch und die ungeheuerlichen Enthüllungen darin? Es ist mehr als erstaunlich, dass es wieder das KK 21 war, ausgerechnet das Spezialdezernat, welches ich explizit erwähne und gewissermaßen auch seziere. Das Dezernat, welches nach meiner Ansicht Jörg M. „Nasenbär", der angeblich wahre Mörder von Karsten Gieseking, als V-Mann führte. Der 28-jährige Gieseking, Mitglied einer Einbrecherbande, wurde 2005 mit Kopfschüssen getötet und seine Leiche im Weserseitenkanal bei Petershagen gefunden. Ermordet wurde er von einem mutmaßlichen V-Mann der Polizei, eben jenem bereits erwähnten „Nasenbär", der meines Erachtens komplett aus den polizeilichen Ermittlungsakten herausgehalten wurde. Stattdessen wurde ein Unschuldiger zu einer lebenslangen Haftstrafe verurteilt, der noch heute im Gefängnis sitzt. Ausführlich geschildert habe ich diesen Fall in meinem Buch „*Vergeltung*". Ich war mir schon immer sicher, dass ich mit meinen Büchern in ein Wespennest gestochen hatte. Der Staat schlug erneut zurück. Es war ganz eindeutig ein Warnschuss! Meine Antwort: Jetzt erst recht!

Eine Sache möchte ich noch anführen. Gerade dieser „Einsatz" hat mir aus nächster Nähe und unwiderlegbar bewiesen, dass diese dilettantischen „Sturmtruppen" unnötig, wahllos und schlichtweg um des Zerstörens willen wüten und agieren. Das Fenster der Wohnung meines unbeteiligten Nachbarn wurde vorsätzlich eingeschlagen, die Haustür mit brutaler Gewalt mittels einer Metallramme zerstört, ebenso wie meine Wohnungstür. Kurz nach vier Uhr morgens werden drei Irritationssprengkörper in einem ruhigen Wohngebiet zur Detonation gebracht. Das ganze Viertel wurde mittels einer Lautsprecherdurchsage aufgeweckt. Alles nur aus dem einen Grund, dem Betroffenen, in diesem Falle mir, das soziale Leben danach zu erschweren oder gänzlich unmöglich zu machen. Jetzt wissen alle, dass dort ein Schwerstkrimineller lebt. Interessiert mich nicht, aber die Absicht ist schlichtweg widerwärtig.

Als der Stiefel mich am Kopf traf, während ich auf dem Boden lag und kurz zuvor die Schutzprotektoren an den Schienbeinen und Armen gesehen hatte, wurde mir sofort wieder deutlich, dass diese Subjekte all die Hunde, die sie während ihrer Einsätze töten, einzig und allein nur aus Freude und Willkür erschießen. Ein Hund, selbst wenn er einen SEK'ler angreifen würde, könnte diesen überhaupt nicht verletzen. Die Typen sind so geschützt durch ihre Rüstung, dass ihnen ohnehin nichts passieren würde. Was soll das alles? Ihr wollt der Allgemeinheit dienen? Ihr seid schießwütige Rambos ohne jeglichen Anstand. Aber trotz allem seid ihr nur die Schergen der Kommissariate, die euch als Kettenhunde von der Leine lassen. Ihr habt alles zerstört und kaputtgeschlagen, habt rumgeschrien und für künstliche Unruhe gesorgt. Und wofür das alles? Für nichts!

3. Pseudo-Profis

Ein Haufen verwirrter Pseudo-Profis besser umschrieben.

Immer wieder liest man von ihren Pannen und ihrem stümperhaften Vorgehen: *„SEK stürmt falsche Wohnung!"* Unsere Trainingsweltmeister vom Spezialeinsatzkommando. Diese hochmotivierten, bestens und hochprofessionell ausgebildeten Spezialisten wurden von mir bereits in meinem ersten Buch beschrieben, und auch in diesem kommt ihnen eine gewisse Bedeutung zu. Liebe Leserinnen und Leser, ich habe die Ehre und Freude zugleich, Ihnen noch einmal ein exemplarisches Beispiel zu geben, wie diese „Profis" im richtigen Leben, in einer realen „Einsatzlage" agieren.

Die Jungs, die sich am liebsten selbst, aber auch von den Medien als „Elite-Cops" bezeichnet werden, entpuppen sich in Wahrheit als absolut stümperhafte und hilflos dilettantisch agierende Amateure: selbst das ist noch stark untertrieben. Ich möchte nochmals erwähnen, dass es Eliteverbände gibt, die mit Fug und Recht diesen Begriff verdienen. Dazu zählt die GSG 9, das KSK, die Navy Seals und GIGN sowie einige andere. Das ist die Champions League. Aber was „unsere" vermummten „Jungs" betrifft, so bezeichne ich sie zu Recht als Kreisliga C. Ich werde Ihnen detailliert erzählen, was während des mir gegoltenen Zugriffs, den ich im vorherigen Kapitel beschrieben habe, passiert ist. Sie müssen wissen, dass jeder SEK-Einsatz penibel und akribisch im Vorfeld geplant wird. Es finden Besprechungen statt, Grundrisspläne des Hauses bzw. der Wohnung werden angefordert und studiert, und am vorhergehenden Abend des geplanten Zugriffs wird durch mindestens zwei Beamte noch einmal die Lokalität genauestens ausgekundschaftet. So weit, so gut. Demnach müsste alles klar sein und nichts dürfte schiefgehen. Abgesehen davon ist es nicht so schwierig, eine Tür einzuschlagen/aufzurammen, um dann wild hineinzulaufen und den Betroffenen festzunehmen. Dies soll in der Regel mit einstudierten und trainierten Zugriffstechniken, u.a. auf Wing-Tsun-Basis erfolgen, ist in der Realität aber ein einfaches, wildes Gewühle, weil die SEK'ler schlichtweg nicht wirklich Wing Tsun beherrschen. Die Grundtechniken reichen in der Regel ohne intensives Training nicht aus. Deshalb verlässt man sich letztlich lieber auf die rohe, stümperhafte Gewalt. Dem geplanten Zugriff gegen meine Person lag ein Durchsuchungsbeschluss des Amtsgerichts Detmold zugrunde. In diesem war ganz klar eingegrenzt, welche Wohnräume bzw. welche Wohnung durchsucht werden durften. Dies waren meine Räume, meine anliegende Garage und mein Auto. Die von mir bewohnten Räumlichkeiten befinden sich im vorderen Teil des Hauses im ersten und zweiten Stock. Als der Einsatz mit dem Zünden von Irritationssprengkörpern begann, rammte eine SEK-Gruppe die vordere Haustür ein, während gleichzeitig hinter dem Haus eine andere Gruppe die breite Fensterfront einer Souterrain-Wohnung einschlug und zum Bersten brachte. Die eine Gruppe stürmte nach oben und rammte dort meine Wohnungstür auf. Die andere Gruppe, die das große Fenster zerstört hatte, stieg nun durch dieses in das Souterrain ein und stieß dort auf einen etwa 50-jährigen, sehr beleibten Mann, der womöglich mit weit aufgerissenen Armen in der Wohnung stand, weil er, kurz vorher gerade von der Toilette kommend, wieder ins Bett gehen wollte. Der Mann wurde brutal zu Boden gerissen, in die Scherben hineingedrückt, fixiert und gefesselt. Währenddessen verhöhnte man ihn und machte sich noch darüber lustig. Die restliche Combo stürmte weiter ziellos durch das ganze Haus und schrie lautstark herum. Ich lag derweilen schon freiwillig mit dem Gesicht auf dem Boden, alle viere von mir gestreckt, wohlwissend, dass, wenn die „Rambos" mich stehend erblickten, ich richtig Schläge kassieren und gewaltsam zu Boden gerissen werden würde. Diese Genugtuung wollte ich ihnen nicht geben. Also lag ich auf dem Boden und schrie immer mal wieder: *„Hier bin ich! Ich bin hier!"* Einige Sekunden später stürmten dann mehrere SEK'ler die Wohnung. Die Experten hatten das gesamte Haus durchsucht, aber die Wohnung, in der ich mich immer aufhalte und auch in dieser Nacht mich befand, genau diese hatten sie völlig außer Acht gelassen.

Mit einer gespielten und dramatischen Erfordernis wurden mir dann Kabelbinder umgelegt. Weil ich breiter gebaut bin, war es nicht so leicht für die Profis, meine Arme auf dem Rücken zu fixieren. Dies gelang aber mit der erforderlichen rohen Gewalt. Ich möchte betonen, dass ich in diesem Fall weder ein verurteilter Straftäter, der aufgrund eines Verbrechens gesucht wurde, noch irgendein Amokläufer war. Ich stand im Verdacht, eine scharfe Waffe zu besitzen, weil irgendjemand dies angeblich behauptet hatte. Aber was war mit dem anderen Festgenommenen passiert, und wer war das eigentlich? Bei dieser Person handelte es sich um meinen Nachbarn, der in einer ganz anderen Wohnung lebt als ich. Ich muss Sie nicht darauf hinweisen, dass seine Wohnung nicht im Durchsuchungsbeschluss aufgelistet war und nicht im Geringsten mit einer von meinen Wohnungen verwechselt werden konnte. Nachdem etliche Minuten vergangen waren, kam ein Ermittler hinzu und bemerkte gegenüber den ihn umringenden Spezialkräften, dass dies ja gar nicht der Tim K. sei. Mein Nachbar, zuvor noch rabiat festgenommen, verhöhnt und gefesselt am Boden liegend, wurde nun von seinen Hand- und Fußfesseln befreit. Kleinlaut, ohne ein Wort der Entschuldigung, rückte man ab.

Warum ist man nicht am Vormittag erschienen, hätte normal geklingelt und gefragt, ob ich zu Hause sei? Das wäre ich nämlich gewesen. Man hätte in aller Ruhe bei Tageslicht die Wohnungen durchsuchen können und dann auch nichts gefunden. Stattdessen kommt man um kurz nach vier mitten in der Nacht, weckt die gesamte Nachbarschaft mit Explosionen auf, macht die Nacht zum Tage mittels einer fortdauernden Lautsprecherdurchsage und zerstört unnötig Privateigentum. Ganz zu schweigen davon, was dieser Blödsinn den Steuerzahler kostet. Vorläufiges Fazit dieses Einsatzes: Es wurde keine scharfe Waffe gefunden! Die meisten Türen im Haus wurden zerstört: eine große Glasscheibe wurde eingeschlagen; eine falsche Wohnung wurde gestürmt; eine unbeteiligte Person wurde verletzt und festgenommen, weil man sie irrtümlicherweise für mich hielt, obwohl keinerlei Ähnlichkeit bestand. Der Mann ist nach diesem Schock psychisch am Ende. Er schläft nicht mehr und lässt stets seine Tür weit geöffnet, damit er jederzeit aus der Wohnung rennen kann. Es ist wahrscheinlich, dass er, gesundheitlich bedingt, seinen Beruf nicht mehr ausüben kann. Das war bereits meine zweite SEK-Festnahme, und ich war wie beim ersten Mal ruhig und gefasst. Für einen Normalbürger ist das jedoch ein Schock fürs Leben. Wissen diese Hobby-Rambos überhaupt, dass sie durch ihre feigen, nächtlichen Überfälle regelrecht Leben zerstören? Dieser Mann wird womöglich nie wieder ohne Angst und Verfolgungswahn einschlafen können. Zum Glück besaß er keinen Hund als Haustier, denn dieser wäre selbstverständlich erschossen worden. Nicht aus Gefahrenabwehrgründen, sondern aus Lust und Freude und um Menschen noch mehr zu schaden. Nur kurze Zeit nachdem die ‚Gurkentruppe' bei mir die falsche Wohnung gestürmt und meinen Nachbarn versehentlich festgenommen hatte, übertrafen sie sich nochmals um Längen, was mich zu folgender öffentlicher Erklärung hinreißen ließ: *„Weil die ‚Jungs' auch bei mir falsch Sturm gelaufen sind, meinen Nachbarn festgenommen haben und dieselbe Polizeipräsidentin in der Presseerklärung nur Blödsinn von sich gegeben hat, heute einfach noch mal eine Hommage an diese „Special Forces für Arme": Die Jungs gehen zur Polizei und sind ganz normale Bürger, keine Soldaten, keine Krieger, fanden schon immer Rambo und Navy Seals toll, und dann wird man eben SEK-Beamter. Also, Schuster bleib bei deinen Leisten, soll heißen: Wenn Ihr stürmt, dann einfach mal die „richtige" Wohnung. Was soll's, jedem das Seine."* Aber was war passiert? Dazu folgender Pressebericht:

Die Bielefelder Polizeipräsidentin Katharina Giere nutzte die Pressekonferenz, um sich offiziell bei den Menschen zu entschuldigen, die am Mittwoch fälschlicherweise in ihren Wohnungen durch Polizei-Spezialkräfte überrumpelt worden waren. Die SEK-Beamten hatten auf der Suche nach dem Täter zunächst drei falsche Wohnungen in einem Mehrfamilienhaus gestürmt, ehe sie die Wohnung des Verdächtigen fanden. Die unbeteiligten Menschen werden durch Opferschutz-Experten betreut. Giere sagte zum Stand der Ermittlungen: „Die Bevölkerung kann beruhigt sein, dass die Tat geklärt ist."

Ich möchte aber auch nicht die Presseerklärung vorenthalten, die es nach dem „erfolgreichen" Einsatz bei mir zu Hause gab:

POLIZEI-BIELEFLD: Wohnungsdurchsuchung in Horn-Bad Meinberg am 08.07.2015 mit SEK-Unterstützung. Bielefeld - Die Durchsuchung von fünf Wohnungen in Horn-Bad Meinberg am 08.07.2015 gegen 04:05 Uhr im Rahmen von Ermittlungen der Staatsanwaltschaft Detmold, u.a. wegen unerlaubten Waffenbesitzes bei einem Mitglied der Rockergruppierung Brothers MC, erfolgte auf der Grundlage eines Durchsuchungsbeschlusses des Amtsgerichts Detmold. Vier der Wohnungen werden dem Beschuldigten zugerechnet, darunter eine Kellerwohnung, die der 43-Jährige auch als Wohnung nutzen sollte. Nach den der Polizei vorliegenden Erkenntnissen zur Raumsituation in dem Objekt musste die Polizei von nur einer Kellerwohnung ausgehen. Das SEK betrat diese Kellerwohnung und traf bei der Durchsuchung einen 53-jährigen Mann an, der unter dieser Adresse nicht gemeldet ist. Erst da stellte sich heraus, dass es im Keller des

Hauses weitere als Wohnung hergerichtete Kellerräume gab, von denen die Polizei keine Kenntnis hatte. Zeitgleich konnte der 43-jährige Beschuldigte im Erdgeschoss angetroffen werden. Die weitere Durchsuchung der fünf Wohnungen führte nicht zum Auffinden von Schusswaffen. Dass ein Unbeteiligter zeitweise in seiner Bewegungsfreiheit eingeschränkt wurde, bedauerte die Polizei und hat das dem Mann gegenüber zum Ausdruck gebracht.

Um zu verstehen, wie die Polizei arbeitet, möchte ich das anhand der aktuellen Pressemitteilung über den SEK-Einsatz bei mir zu Hause erklären. Die Presseerklärung ist mir umgehend zugestellt worden.

1. Ich bin 41 und nicht 43!!! (Selbst mein Alter kann nicht richtig recherchiert werden???)

2. Die Kellerwohnung ist ein Abstellraum, der seit Jahren nur selten betreten wurde!

3. Wieso musste die Polizei von nur *einer* Kellerwohnung ausgehen? Die Polizei war vor fünf Jahren bereits da und hat alle Wohnungen durchsucht. Es waren und sind eindeutig zwei Kellerwohnungen!

4. Das SEK *betrat* diese Wohnung? Betreten hieß, sie zerschlugen das Fenster und stürmten herein!

5. *Traf* bei der Durchsuchung einen Mann an? Das Zimmer ist 16 Quadratmeter groß, und die „Hobby-Rambos" stürzten sich gleich auf ihn!

6. Erst da stellte sich heraus, dass es noch eine Wohnung gab? Dann erst? Was habt Ihr denn vorher aufgeklärt, Ihr Spezialprofis?

7. Zeitgleich wurde der 43-Jährige festgenommen? Stimmt nicht! Ich lag minutenlang in meiner Wohnung, ehe ich festgenommen wurde! Und ich bin weiterhin 41!

8. Es wurden keine Schusswaffen gefunden? Jetzt auf einmal ist die Rede von mehreren Schusswaffen? Es ging doch angeblich nur um eine!

9. Dass ein Unbeteiligter zeitweise in seiner Bewegungsfreiheit eingeschränkt war? Der Mann lag fast 20 Minuten gefesselt am Boden!

10. *„... bedauert die Polizei und hat das dem Mann gegenüber zum Ausdruck gebracht?"* Die eingesetzten Kräfte verhöhnten den Mann und zogen ohne Entschuldigung ab! Niemand hat irgendwas Bedauerndes von sich gegeben!

Frau Polizeipräsidentin von Bielefeld Frau Giere, schaffen es Ihre Leute noch nicht einmal, eine einfache, kurze und simple Presseerklärung richtig und wahrheitsgemäß anzufertigen und abzugeben? Diese wimmelt nur so von Fehlern und Unwahrheiten! Ist das Ihre Arbeitsweise und die Qualität Ihrer Arbeit? Das war nur eine rhetorische Frage. Denn ja, das ist Ihre Arbeitsweise und Qualität! Gute Nacht! (im wahrsten Sinne des Wortes) Abschließend möchte ich noch hinzufügen, dass nicht nur ich diese Auffassung vertrete. Ich kenne persönlich ein Mitglied der Marinekampftaucher und ein ehemaliges Mitglied des KSK, die beide unabhängig voneinander schon einmal mit einem oder mehreren SEKs zusammen trainiert und geübt haben. Die Bewertung fiel einhellig und vernichtend aus: absolute Statisten. Der Scharfschütze des KSK sagte mir, dass noch vor Beginn der Übung bereits vier Mitglieder des eingesetzten SEK-Teams ‚ausgeschieden' waren, weil sie in aller Seelenruhe und aufgereiht vor dem Zielobjekt den Einsatz erst einmal durchgesprochen hatten, als sie bereits im tödlichen Visier des Scharfschützen lagen. Das war's dann auch schon für sie. Summa summarum: Es wird Zeit, dass ein Umdenken stattfindet und diese „Kommandos" aufgelöst werden.

4. Vom Land der Dichter und Denker

Vom Land der Dichter und Denker zum Land der Richter und Henker. Über freie Meinungen wird gerichtet und die Meinungsfreiheit hingerichtet. Die große Masse, die alle vier Jahre ihr Kreuz machen darf, verkommt immer mehr zu einer Belegschaft, die Angst hat, überhaupt noch gegen irgendetwas aufzubegehren. Eine Gesellschaft, die es nötig hat, andere Meinungen und Lebensarten zu verteufeln oder gar zu verbieten, eine solche Gesellschaft krankt in ihrem Innersten. Eine Gesellschaft, in der Menschen durch Gaunereien und Vergünstigungen viel wohlhabender werden als diejenigen, die mit ehrlicher Arbeit und Fleiß sich und ihre Familien versorgen. Eine Gesellschaft, deren Gesetze die Mächtigen vor Dir schützen, nicht aber Dich vor ihnen und ihren Absichten, eine solche Gesellschaft ist früher oder später zum Scheitern verurteilt, und die Gleichschaltung der Massen kommt diesem Scheitern gleich.

5. Das Flüchtlings-
sommermärchen

Ich bin kein politischer Mensch, bin weder rechts noch links und habe seit vielen Jahren nicht mehr gewählt; ich habe es auch nicht vor. Ich glaube nicht an irgendeine Partei, sondern an die Vernunft und an die Kraft und Besinnung aus der gesunden Mitte der Bevölkerung dieses Landes. Es leben Menschen aus vielen Nationen, unterschiedlichster Hautfarben und Religionen in Deutschland, und mir ist jeder willkommen, der sich anständig benimmt und niemand anderem schadet. Mir ist es egal, ob jemand schwarz oder weiß, Jude, Christ oder Moslem ist, denn alles, was zählt, ist immer nur der Charakter des jeweiligen Menschen. Was jedoch im Jahre 2015 begann über dieses Land hereinzubrechen, das kommt einer gesteuerten und verheerenden Invasion gleich, die meiner Meinung nach dieses unsere Land in den Abgrund führen wird. Ich bin dafür, jedem wirklichen Kriegsflüchtling in der Not zu helfen und ihm/ihr temporäres Asyl und Hilfe zu gewähren, bis die Situation in dem jeweiligen Kriegsland es zulässt, dorthin wieder zurückkehren zu können. Was jedoch tatsächlich passiert, hat nichts mit wahren Flüchtlingen oder humanitärer Hilfe zu tun. Als die blasse Pfarrerstochter aus der Uckermark im September 2015 Deutschlands Außengrenzen vollends für die ganze Welt öffnete, nahm das Unheil seinen Lauf, und es sollte maßgeblich zu meinem Werdegang beitragen. 300.000 Flüchtlinge wählten alleine in jenem Monat Deutschland als ihre neue Heimat aus. 300.000! Eine Stadt von der Größe, oder besser gesagt, der Einwohnerzahl von Magdeburg oder Gelsenkirchen. Das Land, in dem Milch und Honig fließen, erhält jeden Monat eine derartige Vergrößerung, dass sich jeder normal Denkende fragen muss, wie das überhaupt weiterhin funktionieren soll. Aber fangen wir einmal ganz von vorne an. Wo kommen alle diese Menschen eigentlich her? Die größte Gruppe kommt aus Syrien, gefolgt von Albanien, dem Kosovo, Serbien, Afghanistan und dem Irak. Abgeschlagen, aber auch nicht irrelevant, folgen noch Pakistan und Nigeria. Interessant ist, dass fast alle diese Länder ursprünglich einmal von den USA bombardiert wurden. Das trifft auf Syrien, Serbien (und infolgedessen auch auf den Kosovo), Afghanistan und den Irak zu.

Die Infrastruktur dieser Länder, sowohl Wohnhäuser als auch gesundheitliche Einrichtungen, wurden infolge von Kriegshandlungen und Bombardements zerstört. Hundertausende Menschen verloren das Dach über ihren Köpfen und jegliche Hoffnung auf ein Leben in Ruhe und Frieden. Diese Schicksale sind schrecklich und furchtbar, sie bedeuten aber trotzdem nicht, dass die ganze Welt

Deutschland zu ihrer neuen Heimat machen kann. Würden wir etwa auch aufgenommen werden, wenn in Deutschland ein Bürgerkrieg herrschte, der alles zerstören und in den Abgrund stürzen würde? Beachtenswert ist ebenfalls, dass ungefähr 80 Prozent aller Flüchtlinge junge Männer mit Smartphones sind, die das „Heilige Land" erreichen. Wo sind all die alten Männer und Frauen und die jungen Frauen und Kinder geblieben? Die haben doch auch ihre Häuser und ihre Zukunft verloren! Sind die zu Hause geblieben? Und bauen irgendwann ihre Heimat wieder alleine auf? Was kostet so eine Reise oder Überfahrt überhaupt? Politisch korrekt bezeichne ich das jetzt mal als Flucht. Die Preise sind von der Strecke und der „Leistung" der Schleuser abhängig. Vom Irak oder dem Iran oder von Afghanistan oder Pakistan nach Griechenland sind je nach Entfernung zwischen 3.500 und 11.000 Euro fällig. Moment mal, 11.000 Euro? Pro Flüchtling? Wo haben diese Menschen so viel Geld her? Wie finanzieren sie das? Ich denke, das sind Menschen ohne Nahrung, ohne Dach über dem Kopf? Sind die alle vorher noch mal zur Bank gegangen und haben dort ihre Sparkonten geleert? Verwendungszweck oder Grund der Auflösung: Überfahrt nach Europa. Heim zu „Mutti" Merkel. Verzeihen Sie meinen Zynismus, aber diese Art von Fragen muss eine Demokratie doch aushalten können. Und wenn nicht, dann ist es keine richtige Demokratie! Der Antrieb der meisten Flüchtlinge, in das Gelobte Land Deutschland zu fliehen, ist im Allgemeinen immer der gleiche: wirtschaftliche Verbesserung, oder kurz formuliert: die Sozialsysteme Westeuropas, insbesondere Deutschlands. Die Sicherheit vor dem Bürgerkrieg oder Krieg kann es nämlich nicht vordergründig sein, denn sobald die Flüchtlingsströme Griechenland erreichen, sind sie bereits in Sicherheit. Es bleibt aber niemand in Griechenland, sondern sieht dieses Land nur als Durchgangsstation. Die Reisewelle wird auch weiterhin steigen, da wir Entwicklungshilfe zahlen und Herr Gauck und Mutti Merkel jeden Ausländer eingeladen haben, zu uns zu kommen. Herr Gauck ist sogar extra nach Malta gereist, um dort illegale Einwanderer persönlich zu begrüßen. Ein Flüchtling kommt zudem meist nicht alleine. Damit ist nicht der Zuzug von Frauen, Kindern und älteren Menschen gemeint, sondern Krankheiten und Viren. Bei Flüchtlingen wurden vermehrt Polio- und Tuberkuloseviren festgestellt, die sie in die Länder eingeschleppt haben. Flüchtlinge aus Syrien brachten sogar „Entevoviren" mit. Diese können bei Menschen Poliomyelitis, also Kinderlähmung verursachen. In Europa wurde die Kinderlähmung offiziell im Jahr 2002 ausgerottet. Durch diese wahre Völkerwanderung, die aus Krisenländern des Nahen und Mittleren Ostens sowie aus Afrika zu uns kommt, besteht die Gefahr, dass Krankheiten wie Kinderlähmung, aber auch Tuberkulose wieder nach Europa und Deutschland eingeschleppt werden. Die Weltgesundheitsorganisation (WHO) warnt vor der wachsenden Seuchengefahr durch Syrien-Flüchtlinge und bestätigt fortwährend zahlreiche neue Fälle von Kinderlähmung.

Die Ankunft in der Notunterkunft: Endlich ist es geschafft, man hat Deutschland erreicht und wird sogar mit Applaus begrüßt und willkommen geheißen. Jetzt geht es in die erste richtige Unterkunft. Für die Flüchtlinge müsste dies ein Tag der Freude und Dankbarkeit, des puren Glücks sein. Dies sollte man schließlich annehmen. Endlich in Sicherheit, fernab von Bomben, Krieg und zerstörten Häusern. Die Realität sieht in den meisten Fällen aber ganz anders aus. Dazu ein Beispiel aus dem Raum Würzburg. Die Turnhalle steht bereit für 125 Menschen. Vereine und Schule müssen monatelang auf die Nutzung der Halle verzichten und können keinen Sportunterricht abhalten oder Trainings stattfinden lassen. Was die jubelnden und applaudierenden Gastgeber aber nicht ahnen konnten: Die „Refugees" waren alles andere als glücklich mit dieser Lösung. Dabei hatten sich die Gastgeber doch solche Mühe gegeben. Alles war vorbereitet. Die Halle war eingerichtet, und im Eingangsbereich hingen Schilder mit der Aufschrift *„Herzlich willkommen"* in verschiedenen Sprachen. Das interessierte die Flüchtlinge jedoch herzlich wenig. Nachdem man sie mit einem Bus zur Turnhalle gebracht hatte, begleitet vom Bürgermeister des Städtchens, aus dem sie herangefahren wurden, hatte sie der Bürgermeister des Städtchens begrüßt, in dem sie die Turnhalle beziehen sollten. Beide Bürgermeister halfen einer afghanischen Familie, ihre Koffer in die Notunterkunft zu tragen. Allgemein herrschte eine gute und hoffnungsvolle Stimmung, zumindest auf Seiten der Gutmenschen. Die „Refugees" sahen das allerdings anders. Ein Großteil von ihnen stellte das Gepäck auf dem Bürgersteig unterhalb der Turnhalle ab und war nicht gewillt, sich in die Notunterkunft zu begeben: Sie verharrten weiter auf dem Bürgersteig. Lauthals und aggressiv kritisierten sie, dass sie immer noch keine Papiere bekommen hätten und jetzt wieder in einer Notunterkunft ohne Privatsphäre untergebracht werden würden, während andere Flüchtlinge, die nach ihnen angekommen seien, entsprechende Unterlagen bereits erhalten hätten. Dies sei, wörtlich, *„ungerecht und nicht fair"*. Trotz zahlreicher Beschwichtigungsversuche der beiden Bürgermeister und des zuständigen Sachbearbeiters im Landratsamt ließen sich die Afghanen nicht dazu bewegen, in die Unterkunft einzuziehen. Sie bestanden auf einer sofortigen Bearbeitung ihrer Asylanträge und wollten in Häusern untergebracht werden. Der Bürgermeister reagierte verärgert und fürchtete, die wochenlange und transparente Arbeit in der

Bevölkerung würde zunichte gemacht werden. Sein Kollege hielt die Vorgehensweise der Flüchtlinge für den falschen Weg, obwohl er ihren Frust nachvollziehen konnte. Erst gegen 20.30 Uhr gelang es dem Bürgermeister, die im Freien kampierenden Flüchtlinge zum Einlenken zu bewegen. Er sagte ihnen zu, dass am Montag mit der Bearbeitung ihrer Anträge begonnen werde. Ein Glück, dass die „Refugees" dann doch noch eingelenkt haben.

Ich möchte nicht, dass hier ein falscher Eindruck entsteht. Ich glaube tatsächlich, dass etwa fünf Prozent aller sogenannten „Flüchtlinge" auch tatsächlich Flüchtlinge sind. Der Rest sind reine Wirtschaftsasylanten, die eine bessere wirtschaftliche Zukunft wollen. Man kann es ihnen noch nicht mal verübeln, dass sie alle zu uns strömen, denn schließlich wurden sie ja von unseren Politikern regelrecht dazu ermuntert, oder besser ausgedrückt: eingeladen. Was man vielen jedoch durchaus verübeln kann und sollte, ist ihr Verhalten gegenüber Frauen. Das sollte Silvester 2015 bundesweit zum Vorschein kommen, und spätestens da konnte die Presse nicht mehr wegsehen. Doch zuvor geschah noch etwas anderes. Etwas teuflisch Widerwärtiges. Und zwar in Paris.

6. Anzeige gegen die Pfarrerstochter

In Paris starben am 13. November 2015 129 Menschen während mehrerer zeitgleicher Terroranschläge von Selbstmord-Bombern und Sturmgewehrschützen des *„Islamischen Staates"*, 359 Menschen wurden verletzt, viele davon schwer. Wahllos abgefeuerte Schüsse auf Passanten; Bomben in Bars und Cafés am Fußballstadion; Sturmgewehrfeuer bei einem Rockkonzert. Es war eine konzertierte Aktion: Die Attentäter schlugen am Freitagabend binnen weniger Stunden an sechs Orten in Paris zu. Die Terroristen riefen dabei *„Allahu Akbar"* – *„Allah ist groß"* und - Zitat: *„Ihr büßt jetzt für das, was Ihr den Syrern antut"* und *„Es ist für Syrien!"* Sieben der acht Attentäter sprengten sich nach dem Überfall auf eine Konzerthalle bzw. bei den Bombenanschlägen in der Nähe des Fußballstadions, in dem zuvor noch Deutschland gegen Frankreich gespielt hatte, selbst in die Luft: ein weiterer Terrorist wurde von der Polizei erschossen. Die Attentäter hatten zuvor Geiseln genommen und mit ihnen gesprochen. Ein Augenzeuge habe deutlich gehört, wie sie zu den Geiseln gesagt haben: *„Hollande ist schuld, Euer Präsident ist schuld, er hat nicht in Syrien einzugreifen."* Am Tag darauf bekannte sich ISIS zu dem

Terrorangriff. In der im Internet veröffentlichten ISIS-Erklärung heißt es, *„acht Brüder"* mit Sprengstoffgürteln und Sturmgewehren hätten einen *„gesegneten Angriff"* auf das *„Kreuzzug-Frankreich"* verübt. In Deutschland wurde ein möglicher Paris-Mittäter in Bayern festgenommen. Der Mann stammte aus Montenegro und war auf der Autobahn Salzburg-München unterwegs. In seinem Auto befanden sich laut BKA acht Maschinenpistolen, ein Revolver und zwei weitere Pistolen. Der Bayerische Rundfunk berichtete zudem von Munition und einigen Kilogramm TNT-Sprengstoff, die im Fahrzeug versteckt gewesen seien. Das Geschehene ist so furchtbar, unfassbar und widerwärtig, dass es einem die Sprache verschlägt. Und trotzdem müssen wir uns alle fragen: Ist das erst der Anfang oder wieder nur „ein bedauerlicher Einzelfall"? Bundeskanzlerin Merkel und Bundespräsident Gauck zeigten sich jeweils *„tief erschüttert"*.

Ich war mehr als tief erschüttert, und mein Herz war voller Trauer und Zorn. Ich sah damals schon kommen, was im Laufe der Monate noch viel schlimmer werden sollte: der Hass, der Zorn, die Trauer und das Aufeinandertreffen der Kulturen. Ich konnte nicht mehr an mich halten und wollte ein symbolisches Zeichen setzen. Deshalb erstattete ich Strafanzeige gegen Angela Merkel.

Strafanzeige

Hiermit erstatte ich Strafanzeige wegen Beihilfe zum Mord und Untreue gegen Bundeskanzlerin Angela Merkel.

Bundeskanzlerin Angela Merkel hat infolge ihrer moralisch verwerflichen und über alle Maßen hinaus gefährlichen Politik eigenmächtig Entscheidungen getroffen, die bereits zum Tod vieler Menschen zumindest beigetragen haben. Ihre Einladung an die ganze Welt, zu uns zu kommen, und die Öffnung der deutschen Außengrenzen, die tatsächlich gar nicht mehr existieren, haben dazu geführt, dass auch Terroristen und Anhänger des IS (Islamischer Staat) nach Europa und nach Deutschland eingereist sind. Laut Medienberichten ist einer der mutmaßlichen Terroristen von Paris möglicherweise Anfang Oktober als Flüchtling aus der Türkei nach Griechenland gekommen. Der Inhaber des Passes, der an einem Tatort in Paris gefunden worden ist, war am 3. Oktober 2015 nach den Regelungen der EU auf der Insel Leros als Flüchtling registriert worden, teilte das Ministerium für Bürgerschutz in Athen mit. Das Ministerium wisse nicht, durch welche andere Länder der Inhaber des Passes weitergereist sei, hieß es. Es ist Fakt, dass viele IS-Kämpfer sich ihre Bärte abrasiert haben, um in die Türkei zu fliehen, wo sie als syrische Flüchtlinge gelten und der Einladung von Angela Merkel, nach Deutschland zu kommen, folgen können. Niemand weiß, wie viele sich inzwischen in Europa oder in Deutschland befinden. Verantwortlich für diese Entwicklung ist zweifellos Bundeskanzlerin Angela Merkel. Des Weiteren liegt meiner Ansicht nach die Veruntreuung von Steuergeldern vor. In den letzten Jahren wurde durch die Steuerzahler dieses Landes ein deutlicher Überschuss erwirtschaftet. Umgerechnet neun Milliarden Euro soll der „Puffer" für das Jahr 2016 betragen. Das gesamte Geld wird nun für die Flüchtlingspolitik von Angela Merkel entfremdet und missbraucht. Seit Jahren werden Zehntausende von Pflegestellen gestrichen, Kindertagesstätten geschlossen, die Versorgung älterer Menschen drastisch eingeschränkt, Renten nicht erhöht, und auf einmal wird das Geld der steuerzahlenden Bevölkerung in nie dagewesener Form für diese Flüchtlingspolitik verwendet. Das ist Veruntreuung. Ich erstatte Anzeige wegen Beihilfe zum Mord, Untreue und aller weiteren infrage kommenden Straftaten.

Tim K.

Selbstverständlich war ich mir im Klaren darüber, dass dies keine Aussicht auf Erfolg haben noch dass es irgendwelche Konsequenzen nach sich ziehen würde. Ich wollte jedoch ein Zeichen setzen, und es waren nicht wenige, die sich mir anschlossen. Ich muss nicht anfügen, dass die Strafanzeige gegen die Pfarrerstochter aus der Uckermark vom Generalbundesanwalt abgewiesen wurde.

7. Heimat

Heimat ist dort, wo das Herz zur Ruhe kommt und sich alles richtig anfühlt. Meine Heimat ist das Land, in dem ich geboren wurde und aufgewachsen bin und dessen Sprache ich spreche und dessen Kultur ich lebe. Heimat war auch die wundervolle Zeit in meinem Leben, in der ich American Football gespielt habe und wahren Sportsgeist, Fairness und Kameradschaft kennenlernen durfte: in Deutschland und in den USA; mit vielen Nationen, Hautfarben und den unterschiedlichsten Menschen. Heimat ist auch mein Motorradclub mit ebenfalls vielen Nationen und den unterschiedlichsten Menschen. Alles, was zählt, ist immer und immer wieder der Respekt. Nichts anderes! Respektiere jeden Menschen, jede Kultur, jeden Glauben und blicke niemals auf jemanden herab! Jeder hat eine Heimat oder mehrere, und keine Heimat ist besser als irgendeine andere. Respektiere meine Heimat und ich heiße Dich willkommen. Stehst Du gegen mich und die Meinigen, so werde ich Dich bekämpfen und keine Gnade gewähren. Liebe Deine Heimat und verteidige, was Dir kostbar ist. Immer! Ich werde es auf keinen Fall zulassen, dass meine Heimat angegriffen wird oder dass man versucht, ihr zu schaden. In der Silvesternacht des Jahres 2015 wurde meine und unser aller Heimat direkt angegriffen. Es war eine Kriegserklärung an uns alle.

Niemand erzählt mir, was meine Heimat für mich bedeutet oder was ich bereit bin, für sie zu tun. Ich werde nicht zurück-weichen!

Tim K.

www.tim-k.com

8. Silvester!

Die Silvesternacht des Jahres 2015 sollte dieses Land im Nachhinein maßgeblich beeinträchtigen und formen. Diese Nacht sollte allen offenbaren, dass die ganzen Absichten und Prophezeiungen des Systems nichts als Lügen und Propaganda waren. Die „Willkommenskultur" war nunmehr inmitten von uns angekommen. Die Leidtragenden und Opfer sollten mit die Schwächsten unter uns sein: junge Frauen. Mittlerweile ist bekannt, dass es im gesamten Bundesgebiet, genauer gesagt in zwölf Bundesländern, zu massiven Übergriffen gegen Frauen gekommen ist. Über 1.000 Strafanzeigen wurden im Nachhinein erstattet, wobei ein Großteil davon einen sexuellen Hintergrund besaß. Das Phänomen der sexuellen Gewalt, gepaart mit Trickdiebstahl, war in dieser Silvesternacht in Deutschland weiter verbreitet als bisher bekannt. Die Zentren dieser Übergriffe waren Köln, Düsseldorf, Bielefeld, Hamburg, Nürnberg und München, wobei jeweils aus Gruppen initiierte Sexualstraftaten oder Eigentumsdelikte, bei denen die Opfer auch beraubt oder bestohlen wurden, begangen wurden. Der Höhepunkt dieser widerwärtigen Schandtaten fand in Köln auf der Domplatte in und um den Hauptbahnhof statt. Dort versammelte sich eine Menschenmenge von über 1.000 zumeist arabischen und

nordafrikanischen Männern, die wie geplant und abge-
sprochen junge Frauen und Mädchen einkreisten, an-
tanzten, auf schändlichste Weise begrabschten und diese
obendrein noch beklauten. Wie viele der jungen Frauen
später berichteten, hatten sie Todesangst und sich noch
nie zuvor so hilflos und ausgeliefert gefühlt. Begleitet
wurde die Farce von einem ungezügelten Einsatz von
Pyrotechnik und Böllern, die wahllos in die Menschenmenge hinein geworfen wurden. 30 bis 40 Männer, die
allesamt sehr durchtrainiert und sportlich wirkten, bil-
deten in der Silvesternacht eine Gasse am Haupteingang
des Kölner Hauptbahnhofs. Durch diese Gasse mussten die
Menschen, die in den Bahnhof flüchten wollten, hindurch.
Ein wahrer Spießrutenlauf. Denn insbesondere die Frauen
wurden von den Tätern, die polizeiintern „Sportler-Gruppe" genannt wird, unsittlich angefasst und bestohlen.
Da sie vom Rest ihrer Kumpane regelrecht abgeschirmt
wurden, konnten weder anwesende Polizisten noch die
Angehörigen den Opfern helfen. Sogar eine Zivilbeamtin
geriet in die Fänge der „Sportler-Gruppe". Ihre Kollegen
hatten keine Chance, ihr zu helfen. Im Nachhinein wurde
bekannt, dass der überwiegende Teil der Aggressoren und
Täter Asylanten bzw. „Flüchtlinge" waren.

Ganz in der Nähe meines Wohnortes auf dem Boulevard
in Bielefeld versuchten an die 500 Männer eine Diskothek

zu stürmen. Dabei fassten sie Frauen in den Intimbereich und an die Brüste und präsentierten sie gegen ihren Willen als „Girlfriend". Der Sicherheitschef der Diskothek ist ein Bekannter von mir. Er verfasste einen Bericht zu den Vorfällen, der auch in der Presse veröffentlicht wurde:

Direkt zu Beginn des Einlasses (gegen 20 Uhr) fiel eine ungewöhnlich hohe Zahl von arabisch sprechenden Männern mit Aufenthaltsbescheinigungen auf. Besonders auffällig waren diese durch ihren hohen Alkoholpegel und ihre hohe Gewaltbereitschaft, besonders gegenüber Frauen. (...) Im Laufe der Zeit versuchten diese Männer, Einlass zu unserem Club zu bekommen. Aufgrund ihres aggressiven und besonders penetranten Auftretens sowie des hohen Alkoholpegels war dies natürlich nicht möglich. Nachfolgend wurde die Stimmung merklich angespannter und die Ansammlung dieser Gruppen immer größer sowie deren Auftreten aufdringlicher und aggressiver.

Zu diesem Zeitpunkt spricht er von etwa 200 Personen, die in kleineren Gruppen immer wieder versuchten, über Absperrungen zu klettern oder im Rücken der Security in den Club zu gelangen. Als das nicht gelang, griffen die Männer zu einer anderen, rücksichtslosen Masche:

Ihre Strategie war es, Frauen, die sich im Bereich des Boulevards aufhielten, mit Gewalt zu unserem Eingang zu reißen und ungeachtet der Gegenwehr der Frauen zu behaupten „That's

*my girlfriend" (engl.: Das ist meine Freundin, Anm. d. Red.).
Obwohl diese Frauen sich wehrten und uns um Hilfe baten,
fassten die Männer sie im Intimbereich an, rissen an ihrer
Kleidung und behaupteten weiterhin, dass sie deren Freunde
seien. Nur unter Anwendung körperlicher Gewalt konnten wir
den Frauen helfen, sich zu befreien.* Inzwischen schätzten die
Türsteher die Ansammlung der jungen Männer mit hoher
Gewaltbereitschaft auf 400 bis 500 Personen. Immer wieder
versuchten einzelne Gruppen, durch Gewaltanwendung
in die Clubs zu gelangen: *Es wurde mit Feuerwerkskörpern
auf uns geworfen, mit Raketen geschossen und mit Flaschen
nach uns geworfen.* Gegen 23 Uhr rief der Diskobetreiber
erneut die Polizei – wieder ohne *signifikante Verbesserung
der Situation.* Nach 20 bis 30 Minuten musste sich die Polizei
nach Angaben des Türstehers wieder zurückziehen. *Gegen
null Uhr stürmte eine nicht mehr überschaubare Zahl dieser
jungen Männer mit Gewalt in Richtung Eingang, sodass es
nicht mehr möglich war, unsere Position zu halten. Im engen
Eingangsbereich der Disko drückten nun 50 gewaltbereite
Männer in Richtung Tür, gefolgt von mehreren hundert auf
dem Boulevard.* Da die Polizei mitteilte, derzeit nicht helfen
zu können, *mussten wir uns mit Feuerlöschern, Reizgas und
körperlicher Gewalt gegen die Menschenmasse verteidigen.*
Erst das zeigte vorübergehend Wirkung. Obwohl nun der
Betrieb und der Einlass wieder möglich gewesen seien,

so der Security-Verantwortliche, kam es *immer wieder zu Angriffen auf die Diskotüren, zu (sexuellen) Übergriffen auf Frauen oder Schlägereien innerhalb der Gruppen bzw. Übergriffen auf Gäste.* Bis sieben Uhr morgens verzeichneten die Türsteher immer wieder Angriffe durch Gruppen von zehn bis 15 Personen. *Wir mussten uns mit Reizgas und Feuerlöschern durchsetzen, bis wir gegen sieben Uhr den Laden schlossen. Zum Abschluss möchte ich erwähnen, dass Gewalt dieses Ausmaßes zwar neu für uns war, das Verhalten und Auftreten dieser südländischen Männergruppen, besonders die Übergriffe auf Frauen, jedoch ein bekanntes und beinahe alltägliches Problem im Bereich des Boulevards geworden ist. (...) Trotz der Bemühungen einiger weniger Beamter und einer engen Zusammenarbeit schafft es die Polizei nicht, die Lage vor Ort zu entschärfen!*

Was in diesem Zeitungsbericht explizit hervorgehoben wurde, war der Fakt, dass die meisten sich mit ihren Aufenthaltsgenehmigungen ausweisen wollten, die sie eindeutig als Asylanten auswiesen. Bezeichnend war überall, dass die Polizei weder mit ausreichenden Kräften vor Ort war, geschweige denn den Opfern helfen oder die rechtsfreien Räume bereinigen konnte. Laut „FOCUS" gaben interne Berichte der Polizei einen detaillierten Einblick in die dramatische Lage vor dem Hauptbahnhof der Domstadt sowie in die Fehler und Lügen der Polizei und Politik. Nach der Silvesternacht in Köln kommen nun immer weitere Details über den Einsatz heraus. Interne Berichten zeigen, dass bereits sehr früh deutlich wurde, dass sich unter den Tatverdächtigen auch Flüchtlinge befanden. Oberbürgermeisterin Henriette Reker und Polizeipräsident Wolfgang Albers (im Januar 2016 in den Ruhestand versetzt) wollten diesen Zusammenhang bisher nicht herstellen. In einem Einsatzleiterreport, der dem „FOCUS" vorliegt, heißt es, dass eine Frau die Polizei in der Silvesternacht auf einen Marokkaner aufmerksam gemacht hatte, der sie begrapschte. Bei der Kontrolle der Person stellte sich heraus, dass er erst vor Kurzem illegal nach Deutschland eingereist war. Darüber hinaus führte die Polizei in der Nacht noch zahlreiche Kontrollen und Festnahmen durch: *„Bei den Personalien-Feststellungen konnte sich der überwiegende Teil der Personen lediglich mit einem Registrierungsbeleg als Asylsuchender des Bundesamts für Migration und Flüchtlinge ausweisen"*, heißt es in dem „FOCUS" vorliegenden Einsatzleiter-Report vom 2. Januar. Ähnliches berichtete ein Beamter dem Kölner *„Express"*: In der Nacht habe es 15 vorläufige Festnahmen gegeben, erzählte der Polizist, der in dieser Nacht im Einsatz war. Diese Personen seien definitiv erst seit wenigen Tagen oder Wochen in Deutschland gewesen, sie hatten *„Aufenthaltsbescheinigungen zur Durchführung eines Asylverfahrens"* bei sich. Beamte beschränken sich auf das Notwendigste.

In dem Report, der dem „FOCUS" vorliegt, ist auch die Rede davon, dass auf den Plätzen vor dem Dom und dem Hauptbahnhof eine völlig „enthemmte" Menge von bis zu 1.500 Menschen überhaupt nicht auf die Anweisungen der Ordnungshüter reagierte. Weil die Beamten eine Eskalation der Situation befürchteten, räumten sie den Bereich vor dem Hauptbahnhof. Eine schwierige Aufgabe für die Einsatzkräfte. *„Die jungen Männer haben kein Wort Deutsch verstanden, als wir sie aufforderten, den Platz zu verlassen. Wir mussten sie wegschubsen"*, erzählte ein beteiligter Polizist dem *„Express"*. Der Bericht eines Bundespolizisten, der einigen Medien vorliegt, beklagt zudem eine viel zu geringe Zahl an Beamten vor Ort. Alle eingesetzten Polizisten seien *„ziemlich schnell an die Leistungsgrenze gekommen"*. Wegen der zahlreichen Vorfälle hätten sich die Beamten *„auf die Lagebereinigung mit den notwendigsten Maßnahmen"* beschränkt. So hätten die Polizisten zeitweise nicht mehr jedem Opfer helfen können. Auch sei es nicht immer möglich gewesen, Strafanzeigen entgegenzunehmen, zitiert der „SPIEGEL" den Beamten. Die Situation sei *„chaotisch und beschämend"* gewesen. Einige Verdächtige, die die Polizei kontrollierte, mussten sie danach wieder laufen lassen. Der Grund: Die Dienststellen hätten in der Nacht nicht genug Kapazitäten gehabt, um die Menschen aufzunehmen, erzählte ein Polizist der „BILD"-Zeitung.

Auch in den folgenden Nächten schlugen Asylbewerber nach „FOCUS"-Informationen mit derselben Masche zu – wieder am Hauptbahnhof. Erneut wurden Reisende in die Gasse gelockt, bestohlen und sexuell genötigt. Am 3. Januar gegen 4.35 Uhr lauerten fünf Gauner einem jungen Paar auf. Sie verfolgten ihre Opfer, raubten ihnen Geld und Handys.

Die Presse wurde wieder einmal gleichgeschaltet und das System log, verschwieg und betrog, bis sich die Balken bogen. Als das Ganze nicht mehr zu verschweigen und zu vertuschen war, konnten Presse und Politik nicht anders, als Stück für Stück über diese unfassbare Nacht und ihre Täter zu berichten.

Erst hieß es, dass alles ruhig geblieben war. Unmittelbar nach Karneval kommt dann das offizielle Ergebnis: 266 % mehr Sexualstraftaten an Karneval!!! AUCH die Tätergruppen aus der Silvesternacht waren wieder unterwegs. Und immer wenn sich die Polizei zurückzog, wurden die „Problemgruppen" wieder aktiv! ICH, als Bewohner dieses Landes, der hier geboren wurde, muss 500,- Euro zahlen, weil ich Köln betreten habe. Dazu kommen noch meine Anwaltskosten! Ich habe weder eine Straftat begangen noch dazu aufgerufen. Alles, was ich tat, war im Vorfeld anzukündigen, dass man nicht wegucken darf, wenn eine Frau belästigt wird! DAS ist Deutschland! Nichts ändert sich! Es wird nur noch schlimmer! Die Täter dürfen weiter frei rumlaufen, und ich als Deutscher darf mehrere Städte für eine ganze Woche nicht betreten! Ich habe mir das nicht gefallen lassen, und dafür wurde ich festgenommen und muss 500,- Euro zahlen! Ich garantiere Euch, dass nicht weggeguckt und dass nicht aufgegeben werden wird. Im Gegenteil! Es wird neue Aktionen geben, und ich werde möglicherweise auch neue Strafen zu zahlen haben! Ich werde gegen alles anwaltlich mit allen Mitteln vorgehen!

9. Stellung beziehen

Unser Motorradclub, der „Brothers MC Germany", ist eine Organisation, die auf Werten gegründet wurde und auf diesen aufbaut. Ich weiß noch ganz genau – als wenn es gestern gewesen wäre – dass ich mit meinem engen Freund und Bruder Brahim über die Vorkommnisse in der Silvesternacht am Telefon sprach. Wir waren beide entrüstet und hatten beide dieselbe Idee. Wir als Motorradclub wollten und mussten uns positionieren. Wir konnten gar nicht anders, denn es kochte in uns und wir verabscheuten, was in dieser Nacht den Frauen angetan wurde. Ich wusste schon, als ich fragte, ob wir etwas offiziell dazu schreiben sollten, dass die Antwort wie gewünscht ausfallen würde. *„Auf jeden Fall! Lass uns das machen!"* Ich antwortete, dass ich ein paar Minuten brauche, um etwas vorzubereiten, und Brahim dann umgehend zurückrufen würde. Gesagt, getan. Ich entwarf einen Text, den wir gemeinsam verfeinerten und abstimmten. Am Ende stand unsere offizielle Bekanntmachung, und das Folgende war ihr Wortlaut:

Aktion Amtsgericht Kassel

Kein Teil des Systems

Mit meinem Freund und Bruder Brahim

NIEMAND LIEBT DIE KRIEGER.

BIS DER FEIND VOR DEN TOREN STEHT.

TIM K.

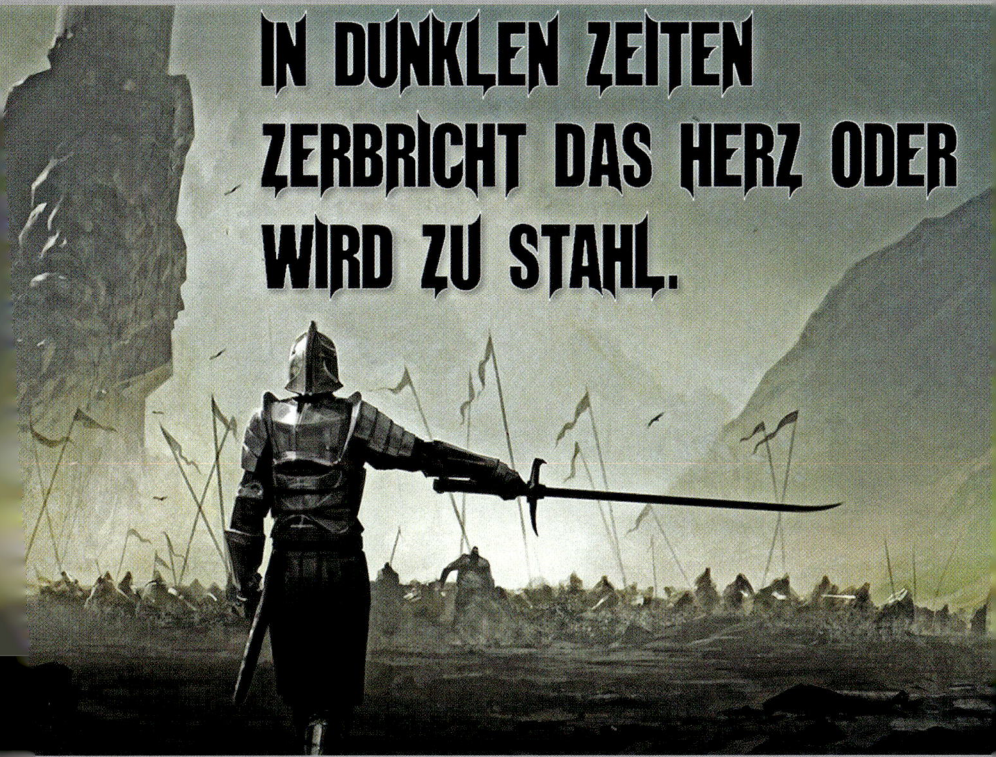

IN DUNKLEN ZEITEN ZERBRICHT DAS HERZ ODER WIRD ZU STAHL.

Unten: Das erste Chapter in Sachsen mit unserem Bruder Bernd.

Stellungnahme des „Brothers MC Germany"

Wir finden es widerwärtig, was an vielen Bahnhöfen in diesem Land passiert ist. Deshalb wollen wir mit unseren Mitteln ein Zeichen setzen. Es geht nicht um rechts oder links oder deutsch oder ausländisch. Es geht einzig und allein darum, dass in Deutschland keine Frau (egal, welcher Nationalität, Herkunft oder Religion) sexuell belästigt, begrabscht oder ausgeraubt wird. Wer dies jedoch nicht versteht, der muss mit Konsequenzen rechnen. Wir, der „Brothers MC Germany", positionieren uns hiermit ganz klar, und wir werden Taten sprechen lassen. Wir beratschlagen derzeitig, wann und zu welchen Anlässen wir mit Abordnungen unseres Clubs erscheinen werden. Wir werden dabei keine Farben tragen und uns auch sonst nicht in den Vordergrund stellen. Wir werden uns diszipliniert verhalten und angemessen auf die Situation vor Ort reagieren. Wer möchte, kann sich uns dabei gerne anschließen. Es geht nicht um Farben oder ums Repräsentieren, es geht nur um die Sache. Es wird Zeit, dass sich das Denken verändert und wir anfangen, zu handeln. Für alle Menschen in diesem Land, die in Frieden zusammen leben und die ihre Frauen und Kinder unbesorgt auf die Straße gehen lassen möchten.

Der Vorstand
Brothers MC Germany
Januar 2016

Wir waren damit der erste Motorradclub, der sich eindeutig hinsichtlich der Vorfälle der Silvesternacht gerade gemacht und positioniert hat. Darauf waren und sind wir immer noch sehr stolz. Die Veröffentlichung in den sozialen Netzwerken im Internet schlug ein wie eine Bombe und wurde innerhalb kürzester Zeit tausendfach geteilt und millionenfach gelesen. Auf einmal waren wir in aller Munde und in ganz Deutschland bekannt. Das war nicht unsere Absicht, sondern wir wollten einfach gemäß unserer Einstellung ein Zeichen setzen. Dass die Reaktion derartig überwältigend und positiv sein würde, konnten wir nicht ahnen. Natürlich wollten wir unseren Worten auch schnell Taten folgen lassen, und so gaben wir auch dies daraufhin bekannt:

Vielen Dank für den großartigen Zuspruch und die überwältigende Resonanz! Jetzt heißt es, Taten sprechen zu lassen. Fast 400 Anzeigen in Köln und massive sexuelle Übergriffe in Hamburg, Stuttgart und Bielefeld sind eine Schande! Eine Schande wäre es genauso, nichts zu unternehmen! Wir sind ein Motorradclub, der aus Angehörigen verschiedener Nationen besteht, den aber eines eint: der Glaube an Werte und Moral. Für uns ist es selbstverständlich, dass wir uns für die Freiheit und die Zivilcourage einsetzen. Wir ziehen zwar nicht in den Krieg, werden aber auch nicht wegsehen, wenn

Frauen angegriffen oder begrapscht werden. Wir beginnen in den nächsten Tagen Präsenz dort zu zeigen, wo alles begonnen hat: in Köln. Unser Kölner Chapter beginnt bald damit, am Hauptbahnhof gesellig etwas Luft zu schnappen. Weiterhin planen wir auch für die Karnevalszeit einige Spaziergänge. Jeder, der uns unterstützen möchte, ist herzlich und respektvoll dazu eingeladen. Voraussetzung: keine Politik, keine Farben, kein Extremismus. Es geht einzig und allein um die Sache! Wir haben eine Gemeinschaft gegründet – füreinander einstehen. Auf dieser Seite erfahrt Ihr in Kürze mehr. Teilt und liked die Seite, damit sie möglichst viele Menschen erreicht. Dort erreicht Ihr uns auch persönlich.

Der Vorstand
Brothers MC Germany
Januar 2016

Auch ich persönlich geriet immer mehr in die Öffentlichkeit und erhielt Massen an Nachrichten voller Zuspruch, die ich folgendermaßen beantwortete: Ich möchte mich auf diesem Wege nochmals persönlich bei Euch für den unglaublichen Zuspruch bedanken und Euch meine Gedanken und Absichten mitteilen. Mir ist es egal, ob es ein Deutscher, ein Ausländer oder ein Flüchtling ist, der eine Frau belästigt und begrabscht. Er ist und bleibt ein

Wichser, dem seine Grenzen aufgezeigt werden müssen. Über 500 Anzeigen wurden inzwischen in Köln erstattet. Dass solche Übergriffe überhaupt möglich sind und noch in derartiger Anzahl, ist eine Schande für unser Land! Sogar in meiner Heimatstadt benehmen sich irgendwelche Wichser in Imbissen oder Spielhallen total daneben, und wenn man sie dort nicht mehr haben möchte, drohen sie damit, den Besitzern die Kehle durchzuschneiden. Die herbeigerufene Polizei war machtlos und gab nur als Antwort: Ist ja nichts passiert.

Es ist an der Zeit, dass wir überall Zivilcourage zeigen und unsere Werte und unsere Freiheit mit den uns gegebenen Mitteln bewahren. (Wenn ich „verteidigen" schreiben würde, bekäme ich wohl eine Anzeige wegen Volksverhetzung.) Ich kann nur für mich und meine Freunde sprechen, aber wir lassen dies nicht zu, und wo auch immer jemand bedroht oder belästigt wird, werden wir nicht wegsehen. Mein Respekt gilt auch den Polizistinnen und Polizisten, die in Köln die Wahrheit gesagt haben und sich keinen Maulkorb von ihren Vorgesetzten und der Politik haben anlegen lassen. Obwohl wir als Club und ich als Person nur Gutes tun wollten, gerieten wir in das Visier des Staates, der uns zunehmend als Bedrohung anzusehen scheint. Anstelle wirklich adäquater und effizienter Ratschläge, wie beispielsweise *„eine Armlänge Abstand halten"* der Kölner

Bürgermeisterin Henriette Rekers, wollten wir tatsächlich den Frauen beistehen und ihnen ein Gefühl von Sicherheit vermitteln. Die Polizei, die kläglich in der Silvesternacht versagt und die Frauen schutzlos diesem widerwärtigen Mob überlassen hatte, reagierte nunmehr aber gegen absolut Unschuldige. Wo immer sich engagierte Bürger, Türsteher, Hooligans oder ein paar Rocker zusammenfinden wollten, um „Abendspaziergänge" durch Innenstädte zu unternehmen, war die Polizei auf einmal mit Hundertschaften vor Ort. Da funktionierte es auf einmal.

In Köln besitzt eine junge Frau eine Cocktailbar. Beinahe täglich bekommt sie Besuch von einigen „Refugees", die sie täglich mit „Ficki Ficki"-Beschimpfungen und obszönen Gesten belästigen. Entweder sie bleiben vor dem Lokal stehen oder gehen hinein. Ein bestimmter Charmeur hat einmal sogar ein Glas in seinen Mund gesteckt und es zerbissen. Mit blutiger Fratze, das Blut lief ihm dabei aus dem Mund, gab er der jungen Frau zu verstehen, dass sie ihm gar nichts könne und er immer wiederkommen werde. Die Besitzerin bat daraufhin ein paar ihrer männlichen Freunde um Hilfe. Diese Männer, durchweg erfahrene Kampfsportler, nahmen also eines Tages als Gäste in der Cocktailbar Platz und warteten auf die täglich die Bar frequentierenden „Verbalantänzer". Es dauerte nicht lange, bis die Polizei mit einer ganzen Abordnung erschien und die Männer herausbat.

Diese wurden dann kontrolliert, überprüft und mussten fast eine Stunde draußen in der Kälte und im Regen eingekreist ausharren, bis sie einen Platzverweis erhielten. Einer der „Refugees" hatte die Gruppe wohl rechtzeitig entdeckt, sich vermutlich bedroht gefühlt und vorsorglich die Polizei gerufen. So herum funktionierte dann auch wieder der Schutz für die „Schwächeren" und „Hilfsbedürftigen".

10. Städteverbot

Es vergingen einige Tage, und Brahim bekam den ersten gelben Brief per Zustellungsurkunde und kurze Zeit später ich den gleichen: *„Betretungs- und Aufenthaltsverbot für eine Woche während der Karnevalszeit für die Städte Köln und Leverkusen!"* Absender war das Polizeipräsidium Köln. Die seitenlange Begründung führte an, dass wir in der Vergangenheit schon des Öfteren wegen schwerer Gewaltdelikte in Erscheinung getreten seien und davon abgehalten werden sollen, Jagd auf Ausländer zu machen. Das muss man sich mal auf der Zunge zergehen lassen. An dem ganzen Wisch stimmte rein gar nichts, ganz zu schweigen davon, dass wir Gewalttaten verübt hätten oder zur Jagd auf Ausländer mobilisieren wollten. Eine Farce! Wir sind der erste Motorradclub, der sich zu den Vorfällen in der Silvesternacht klar positioniert und zudem Aktionen zum Schutz der Frauen angekündigt hat. Der Dank dafür erfolgte in diesem unfassbaren Städtebetretungsverbot. Die Begründung, dass sich die Kölner Rocker- und Hooliganszene zusammentun würde, um Präsenz zu zeigen und das Recht in die eigenen Hände zu nehmen, war genau so erbärmlich. Im Klartext heißt das: Kölner Bürger und Deutsche, die keine Frauen begrabscht oder vergewaltigt haben, dürfen während der gesamten fünften Jahreszeit nicht am Karneval teilnehmen bzw. sich in der eigenen Stadt blicken lassen. Da stellt man sich automatisch die Frage, ob den 1.000 Männern, die inzwischen für über 1.000 Strafanzeigen verantwortlich sind (davon die Hälfte wegen sexueller Übergriffe), auch so eine Verfügung zugestellt worden ist? Langsam ist es an der Zeit zu erkennen, in welchem System wir leben, und es wird höchste Zeit, zusammenzustehen und derartige Willkür nicht einfach so hinzunehmen. Denn heute sind wir es und morgen die anderen. Egal, ob Ausländer oder Deutscher, schwarz oder weiß: Wer eine Frau begrabscht und ausraubt, dem gehören die Zähne rausgeschlagen! Aber eine Frage hätte ich dann noch: Was wäre eigentlich passiert, wenn 1.000 Deutsche in irgendeinem Land, aus dem diese Wichser kommen, Hunderte Frauen sexuell belästigt, ausgeraubt und vergewaltigt hätten? Wir sind eine Nation aus Schafen, die von Wölfen regiert und von Schweinen besessen werden. Das ist aus uns geworden.

Bis zu diesem Zeitpunkt war nur ein winziger Teil der Täter von Köln und anderswo identifiziert oder ermittelt. Die Übergriffe nahmen deutschlandweit kein Ende, aber alles, was für das System und seine Schergen zählte, war es, gegen die eigene Bevölkerung und gegen Zivilcourage entschieden ins Feld zu ziehen. Was soll das ganze Theater überhaupt? Ein zivilisierter Mensch, egal, ob Christ, Jude oder Moslem, der nicht radikal denkt, würde niemals eine

Frau angrabschen, vergewaltigen und ausrauben. Er würde niemals einen anderen Menschen grundlos angreifen oder sich benehmen wie in der Steinzeit. Punkt! Nur primitives Pack macht so etwas. Wir hatten sicherlich auch vorher schon gewisse Probleme, aber was seit Monaten in diesem Land passiert, ist eine Entwicklung, die uns meiner Meinung nach ins Verderben führt. Wenn es so weitergeht, dann können wir hier mit Ausschreitungen und bürgerkriegsähnlichen Zuständen rechnen, und keine Frau kann abends mehr alleine auf die Straße gehen. Fakt ist, dass dieses Land eine große Masse von primitivsten, ungebildeten und frauenfeindlichen Subjekten importiert, die es nur aus wirtschaftlichen Gründen hierhin zieht. Die fatale Entwicklung wird nicht erkannt oder – muss man ja schon annehmen – soll nicht erkannt werden. Wir sind ein liberales Land, in dem viele Kulturen friedlich zusammenleben. Soll das jetzt alles geopfert werden, auch auf Kosten der Millionen friedlicher ausländischer Mitbürger, die hier leben und unser Land bereichert haben und es immer noch bereichern? Wer, zum Teufel, soll denn glauben, dass in der Silvesternacht in Köln und in vielen anderen Städten Fachkräfte wie Atomphysiker, Ingenieure, Wirtschaftsstudenten und Lehrer gesoffen und Frauen belästigt und bestohlen haben? Ein wirklicher Kriegsflüchtling, der vor Krieg und Terror floh, wäre dankbar für die Aufnahme in diesem

Land und würde sich niemals so benehmen. Ein wahrhaftiger Kriegsflüchtling würde aber auch nicht vorher mindestens fünf andere sichere Länder durchreisen, um dorthin zu kommen, wo es ihm wirtschaftlich am besten geht: zu uns. Das Ganze ist nur noch eine widerwärtige Komödie, unter der jeder zivilisierte Mensch in diesem Land leidet, und was allmählich alles das zerstört, was uns ausmacht. Niemand hatte sich bis zu diesem Zeitpunkt bei auch nur einem einzigen Opfer der Silvesternacht entschuldigt oder sich nach dessen Wohl erkundigt: keine Bürgermeisterin von Köln, kein Polizeipräsident, kein Innenminister. Alle waren sie stattdessen schwer damit beschäftigt, die bösen und gefährlichen Rocker und Hooligans im Zaun zu halten. Die, von denen noch niemand eine Frau sexuell belästigt oder ausgeraubt hat! Da keiner dieser Gestalten das Fünkchen Anstand besaß, auch einmal der Opfer zu gedenken, übernahm ich das und verfasste einen offenen Brief.

11. An die Opfer der Silvesternacht

Ich koche immer noch vor Wut, und mein Herz ist voller Kummer und Schmerz. Ich stelle mir mittlerweile immer wieder die Frage: Hat sich bis zum heutigen Tage auch nur ein einziger Verantwortlicher um Euch gekümmert, nach Eurem Wohl gefragt oder sich gar bei Euch entschuldigt? Wenn ich mir vorstelle, wie Ihr Euch durch diese Menschenmenge drängeln musstet, von allen Seiten eingekreist, von widerwärtigen Typen angetanzt und angelechzt, die Euch ihre verfluchten Hände auf die Brüste drückten und mit ihren schmierigen Fingern Eure Strumpfhosen und Slips zerrissen, um Euch dann auf das Widerwärtigste zu begrabschen, dann steigt immer mehr der Zorn in mir auf. Ihr wurdet sexuell genötigt, ausgeraubt und sogar vergewaltigt. Was für Todesängste musstet Ihr erleiden? Was für ein Trauma habt Ihr durchmachen müssen? Wunden und Ängste, die vielleicht nie wieder verheilen oder verschwinden. Hat sich der Polizeipräsident bei Euch entschuldigt, dass er Euch mit diesen gewaltbereiten Männerrudeln alleine und im Stich ließ? Hat sich der Innenminister entschuldigt oder die Oberbürgermeisterin Reker, die Euch im Nachhinein zumindest ihren kostbaren Tipp der „einen Armlänge Abstand" hat zuteilwerden lassen? Oder gar die Bundeskanzlerin Mer-

kel oder der Bundespräsident Gauck? Ansonsten reisen die doch überall hin und machen sogar Selfies. Bei Euch nicht? Ich möchte diesen Brief jedoch nicht für andere Intentionen missbrauchen, sondern Euch meine tiefste Anerkennung und mein Mitgefühl aussprechen. Ihr seid für mich Heldinnen und Opfer zugleich. Ich möchte mich sogar stellvertretend bei Euch entschuldigen, dass es so weit in unserem Land gekommen ist, dass wir noch nicht einmal mehr auf Euch aufpassen konnten. Aber ich möchte Euch auch sagen, dass es jeden Tag mehr Menschen werden, die nicht mehr wegsehen und die für Euch da sein würden. Es gibt noch Menschen in diesem Land, die Euch verteidigen und die für Euch sogar Konsequenzen in Kauf nehmen würden. Es tut mir so leid, was Euch widerfahren ist. Und an Eure Peiniger habe ich auch noch eine kurze Botschaft: Wenn Ihr der Ansicht seid, dass dies ein Land ist, in dem eine zahnlose Schafherde von Männern nur darauf wartet, die Frauen, die Euch wo auch immer begegnen, so „behandeln" zu lassen, dann wartet mal ab! Jeder Mann, der auch nur ein Fünkchen Ehre in sich trägt, wird Euch angemessen davon „überzeugen", wie man in dieser Gesellschaft Frauen zu behandeln hat. Nämlich mit Anstand, Ehre und Respekt.

Tim K.

Das Böse

Das Böse erscheint uns in vielfältigen Formen tagtäglich und an jeder Ecke. In Form von Neid, Verrat, falscher Freundschaft, aber auch in gespielter Freundlichkeit, in Lügen und Betrug. Der erste Schritt ist die Erkenntnis und der zweite, es auszuradieren, sich dagegenzustellen und es aus seinem Leben zu entfernen. Entweder geben Dir Menschen etwas oder sie nehmen Dir etwas. Alles dazwischen ist ohnehin weder zählbar noch sinnvoll. Aber auch das Gute erscheint uns jeden Tag in Form von Freundschaft, Loyalität, Hilfsbereitschaft, aufrichtiger Zuneigung und Wertschätzung. All das gilt es zu achten, zu ehren und niemals als selbstverständlich hinzunehmen. Am Ende zählt immer nur, ob Du den Deinen und Dir selbst treu warst.

12. Amanda

Wenige Wochen nach dem Silvesterskandal ereignete sich eine weitere schändliche Tat in unserem Land: eine Tat, die genauso schnell wieder in Vergessenheit geraten sollte. Mit diesem Buch soll nichts in Vergessenheit geraten, und es soll ein Manifest für die Ewigkeit sein. Eine junge Frau wurde ermordet.

Es lebte eine junge Frau in Berlin. Sie war gerade einmal 20 Jahre alt, bildschön, lebensfroh und als liebenswürdiger Mensch bekannt. Sie hieß Amanda und war eine Deutsch-Libanesin. Amanda wartete auf die U-Bahn und schrieb eine SMS an ihre Mutter mit den Worten *„Bin gleich zu Hause. Ich liebe Dich."* Dann wurde sie von Hamin E. (28) vor die hereinfahrende U-Bahn geschubst. Sie starb noch im Gleisbett an ihren Verletzungen. Schon seit 2002 ist dieser menschliche Abfallhaufen, der diesen Mord beging, polizeibekannt, und seine Strafakte ist lang. Mit 14 Jahren stach er einen Mann nieder, saß danach wegen anderer Delikte im Gefängnis und fiel zuletzt noch wegen Sachbeschädigung auf. Es geht schon lange nicht mehr um deutsch, ausländisch oder sonst irgendwas. Es geht nur noch um richtig oder falsch. Es geht darum, dass in diesem Land immer erst etwas passieren muss, damit reagiert wird. Wegen diesem Stück Dreck wurde ein junges Leben zerstört. Der Typ kommt jetzt in die Psychiatrie und genießt drei warme Mahlzeiten am Tag in weißgestrichenen, freundlichen Räumlichkeiten mit Bibliothek, Fernsehen und Sportmöglichkeiten. Bin ich jetzt ein Nazi, weil ich das hier schreibe und in jenem Fall der Täter ein Iraner war? Würde es die Tätigkeit des Henkers geben, würde ich mich bei jedem Deutschen, der dies getan hätte, ebenfalls freiwillig melden! Ich trauere um dieses Mädchen und mit ihrer Familie, und ich wünsche Dir, Hamin, dass Du in der Hölle schmoren und jeden Tag die unmenschlichsten Qualen erleiden wirst. Aber vielleicht wirst Du das ja schon zu Lebzeiten erleben. Und an alle, die das hier lesen, egal, welcher Nationalität und Religion: Verteidigt das Gute vor Eurer eigenen Haustür. Schaut nicht weg, wenn Unrecht geschieht, und setzt Euch immer für Euren Nächsten ein.

13. Person des öffentlichen Lebens

Ich durfte also für die Zeit des Karnevals die Stadtgebiete Köln und Leverkusen in Gänze nicht betreten! Ich sei Mitglied in einem Motorradclub, hätte in der Vergangenheit schwere Gewalt- und Aggressionsdelikte begangen und man müsse davon auszugehen, dass ich die Karnevalsfeierlichkeiten zum Anlass nehmen werde, um Menschen mit Migrationshintergrund zu jagen und andere dazu anzustacheln, Gewalt gegen diese auszuüben! Das waren für mich natürlich erst mal erstaunliche Neuigkeiten. Wusste ich selbst alles noch gar nicht. Ich fand es zudem sehr bedenklich, dass ich als Bewohner dieses Landes, in meinem eigenen Land, für eine ganze Woche mehrere Städte nicht mehr betreten durfte. Also dagegen ist die DDR doch ein Scheiß gewesen, oder was meint Ihr? Meine erste Reaktion auf das Städtebetretungsverbot sollte mich innerhalb von wenigen Stunden zu einer Person machen, die deutschlandweit bekannt wurde. Egal, ob ich irgendwo getankt hatte oder in Köln in einem Brauhaus essen war: Von diesem Zeitpunkt an wurde ich überall erkannt und von fremden Menschen gegrüßt und angesprochen. Fast alle standen hinter mir und fanden das von mir Verfasste mehr als zutreffend. Der folgende Post, den ich auf Facebook veröffentlichte, wurde ungefähr 100.000-mal geteilt, ebenso oft geliked und von ca. acht Millionen Menschen gesehen. Es war überwältigend.

Ich heiße Tim K., und meine Vorfahren kommen aus Ost-preußen/Schlesien und waren richtige Flüchtlinge. Mein Großvater ist im Krieg gefallen. Ich bin Deutscher und habe mehrere abgeschlossene Berufsausbildungen und ein Studium absolviert. Ich habe in der Bundeswehr gedient und war fast zehn Jahre Polizist, darunter eine Zeitlang beim SEK. Jetzt bin ich Mitglied im stolzen Motorradclub „Brothers MC". Ich stehe jedem Menschen, egal, welcher Herkunft, Rasse oder Religion, aufgeschlossen gegenüber, denn für mich zählt nur der Charakter desjenigen. Es interessiert mich nicht, woher jemand kommt, sondern nur, ob etwas richtig oder falsch ist, gerecht oder ungerecht. Ich habe in meinem Leben noch keine Frau gegen ihren Willen begrabscht, sexuell belästigt oder vergewaltigt. Und jetzt wollt Ihr mir verbieten, dass ich mich in meinem eigenen Land frei bewege? Ich habe mich über Euer Schreiben köstlich amüsiert, und ich möchte Euch eines dazu sagen: NIEMAND VERBIETET MIR JEMALS, ZU IRGENDEINEM ZEITPUNKT IN DIESEM MEINEM LAND, WO UND WANN ICH IRGENDWO HINGEHE! HABT IHR DAS VERSTANDEN? Ihr könnt Euer DDR-2.0-System gerne vorantreiben und perfektionieren! Ihr könnt auch versuchen,

die Menschen in diesem Land einzuschüchtern und kleinzuhalten. Das mag Euch vielleicht in vielen Fällen gelingen. Mich
lässt das unbeeindruckt. Nochmals: ICH GEHE DAHIN, WO
UND WANN ICH WILL! ÜBERALL! Und wenn Ihr mich dann
festnehmen solltet, dann sperrt mich bitte zu den paar Typen
ein, die in der Silvesternacht Frauen belästigt, vergewaltigt
und ausgeraubt haben. Eine Handvoll von diesen über tausend
Arschlöchern habt Ihr ja schon dank toller und aufwändiger
Ermittlungsarbeit festgenommen. Bei der Handvoll wird es
dann auch wohl bleiben, und den Wichsern passiert unterm
Strich sowieso nichts. Die angedrohten 500 Euro Strafgeld,
für den Fall, dass ich eine „verbotene" Stadt betrete, zahle ich
auch. Was will man auch anderes von Politikern erwarten,
die selbst in einem Unrechtssystem aufgewachsen sind, dort
mitgewirkt haben und letztlich jetzt nur das umsetzen, was sie
seit frühester Jugend gelernt haben? Und Ihr folgt natürlich
nur deren Befehlen. Deshalb schaltet weiterhin Eure Gehirne
aus und waltet Eurer Ämter. UND EINES NOCH: Keiner von
Euch möge bitte jemals wieder behaupten, dass heutzutage
ein Drittes Reich oder eine DDR nie wieder möglich seien. All
das ist JEDERZEIT wieder möglich, und die Anfänge sind ja
bereits gegeben. Und jetzt kümmert Euch um die wahren Probleme in diesem Land, und geht mir nicht mit Euren albernen
Anschreiben auf die Nerven! Ich habe Wichtigeres zu tun.

Tim K.

Person des öffentlichen Lebens

Ich war über Nacht bekannt geworden und stand im Fokus. Mein erstes Buch „*Treibjagd*" führte erneut die Bestsellerliste „Biografien" bei Amazon an, und auch das zweite, „*Vergeltung*", schnellte wieder nach oben in die Verkaufsränge. Erstaunlicherweise wurde dies von der Presse und den Medien gänzlich totgeschwiegen und übergangen. Das interessierte mich jedoch herzlich wenig, denn erfahrungsgemäß braucht nur die Lüge Stützen: die Wahrheit steht von allein. Früher oder später ist das immer so. In meinem Fall leider nun mal später.

Das Kreissystem des Verderbens

Die schaffen das! Personen, die selbst in einem System gelebt haben, das sich anhand einer gleichgeschalteten Presse, durch das Verbot der Meinungsfreiheit und einer Führung, die letztendlich gegen die eigene Bevölkerung regierte, selbst abgeschafft hat, perfektionieren nunmehr genau dasselbe in dem Land, das vormals eben das andere System ablöste. Gleichzeitig importieren diese Personen eine große Anzahl von Menschen, die wiederum aufgrund ihres Verhaltens, ihrer Bräuche und ihrer Erziehung hier bei uns jene Zustände herbeiführen, welche für sie der Grund waren, ihre Heimat zu verlassen. Zusammengefasst: Das ist doch alles kaum noch zu glauben!

Die Frage ist, wie lange das Prinzip der „Brot und Spiele" noch funktioniert in einem Land, in dem jetzt schon die Sicherheit nicht mehr gewährleistet ist und in dem sich die Situation mit jedem Tag eher noch verschlimmert.

14. Reisefreiheit

Karneval rückte immer näher, und für mich stand von Anfang an fest, dass ich mir nicht verbieten lassen würde, mich dort blicken zu lassen. Das Kölner Karnevalskomitee hatte derweilen nichts Besseres zu tun, als besonders die „Refugees" mit bunten und mehrsprachigen Flugblättern auf Arabisch und Englisch zu dem bunten Treiben einzuladen. Informationsveranstaltungen sollten den „Kulturbereicherern" zusätzlich Verhaltensregeln beibringen, die während der Karnevalszeit hilfreich und nützlich erschienen. Zusammengefasst: Alle sind zwar lustig, betrunken und verkleidet, aber grabscht bitte keine Frauen an. Polizei und Politik empfahlen der einheimischen Bevölkerung, auf spezielle Verkleidungen und Waffenattrappen zu verzichten. Deutschland im Jahr 2016! Ich ließ natürlich nicht locker und hielt weiterhin öffentlich dagegen. Für mich war es schon längst eine Mission geworden. Alle anderen werden eingeladen, und ich „deutscher Trottel" und Bewohner dieses Landes, der Steuern zahlt und alle vier Jahre sein Kreuz machen soll, darf in meinem eigenen Land gleich mehrere Städte für eine ganze Woche nicht betreten? Das kann doch nicht Euer Ernst sein! Ist das eine Art Karnevalsscherz?

In dem Verbotsschreiben steht, dass ich aus dem Verbotsbereich (Köln und Leverkusen) fernzuhalten sei, um Unbeteiligte und Polizeibeamte vor mir zu schützen. Ist da bei Euch noch alles in Ordnung im Oberstübchen? Ich habe nichts getan und darf nicht zum Karneval, während andere, die möglicherweise mit gegrabscht, vergewaltigt und geraubt haben, noch offiziell eingeladen werden? Alles klar bei Euch? Jetzt noch mal ganz offiziell: ICH FAHRE ZUM KARNEVAL NACH KÖLN UND AUCH NACH LEVER-KUSEN, WENN ICH DAS WILL! Den Zeitpunkt gebe ich noch bekannt, denn ich werde mich weder verstecken noch unerkannt bleiben. Ich fahre unverkleidet, trinke ohnehin keinen Alkohol und habe nicht vor, irgendwelche Strafta-ten zu begehen oder Frauen anzugrabschen, geschweige denn „Flüchtlinge" zu jagen. Sollte aber irgendeiner eine Frau „antanzen" oder belästigen, werde ich natürlich nicht wegsehen! Was bildet Ihr Euch eigentlich ein? Das Kölner Karnevalskomitee lädt in mehrsprachigen Flugblättern alle Flüchtlinge zum Karneval ein, und ICH, der in diesem Land geboren bin und mit seinen Steuern diesen Menschen ihren Aufenthalt überhaupt erst ermöglicht, darf mehrere Städte gar nicht erst betreten?

ICH WERDE DA SEIN! SPERRT MICH EIN, ZEIGT MICH AN, VERHÄNGT EIN ORDNUNGSGELD IN HÖHE VON 500,- EURO, ABER SEID EUCH EINES GEWISS: ICH LASSE MIR IN MEINEM EIGENEN LAND NICHT VERBIETEN, WANN ICH WO HINGEHE! Aus diesem Land ist eine perfektionierte DDR geworden. Aber wen wundert das inzwischen noch?

Tim K.

In einigen Tagen sollte der Karneval beginnen und das Betretungsverbot in Kraft treten. Zuvor ließen Brahim und ich es uns aber trotzdem nicht nehmen, am Kölner Hauptbahnhof einen Abendspaziergang zu machen und diesen auch öffentlich bekannt zu geben. Die Reaktionen waren durchgängig positiv. Aschermittwoch und der Beginn des Verbots rückten näher.

15. „Anne Will" – staatlich gelenktes Fernsehen für Gutmenschen

Eine köstliche „Abendunterhaltung". Gestern Abend „Anne Will" geguckt und mich wieder fremdgeschämt für die peinliche Inszenierung. Thema: *„Flüchtlinge – Kippt die Stimmung?"* Eingeladen nur Talkgäste, die sich von vornherein alle einig und in ihren politisch korrekten Ansichten fast schon gleichgeschaltet waren. Die Diskussion wurde immer wieder durch die möglicherweise ausgewählte Zuschauerhorde garniert, die, egal, was für ein Blödsinn von sich gegeben wurde, stets Applaus zollte. Hielt da etwa einer vom Sender ein Schild hoch: *„Jetzt klatschen!"*? Der einzige „Rebell" war der Versicherungsvertreter- und schnöselige Jahrgangs-Bester-Typ Jens Spahn, Präsidiumsmitglied der CDU und Parlamentarischer Staatssekretär beim Bundesministerium für Finanzen. Zitat Spahn: *„Dieses Land hat eine Million Menschen aufgenommen."* Jens, das stimmt doch gar nicht. Es waren offiziell 1,6 Millionen, und die Illegalen sind noch nicht mal dazugerechnet. Als CDU-Bundestagsabgeordneter solltest Du das doch wissen und nicht einfach

600.000 Menschen unter den Tisch fallen lassen. Auch dabei war Frauenrechtlerin Anke Domscheit-Berg. Wenn ich mich recht erinnere, erwiderte sie auf die Übergriffe der Kölner Silvesternacht, dass weiße Männer das ja auch täten. Mädchen, darum geht es doch gar nicht. Es geht darum, dass kein Mann so etwas darf. Weiterhin beinhaltete ihre Argumentation, dass die alleinstehenden Männer doch ihre Familien nachholen sollten, damit sie sexuell auf ihre Kosten kämen und nicht so isoliert wären. Ein weiterer profunder Beweis ihres realistischen Wissensstandes. Bei einer Million Männer (denn ich sehe fast nur Männer, die zu uns kommen) wären das bei drei weiteren Familienmitgliedern drei Millionen weitere Menschen pro Jahr. Wenn jetzt schon die Stimmung kippt, was würde erst dann passieren? Das sind alles Fragen, mit denen sich diese Menschen mal beschäftigen sollten, zumal unsere ausländischen Mitbürger völlig zu Unrecht unter der „kippenden Stimmung" leiden würden und es jetzt schon tun. Wenn man bedenkt, dass im Rundfunkrat der ARD – das oberste für die Programmkontrolle zuständige Aufsichtsgremium – auch nur Mitglieder mit Parteibuch sitzen, so darf man sich nicht wundern, warum Fernsehen so „aussieht", wie es ist.

Freie Presse! Köstlich. Und als Zusatzhinweis für unsere kritischen Leser: Nein, ich bin kein Nazi. Ja, wer verfolgt wird und in Not ist, ist hier herzlich willkommen!

16. Der „Zuwanderer" – ein kläglicher Versuch, die Bevölkerung zu täuschen

Ich muss mich immer amüsieren, wenn subtil und krampf-haft-ungeschickt versucht wird, Tatsachen zu verdrehen und Unrecht gesellschaftsfähig zu machen. Bei der Terminologie der folgenden Begriffe wird mir aber richtig schlecht. Mittlerweile sind wir nämlich beim gesellschaftsfähigen Begriff des „Zuwanderers" angelangt. Dabei wäre erst einmal genau zu definieren, was überhaupt ein „Zuwanderer" ist.

Ich „wandere" mal eben „zu", oder was ist hier los? Darf jetzt jeder überall hin „zuwandern", und kann die ganze Welt selbstverständlich auch zu uns „zuwandern"? Damit wir uns richtig verstehen und hier auch keine Fakten in Vergessenheit geraten: Am Anfang gab es den „norma-len" Asylanten. Schätzungen zufolge sind davon circa 95 Prozent Wirtschaftsasylanten, ergo Personen, die nicht das geringste Recht besitzen, zu uns kommen zu dürfen. Aus „Asylanten" wurden auf einmal „Flüchtlinge". In der Realität ist das genau dasselbe, und die Anzahl der Personen, die nur aus wirtschaftlichen Gründen kommt oder den Pass wegwirft und sich auf einmal als „Syrer" ausgibt, liegt weiterhin bei 95 Prozent. Jetzt gibt es aber eine neue Begriffskreation: „Zuwanderer". Das klingt doch für die Politik, die Presse und alle Gutmenschen viel besser. Des Weiteren assoziiert der ahnungslose Eingeborene mit dem Begriff des „Zuwanderers" einen Akt normalen Handelns, gemäß dem Motto: *„Ja, der ist eben ganz normal zugewandert."*

Von wegen! Ihr könnt es nennen, wie Ihr wollt, es ist und bleibt immer dasselbe: Unrecht, Täuschung, eine Invasion und unser drohender Untergang! Kein Teil des Systems!

Tim K.

17. Sie machen Ernst

„Ein wahrhaft großer Mann wird weder einen Wurm zertreten noch vor dem Kaiser kriechen." Liebe Freundinnen und Freunde, der Satz von Benjamin Franklin sagt alles aus; und er gilt für uns alle. Jede Frau, jeder Mann, egal, wie groß, stark, mächtig, reich oder arm sie oder er ist, kann ein gutes Herz besitzen, anständig leben und handeln. Das ist es, was Größe ausmacht: mit dem Herzen handeln und denken; Schwachen helfen und nicht wegschauen, wenn Unrecht geschieht; seinen Mund aufmachen und seine Freiheit leben und verteidigen. Wie im Kleinen, so im Großen. Es beginnt vor unserer eigenen Haustür. Jeder soll seine Meinung sagen dürfen und leben können, so, wie es gefällt: ausnahmslos jeder, solange er damit keinen anderen tätlich verletzt oder unflätig beleidigt. Ich wiederhole mich zwar, aber es kann nicht oft genug gesagt werden: Löst Euch von Nationalitäten und äußerlichen Unterschieden. Der einzige Unterschied besteht darin, ob etwas richtig oder falsch, gerecht oder ungerecht ist. Das ist alles, was zählt! Und immer, ausnahmslos immer, muss Recht auch Recht bleiben! Und jetzt komme ich zu einem wichtigen Punkt, der mich ausmacht und was ich auch lebe: Ich stehe zu meinem Wort. Ich werde entweder nach Köln oder nach Leverkusen fahren. Das verspreche ich Euch! Ich werde natürlich nicht

kundtun, wann genau ich dorthin fahre, um diejenigen, die mir das verbieten wollen, nicht vorzuwarnen. Aber seid Euch gewiss: Ihr werdet es erfahren, sobald ich da bin! *„Die Herrschenden werden aufhören zu herrschen, wenn die Kriechenden aufhören zu kriechen." (Friedrich Schiller)*

Der Rosenmontag war endlich gekommen, und ich fuhr nach Köln. Ich hatte vorher bereits Kontakt mit der „BILD"-Zeitung aufgenommen, die großes Interesse bekundet hatte, über meinen Köln-Besuch zu berichten. Mein engster Kreis und ich hatten im Vorfeld alle möglichen Szenarien durchgesprochen, und wir kamen immer nur zu dem einen Schluss: Egal, was sie tun würden, sie würden immer verlieren und ich immer gewinnen. Wenn ich mich über das ausgesprochene Betretungsverbot hinwegsetzte, ohne dass das System reagiert, hätte ich gewonnen. Wenn sie aber martialisch reagieren und mich festnehmen sollten, würde ich das pressewirksam und öffentlich ausschlachten und sie somit vorführen. Egal was, es käme mir und der Sache zugute. Ich war also gespannt, was passieren würde.

Ich fuhr nachmittags von zu Hause los und war am frühen Abend in Köln. Ich traf mich mit einem damaligen Clubbruder am Rande der Stadt, und gemeinsam fuhren wir dann auf die Kölner Ringe, wo ich mein Auto in einer Seitenstraße parkte. Die Niederlassung der Kölner „BILD" befand sich gleich in der Nähe, und wir trafen uns mit

Sie machen Ernst!

einem Redakteur und einem Fotografen vor dem Gebäude. Zuvor hatte ich schon Bilder mit mir und der aktuellen Ausgabe der „BILD" auf den Kölner Ringen geschossen, damit auch jeder im Nachhinein sehen konnte, dass ich tatsächlich vor Ort gewesen war. Danach gingen wir gemeinsam die Ringe hinunter, um uns vor einem Kölner Wahrzeichen fotografieren zu lassen. Ausgerechnet dort befanden sich mehrere Mannschaftswagen einer Hundertschaft. Wir ließen uns nicht davon abhalten, und ich postierte mich in einiger Entfernung von den Polizisten. Was dann jedoch geschah, übertraf meine Erwartungen noch bei Weitem. Als man sah, wer ich war, sprangen an die acht Polizisten aus ihren Transportern und kreisten uns sofort ein. Man hatte mich erkannt. Nachdem ich meinen Ausweis vorzeigen musste, wurde ich von vier Einsatzkräften abgeführt und mit dem Kopf an einen Einsatzwagen gedrückt, damit man mich wie einen Terroristen fixieren und durchsuchen konnte; sogar die Schuhe musste ich ausziehen. Ich fragte, was dieses Einschreiten rechtfertigen würde, worauf man mir erwiderte, dass ich ein Betretungsverbot für Köln hätte. Und wieso man mich sofort erkannt hätte? Die Antwort: *„Wir haben Bilder von Ihnen und kennen Sie aus Facebook."* Wenn der Fotograf sich nicht als Angehöriger der Presse ausgewiesen hätte, wäre er wahrscheinlich auch verhaftet worden. Die Bilder sind gesichert, und ich hoffe, dass sie veröffentlicht werden; selbst meine Handys wurden komplett ausgelesen und alle Kontaktdaten und Verläufe gesichert und aufgeschrieben. Als ich fast eine Stunde vor dem Transporter, eingekreist von Polizisten, gewartet hatte, wurde mir eröffnet, dass ich ein Ordnungsgeld von 500,- Euro zahlen müsste. Des Weiteren bekäme ich jetzt einen Platzverweis für Köln und müsste die Stadt verlassen. Ich erwiderte, dass ich ein freier Bürger sei und dem nicht nachkommen werde.

„Dann nehmen wir Sie jetzt fest, und Sie kommen in die Zelle." „Ok, dann machen wir das so", war meine Antwort. Weitere 20 Minuten später wurde mir erklärt: Ließe ich mich jetzt einsperren und käme dem Platzverweis nicht nach, würde dies weitere 500,- Euro kosten. Jetzt hatte ich endgültig die Schnauze voll. Für dieses DDR-2.0-System zahle ich nicht mal eben 1.000,- Euro, und auch gegen die 500,- Euro werde ich rechtlich mit allen Mitteln vorgehen. Ich wurde schließlich als angeblich freier Bewohner dieses Landes der Stadt verwiesen, während um mich herum überall betrunkenes, aggressives Volk mit lauter und großer Schnauze Karneval „zelebrierte". An die Staatsmacht und an die Polizei Köln: Ich halte mein Wort, und ich werde niemals vor Euch zurückweichen. Ich habe in meinem Leben noch keine Frau begrabscht. Wenn ich mitbekäme, dass so etwas passiert, würde ich helfen und nicht wegschauen.

Ich habe weder eine Straftat begangen, noch habe ich dazu aufgerufen. Ich war nüchtern und keineswegs aggressiv und habe letztendlich nichts getan. Und Ihr verbietet mir, in Köln zu sein? In einer Stadt meines Heimatlandes? Ihr habt Euch mal wieder ein jämmerliches Armutszeugnis ausgestellt! Wie ich auf Euer Betretungsverbot reagiert habe, habe ich Euch ja gezeigt. Es schert mich einen Dreck! Ich stand gestern als freier Mann, als „Brother" und als Deutscher inmitten der Stadt, die Ihr mir verboten habt zu betreten. So viel steht fest! Ich verachte, was aus diesem Land geworden ist, und ich verachte Euch, die Ihr wahrscheinlich auch die Waffen gegen die eigene Bevölkerung richten werdet, wenn die Zeiten schwerer werden. Ich sage es Euch deshalb noch einmal und sage es immer wieder: NIEMAND verbietet mir jemals, wann und wo ich hingehe!

18. Dunkle Rüstung

Ein anständiger Mensch findet kein Glück in der Lüge, im Betrug oder im Verrat. Er lebt auch nicht oberflächlich und rücksichtslos. Ein anständiger Mensch hat immer viele Steine auf seinem Weg, viele Stiche im Rücken und Schlangenbisse an seiner Hand, weil er falschen Menschen die Hand gereicht hat. Ein anständiger Mensch wird oft hintergegangen und ausgenutzt, weil er ehrlich und vertrauensvoll ist. Ein anständiger Mensch lernt aber durch Enttäuschungen und Niederlagen oft andere anständige Menschen kennen. Mir waren Niederlagen und Enttäuschungen häufig die besten Sprungbretter und Wegweiser. Wenn eine Tür sich schloss, öffnete sich schon bald eine neue und oft bessere. Ich habe Menschen kennengelernt, die sich im Nachhinein als verlogen und egoistisch herausstellten und nur auf den wirtschaftlichen Vorteil aus waren. Dank dieser Personen habe ich aber auch Menschen kennengelernt, die das komplette Gegenteil davon waren und mit denen ich mich hervorragend verstanden habe. Somit entpuppte sich fast jeder vermeintliche Rückschlag im Nachhinein als Glücksgriff und schicksalshafte Bestimmung. Anstand bedeutet aber auch, irgendwann, wenn die Zeit gekommen ist, zurückzuschlagen. Anstand zu bewahren ist oft nicht leicht, aber der einzige Weg, richtig zu leben. In unserer jetzigen Zeit, in der die Gesellschaft verroht, unsere Werte untergehen oder in Vergessenheit geraten, in dieser Zeit habe ich mir schon seit Langem eine Rüstung angelegt. Eine dunkle Rüstung, die mich vor Neid, Hass und Verrat bestmöglich schützt. Ich bin jedem gegenüber stets ein höflicher und respektvoller Mensch gewesen, denn ich bin so erzogen worden. Das Problem ist leider, dass Höflichkeit und Gutherzigkeit oft mit Schwäche verwechselt werden. Einst fragte ich einen kostbaren Freund von mir, warum mir das immer wieder passiert, dass sich Menschen ohne triftigen Grund von mir abwenden und sogar gehässig werden. Ich habe niemanden belogen, bestohlen und würde niemals jemanden verraten. Die Antwort war kurz und bündig: Weil es krumme Typen sind, die mit Aufrichtigkeit und Ehrlichkeit nicht zurechtkommen. Jedem geht es nur um seinen eigenen Vorteil, und alle wollen sie immer nur das schnelle Geld machen. Das gegebene Wort zählt auf einmal nicht mehr, und die, die sich heute noch spinnefeind sind, sind auf einmal beste Freunde. Wie geht so etwas? Was hat das mit Anstand, Moral und Ehre zu tun? Ich will und muss das nicht verstehen. Im Nachhinein betrachtet, hat mir das Leben jene Menschen erspart, die mir ohnehin nur geschadet hätten, und hat mich zu denen geführt, deren Anwesenheit ich begrüße und wertschätze. Trotzdem sind das die Symptome, an denen unsere Gesellschaft krankt: die Wertelosigkeit und die Charakterlosigkeit.

Warum streiten sich die meisten Männer? Wegen Frauen, Geld oder Macht. Was ist so schwierig daran, diese Ursachen auszumerzen? Dass die Frau eines anderen Mannes tabu ist, steht meiner Meinung nach doch außer Frage. Geldgeschäfte unterlässt man, und wenn nicht, dann hält man das Abgesprochene ein. Das kann doch nicht so schwierig sein! Wer nach Macht strebt, hat irgendwelche Defizite im Leben. Macht erhält man durch seinen Charakter, seine Ausstrahlung und seine Fähigkeiten, aber nicht dadurch, dass man dieses oder jenes Ziel krampfhaft versucht zu erreichen. Alle diese Gründe und Eigenschaften sollte jedermann von Natur aus in sich tragen oder beherzigen. Dazu muss man nicht erst einem Motorradclub beitreten.

Bei Frauen sind es beinahe die gleichen Gründe: sei es wegen einem anderen Mann, sei es wegen Neid und Gehässigkeit. Warum kann eine Frau nicht die Hände von einem anderen Mann lassen oder einer anderen Frau ihre Attraktivität oder Lebenslust gönnen? Gelassenheit, Höflichkeit und Großmut könnten dazu beitragen, dass ein jeder selbst nicht unter den eigenen Eigenschaften leiden muss. Hass und Neid sind nämlich Gefühle, die nur dem schaden, der sie in sich trägt. Ich war es irgendwann leid, immer wieder die gleichen Erfahrungen machen zu müssen. Das Leben ist eine Schlangengrube voller Ungeziefer, Ratten und Kojoten. Je näher man die Menschen an sich heranlässt, desto respektloser und unverschämter werden sie. Inzwischen bin ich nur noch von einem kleinen Kreis Vertrauter umgeben und halte ansonsten einen möglichst großen Abstand. Je weniger Menschen man persönlich kennt, desto weniger Probleme und Kopfschmerzen bekommt man. Je weniger Worte den Mund verlassen, desto geringer ist die Wahrscheinlichkeit, dass irgendjemand wieder irgendwo seinen Beitrag dazugeben muss. Alles in allem lebt man ruhiger und wesentlich entspannter, wenn man diese Art von Distanz einhält. Enttäuschungen vermeidet man, indem man keinerlei Erwartungen mehr an andere Menschen knüpft. Bei meinem kleinen Kreis ist das etwas anderes. Dort zählen Zuverlässigkeit und Vertrauen, aber diese wurden auch langsam und stabil aufgebaut. Verlasse Dich möglichst nie auf andere, und wenn Du Hilfe benötigst, dann hilf Dir selbst. Das klingt zwar hart, ist aber oft leider die Realität. Ich habe während meines bisherigen Lebens vielen Menschen geholfen: sei es mit Geld, Kontakten, Einfluss oder körperlich. Der Dank war in den meisten Fällen Verrat, oder es gab finanzielle Verluste, Stress und Probleme. Du willst Gutes tun, dann tue nichts, denn egal, was oder wie man es macht, am Ende wird es meistens falsch sein. Obgleich der unzähligen

Enttäuschungen haben sich aber mein Charakter und mein Wesen nicht davon verändern lassen. Das wäre ein Eingeständnis an diesen Nichtsnutz und würde diesen Subjekten nur Recht geben, da ich mich auf dieselbe Stufe herabgelassen hätte. Ich lasse mich nicht von derartigem Geschmeiß nach unten ziehen, sondern nutze solche Erfahrungen, um mich noch weiter davon abzustoßen und zu distanzieren. Meine Regel lautet mittlerweile: Behalte nur Menschen in Deinem Leben, die Dich bereichern. Ich meine damit, wenn mir jemand menschlich oder wirtschaftlich etwas bringt, dann schätze ich mich glücklich, einen solchen Menschen in meinem Leben zu haben. Alle anderen Energievampire, Schmarotzer und Problemverursacher nehmen mir etwas und haben somit nichts in meinem Leben verloren. Es gibt nur diese zwei Sorten von Menschen: die, welche Dir etwas geben oder solche, die Dir etwas nehmen. Letztere gehören entsorgt, und das sollte man auch schleunigst und getrost tun, denn eines steht fest: Menschen ändern sich nicht. Eine Ratte wird immer eine Ratte bleiben und ein Lügner immer ein Lügner. Ebenso wird ein ehrlicher Mensch immer ein ehrlicher Mensch bleiben, denn seine Natur ist so programmiert. Die Rüstung, die ich mir selbst zulegte und verbesserte, ließ mich im Laufe der Zeit immer besser und ruhiger leben. Es ist unglaublich, in welchem Ausmaß andere Menschen einem das Lebensgefühl und die Lebensqualität rauben, verschlechtern und gar kaputt machen können. Lass so gut wie niemanden mehr an Dich heran und vertraue nur denen, die sich schon lange bewährt haben. Trage eine Rüstung, von der ihr schlechtes Gerede, ihre Missgunst, ihre Gerüchte und Unterstellungen abprallen. Allein schon deswegen, weil sie gar nicht mehr in Dein Gefühlsleben eindringen können. Das Gift, das sie so gerne subtil versprühen, sollte ihr eigener Untergang und ihr eigenes Verderben sein.

Die Spezies Mensch ist das verlogenste, ekelhafteste und bösartigste Wesen, das die Schöpfung jemals hervorgebracht hat. Wird dieses Wesen nicht durch Regeln oder strenge Gesetze geleitet, zeigen die meisten Menschen ihr wahres Gesicht und ihr *natürliches* Verhalten. Wir leben in einer Zeit, in der wahre Männer und ehrenwerte Frauen zu einer aussterbenden Art gehören. Halte Deine Rüstung stets geschlossen und achte auf Deine Deckung. Je mehr Nähe Du gestattest, desto verletzlicher bist Du, und umso näher kommen die Spitzen ihrer vergifteten Dolche an Dich heran. Und vergiss niemals: Menschen ändern sich nicht!

19. Unerlaubter Waffenbesitz?

Nach dem mehr als erbärmlichen „Terror-Einsatz" durch das stümperhafte SEK und das Kriminalkommissariat 21 (Organisierte Kriminalität), der bundesweit in Presse, Funk und Fernsehen Beachtung fand und bei dem mein Nachbar irrtümlicherweise festgenommen wurde, segelte mir dann eines Tages ein Strafbefehl des Amtsgerichts Detmold ins Haus. Man hatte doch tatsächlich eine einzige scharfe Patrone vom Typ MMS Kaliber 9 mm des Herstellers Luger inmitten eines total verstaubten Kellerraumes meines Wohnhauses gefunden. Was für ein Zufall! Der Strafbefehl betrug sage und schreibe 2.400,- Euro! Dahinter steckte die Polizei und die Staatsanwaltschaft Detmold, die bereits vorab schon einmal den Strafbefehl rausschickten. Aber beginnen wir noch einmal ganz von vorne, damit das gesamte Ausmaß dieser Farce deutlich wird.

Anfang des Jahres 2015 gab es eine Vernehmung durch das Polizeipräsidium Köln, in dem ein junger Mann wegen anderer Delikte vernommen wurde. Dieser unbedeutende und schmierige Kleinkriminelle, der sich vor langer Zeit einmal im Dunst unseres Motorradclubs aufgehalten und den ich weder persönlich kenne noch jemals ein Wort mit ihm gewechselt hatte, meinte auf einmal, bei seiner Vernehmung interessante Informationen über mich preisgeben zu können. Aus heiterem Himmel gab er an, dass *„er nur den Tim, den psychopathischen SEK-Beamten"* kenne. Ich sei bei einem Treffen in Köln dabei gewesen. Über mich könne er sagen, dass wiederum ein anderer über mich gesagt hätte, ich hätte bei einem National-Treffen in Köln eine scharfe Waffe auf den Tisch gelegt. *„Der Tim ist immer bewaffnet."* Er habe einmal gesehen, dass Tim ein Schulterholster trug. Ob aber eine Waffe in dem Holster steckte, das könne er nicht sagen. Er habe auch einmal gesehen, dass ich eine Beule am Knöchel hatte, und wenn ich eine längere Jacke trug, so sei diese am Hosenbund ausgebeult gewesen. Ich weiß ganz genau, wie diese Vernehmung in Wirklichkeit abgelaufen ist. Der kleine Schmierlappen hätte aus Gründen des Strafnachlasses den „Kriminalverdrehern" alles erzählt, was die hören wollen. Und genau das hatte er auch getan. Völlig aus dem Kontext gerissen, erzählte er die reinsten Lügenmärchen über mich. Das wurde bestimmt so inszeniert, als die vernehmenden Beamten ihn gefragt hatten, ob er nicht irgendwas über diesen ehemaligen SEK-Beamten erzählen könnte? War der nicht mal bewaffnet gewesen? Ich weiß genau, wie diese Vernehmungen ablaufen. Der kleine Schmalspurganove sprang natürlich voll darauf an. Indem man ihm Fotos von mir aus der Presse vorlegte und auf meinen Namen hinwies, führte die „Verhörtaktik" in die gewünschte Richtung und zu dem gewünschten Ergebnis; dessen bin ich mir sicher. Für seine „Aussagen" wurden ihm selbstverständlich Erleichterungen in Aussicht gestellt. Des Weiteren, und das ist natürlich der Gipfel der Bodenlosigkeit, wurden der kleinen Hackfresse Vergünstigungen und eine Deckadresse im KK 13 in Köln verschafft, ihm quasi Zeugenschutz gewährt. Mir verschaffte der kleine Aushilfsganove im Gegenzug einen desaströsen SEK-Einsatz mitten in der Nacht. Das federführende Kommissariat für organisiertes Verbrechen hatte aufgrund meiner Zugehörigkeit zum Motorradclub „Brothers MC" zur Sicherheit Spezialkräfte hinzugezogen. Delikat war im Vorfeld auch, dass man sich beim Amtsgericht Detmold, und das bei einer nicht zuständigen Richterin im Notdienst an einem Freitagabend, einen Durchsuchungsbeschluss hat ausstellen lassen. „Gefahr im Verzug" lautete die Begründung, was bedeutet, dass eine aktuelle Gefährdung vorliegt. Diese „Gefährdung" war dann so akut, dass man sich nach Erhalt des Durchsuchungsbeschlusses noch ganze vier Wochen Zeit ließ, um dann um vier Uhr morgens meine Wohnungen zu stürmen. Der Verdacht für diesen Durchsuchungsbeschluss ergab sich übrigens, um es nochmals zu verdeutlichen, aus der „glaubwürdigen" Aussage eines Zeugen. Das muss man sich mal auf der Zunge zergehen lassen. Man kann sich beim besten Willen nur noch an den Kopf fassen. Ich habe schon vor langer Zeit aufgehört, mich darüber aufzuregen oder den Sinn zu hinterfragen. Es sind letztendlich blutige Amateure, die ihre persönliche Animosität und Rache zweckentfremden und mit staatlichen Mitteln missbrauchen. Selbstverständlich hat das niemals ein Nachspiel, denn das System hält nun mal zusammen. Beiläufig erwähnt sei nur, dass ich selbstverständlich wegen diesem SEK-Einsatz gegen mich Strafanzeige gegen alle beteiligten Beamten, die Bielefelder Polizeipräsidentin und gegen die beteiligten Beamten der Staatsanwaltschaften Bielefeld und Detmold gestellt habe. In einem weiteren Schreiben informierte ich auch den Petitionsausschuss, die NRW-Ministerpräsidentin Hannelore Kraft und den NRW-Innenminister Ralf Jäger sowie den Oppositionsführer Armin Laschet über den fabulösen SEK-Einsatz. Zumindest für Laschet klang das von mir geschilderte Einsatzgeschehen in der Tat beunruhigend. Er leitete das Schreiben an den für den Polizeibereich zuständigen Kollegen des Arbeitskreises Inneres seiner Fraktion weiter. Mir war natürlich im Vorfeld klar, dass das alles nichts bringen würde, aber zumindest habe ich die verbohrten und verrosteten Zahnräder des Systems damit vielleicht ein wenig geärgert. Dass ich nicht so verwirrt bin und ausgerechnet eine einzige scharfe Patrone in einem Kellerraum verstecke, den ich seit Jahren nicht mehr betreten habe, dürfte wohl auch dem letzten Zweifler klar sein. Polizei und Staatsanwaltschaft warfen mir dennoch illegalen Waffenbesitz vor. Das hatte im Erfolgsfall für sie natürlich den Vorteil, dass der gesamte kostspielige Skandaleinsatz, der es bis in die „BILD"-Zeitung schaffte, von mir hätte bezahlt werden müssen. Ich warf der Polizei vor, mir die Patrone untergeschoben zu haben. Anders war ihr Vorhandensein nicht zu erklären, es sein denn, die Patrone war bei der letzten Hausdurchsuchung meiner Wohnungen vor vielen Jahren schlichtweg vergessen worden. Ich besaß damals eine Waffen- und Munitionsbesitzkarte, da ich Polizist und Sportschütze war und legal über mehrere Waffen und Munition verfügte.

Am 15. Dezember war es dann soweit, und ich fand mich mit meinem langjährigen Freund und Anwalt Hendrik Schnelle am Amtsgericht Detmold ein. Hendrik Schnelle ist ein sehr ambitionierter Fachanwalt für Strafrecht aus Detmold, der sehr redegewandt und, wenn es erforderlich ist, mit einer wunderbaren kompetenten Angriffslust den Gegner erfolgreich in Bedrängnis bringt. Seine Erfolge sprechen für sich, und mit der Zeit hatte er sich einen sehr guten Ruf erworben. Er war in meinem Fall guter Dinge, und wir gingen beide von einer sehr positiven und realistischen Chance eines Freispruchs aus. An diesem Tag sollte ich jedoch wieder einmal am eigenen Leib und mit meinen eigenen Augen und Ohren erleben, dass es schlichtweg keine echte Gerechtigkeit in diesem unserem Land mehr gibt. Wie gesagt, ich war guter Dinge und durchaus motiviert und interessiert, meine Sicht der Lage zu schildern. Vor dem Gerichtssaal saß bereits eine Gruppe von Polizisten: der Einsatzleiter, der Hundeführer und eine weitere Durchsuchungsbeamtin der Kripo. Ich grüßte freundlich in die Runde, was die Anwesenden schon sichtlich irritierte. Ich verhalte mich in den meisten Fällen immer überaus freundlich zur Gegenseite, weil es genau das ist, womit sie nicht rechnet und was diese „Kleingeister" regelrecht verwirrt. Im Saal nahm ich neben meinem Anwalt Platz. Mir gegenüber saß die Staatsanwältin, die meiner Wahrnehmung nach unsicher und unbeholfen wirkte. Sie war Mitte 50 und keineswegs kampfeslustig oder siegessicher. Im Gegenteil, ich hatte den Eindruck, dass sie den Vorwurf trocken und maschinell herunter ratterte und teilnahmslos dem Geschehen folgte. Die Richterin war ungefähr in meinem Alter, und wie mir mein Anwalt mitteilte, besuchte sie damals das andere Detmolder Gymnasium in derselben Stufe wie er. Man kannte sich wohl flüchtig vom Sehen.

Ich machte Angaben zu meiner Person und zu meinen Einkommensverhältnissen. Wie immer, auch wenn die Karten schon vorher gemischt wurden, eröffnet man die

Sitzung freundlich und gespielt locker. Die Anklage wird verlesen und der Anwalt widerspricht dieser mit guten Fakten und Belegen. Rechtsanwalt Schnelle war es ein regelrechtes Fest, den stümperhaften Einsatz der Polizei nicht unerwähnt zu lassen und das maßlos übertriebene Gebaren noch einmal auszuschlachten. Ich wurde gefragt, ob ich mich zu dem Vorwurf und zu dem Geschehen äußern wolle. Ich antwortete freundlich, dass ich dies sehr wohl wünschte und schilderte daraufhin den gesamten Einsatz aus meiner Sicht. Auch machte ich der Richterin glaubhaft klar, dass ich damals ein sehr guter Sportschütze war und legal über Waffen und viel Munition verfügte. Bei der damaligen Durchsuchung wurden alle meine Waffen und eine große Menge an Munition sichergestellt. Nach der Durchsuchung befand ich mich damals ja schon in U-Haft, und als ich endlich wieder zu Hause war, habe ich für mehrere Jahre den Kellerraum gar nicht mehr betreten. Ich gab an, dass ich mir im Nachhinein auf keinen Fall vorsätzlich eine einzige scharfe Patrone besorgt habe, um diese dann im Keller zu verstecken. Der Gedanke allein wäre ja schon aberwitzig. Es gebe also nur zwei Möglichkeiten: Entweder schob man mir die Patrone unter, oder sie wurde vor Jahren bei der Durchsuchung vergessen. Punkt. Ich hatte mich gut ausgedrückt und meiner Ansicht nach glaubhaft verkauft; und es entsprach ja auch der Wahrheit. Dann ging es in die Beweisaufnahme und die Zeugen wurden einzeln befragt. Es begann mit dem Einsatzleiter, der den Einsatz aus seiner Sicht schilderte. Da war natürlich alles normal und angemessen verlaufen. Wegen der „Rocker-Gefahr" wurde das SEK hinzugezogen. Bei der Durchsuchung meiner Wohnung war er selbst nicht anwesend. Danach sagte die weibliche Beamtin aus, die die Patrone auf einem Beistelltisch neben dem Computer gefunden haben will. Auf die Nachfrage und den Hinweis, dass keine unabhängige Zeugin vom Ordnungsamt anwesend war, ging man lapidar hinweg; diese sei irgendwo im Hause unterwegs gewesen. Die Zeugin gab eindeutig an, dass der Kellerraum absolut vollgestaubt und unbewohnt erschienen war. Anschließend kam der Hundeführer an die Reihe, der wiederum angab, dass die Patrone in einer Schublade gefunden wurde: also an einem völlig anderen Ort, wie kurz zuvor von der Zeugin geschildert. Ein Schelm, wer Böses dabei denkt! Auch dieser Zeuge gab an, dass der Kellerraum auf keinen Fall aufgeräumt, sauber oder gar bewohnt worden war. Alle äußerten zudem den Eindruck, dass dieser Raum seit Jahren gar nicht mehr betreten worden war. Mein Anwalt stellte noch die Frage, ob es sich bei der Patrone überhaupt um eine scharfe Patrone gehandelt habe. Dies sei schließlich gar nicht bewiesen und stehe nicht im Geringsten fest. Die Richterin unterbrach die Sitzung und telefonierte herum, um herauszufinden, wo die Patrone sich befand: in der Asservatenkammer der Polizei oder in Verwahrung der Staatsanwaltschaft. Wir hofften natürlich, dass die Patrone nicht mehr aufzufinden wäre, weil sie vernichtet worden war. Aber leider wurden wir enttäuscht. Telefonisch erfuhr die Richterin, dass die Patrone bei der Staatsanwaltschaft war. Auf die Überprüfung der Echtheit bzw. der Schussfähigkeit verzichteten wir dann.

Ein entscheidendes Detail darf an dieser Stelle nicht vergessen werden, und zwar, dass sich auf dem Computertisch eine geöffnete Kameraverpackung befand. Und diese habe den Eindruck erweckt, als wenn sie vor nicht allzu langer Zeit geöffnet wurde. Das wäre zumindest ein Indiz dafür, dass doch jemand den Kellerraum in all den Jahren betreten hat. Hendrik wandte sich mir zu und gab mir zu verstehen, dass er fest von einem Freispruch ausginge. Die Polizisten hatten zum einen völlig widersprüchliche Aussagen zum Fundort der Patrone von sich gegeben, der Kellerraum wurde in der Tat so gut wie nie genutzt oder betreten, und ich hatte glaubwürdig erklärt, dass ich als Munitionsbesitzer vor Jahren über viel Munition in dem Kellerraum verfügte. Die Patrone musste demnach, wenn sie nicht untergeschoben wurde, bei der letzten Durchsuchung vergessen worden sein. Die Staatsanwältin rasselte ihr Schlussplädoyer lustlos herunter, und Rechtsanwalt

Schnelle tat es ihr gleich, mit dem Unterschied, dass er versiert und kompetent darlegte, warum der Angeklagte wegen unerlaubten Waffenbesitzes freizusprechen sei. Darauf schrieb die Richterin längere Zeit etwas nieder, und Hendrik sagte mir, dass dies kein gutes Zeichen sei. Ein Freispruch wäre schnell notiert, ein Urteil hingegen müsste ausformuliert werden, und dieses wurde dann auch verkündet:

„Im Namen des Volkes wird der Angeklagte wegen fahrlässigem unerlaubtem Waffenbesitz und wegen illegalem Besitz einer einzigen scharfen Patrone zu einer Geldstrafe von 800,- Euro verurteilt." Die schlichte Begründung war, ich hätte schließlich dafür Sorge tragen müssen, dass in meinem Kellerraum keine Patrone mehr zu finden sein dürfte. Wären meine Einkommensverhältnisse nicht derartig gering gewesen, wäre die Strafe bis auf ein Dreifaches ausgefallen. Das war also die Gerechtigkeit, an die ich anfangs zumindest noch im Ansatz geglaubt hatte? Mittlerweile glaube ich kein Stück mehr an diese Justiz. Sie ist ein Teil des Systems, und die Richter gehen mit den Staatsanwälten mittags in derselben Kantine essen und sitzen an denselben Tischen, an denen sie angeregt ihre Gespräche führen. Es ist eine einzige Schmierenkomödie.

Ich war freundlich und respektvoll und habe darauf vertraut, dass, wenn ich stilvoll die Wahrheit vortrage, mir zumindest Gehör und Beachtung geschenkt wird. Nichts dergleichen passierte. Im Gegenteil. Das Urteil stand schon im Vornherein fest: Tim K. gegen das System!

Mein Denken ist bestimmt von meiner Erziehung, meinen Erfahrungen, meinem Wissen und meiner Moral. Mein Handeln beruht auf meiner Bewertung von „RICHTIG" und „FALSCH". Diese Definition lasse ich mir jedoch von keiner Merkel, keinem Gauck, keinem „Zuwanderer" und keiner gleichgeschalteten Presse bestimmen.

Das bestimme ich nämlich selbst.

Tim K.

www.tim-k.com

Unerlaubter Waffenbesitz?

20. Speerspitze

Ich schrieb in der Einleitung meines ersten Buches, dass ich irgendwann einmal eine Speerspitze gegen das organisierte Verbrechen darstellen wollte. Das war, bevor ich mich beim SEK beworben hatte. Mittlerweile bilde ich eine Speerspitze gegen das organisierte Verbrechen, denn Teile des Systems sind meiner Einschätzung und Definition nach genau das! Und genau gegen diese Teile und gegen dieses System stehe ich! Wir sind bis jetzt zwar noch wenige, oder besser gesagt: die genaue Zahl der Brüder im Geiste kennt sich noch gar nicht, aber einer Speerspitze kommen diese Menschen inzwischen schon gleich.

Es geht drunter und drüber in diesem unserem Land, und unsere sogenannte „Führung", die die Geschicke von den Wählern temporär anvertraut bekommen hat, missbraucht und zweckentfremdet diese eklatant. Derartige Handlungen verdienen die Bezeichnung „Hochverrat". Deutschland erleidet zurzeit eine regelrechte Invasion von Menschen, die erst von unserer Führung dazu eingeladen wurden, zahlreich zu uns zu strömen. Den Immigranten kann man noch nicht einmal die Schuld dafür geben, daher sage ich: REFUGEES WELCOME! Ich habe oft sarkastisch, ironisch und verharmlosend geschrieben. Damit ist zumindest jetzt erst mal Schluss. Ich werde mich erklären und mich eindeutig positionieren. Ich sage ganz offen: „Refugees welcome!" Ich möchte das auch erklären. Nach der Genfer Flüchtlingskonvention gilt als Flüchtling eine Person, die *„vor Verfolgung wegen ihrer Rasse, Religion, Nationalität, Zugehörigkeit zu einer bestimmten sozialen Gruppe oder wegen ihrer politischen Überzeugung sich außerhalb des Landes befindet, dessen Staatsangehörigkeit sie besitzt."* Gemäß dieser Definition sind mindestens 90 Prozent der sogenannten „Flüchtlinge" keine echten Flüchtlinge und deshalb auch: NOT WELCOME! Es sind reine Wirtschaftsflüchtlinge, die alle mindestens vorher schon fünf sichere Länder durchquert haben. Dann kann die Freiheit also nicht der wichtigste Grund gewesen sein! Wie kann es sein, dass fast nur junge Männer ohne Anhang „flüchten", ergo sich einen Dreck um ihre Frauen, Kinder und Eltern scheren? Wie ist es möglich, dass sie über 10.000,- Euro für Schlepperbanden zahlen können? Wieso haben alle ein neues Smartphone? Ich weiß, die „Wirtschaftsflüchtlinge" können nichts dafür, aber ich frage trotzdem. Ich habe deshalb noch ein paar Fragen an die Verantwortlichen dieser geplanten Katastrophe:

Wieso definieren Sie den Begriff „Flüchtling" so, wie es Ihnen gefällt? Wieso wird Deutschland vorsätzlich von Ihnen destabilisiert und kaputt gemacht? Wieso sind jetzt auf einmal zig Milliarden da, die vorher der Bevölkerung vorenthalten wurden? Dieses Land so bewusst in den Abgrund zu treiben: Kommt das nicht einem Hochverrat gleich? Warum führt man Politik gegen die eigene Bevölkerung? Dieses Land ist Ihnen temporär zur Führung zu seinem Wohl und Nutzen durch die Wähler anvertraut worden. Wie können Sie es wagen, daraus einen Selbstbedienungsladen zu machen? Mit Geld, das Ihnen nicht gehört, und das Sie vollkommen zweckentfremden oder besser gesagt: veruntreuen! Wie können Sie es wagen, Frauen und Kinder sowie viele Männer in diesem Land all diesen neuen Gefahren auszusetzen und das Sicherheitsgefühl völlig zu zerstören? Und eine Frage habe ich auch an die Willkommens-Klatscher und Teddy-bär-Werfer: Habt Ihr eigentlich eine Ahnung, wie erbärmlich und lächerlich Ihr seid? Lange Rede, kurzer Sinn: Refugees welcome, solange bis zu Hause wieder alles im Lot ist, und für den Rest: Auf Nimmerwiedersehen! Kein Teil des Systems!

Ich hoffe, ich habe nun klar und deutlich gemacht, wie ich dieser unfassbaren Katastrophe gegenüberstehe. An dieser Stelle möchte ich meinen Leserinnen und Lesern auch nicht meinen offenen Brief vorenthalten, den ich zuvor verbreitet und zum Anlass genommen habe, um die Landung des ersten „Refugee-Linienfliegers" mit meinen Worten zu kommentieren. Der folgende Text wurde mit einer Collage aus meinem Antlitz und einem Flieger der „*Turkish Airlines*" gepostet und fand rasenden Anklang und gewaltigen Zuspruch:

*Sehr geehrte Damen und Herren, liebe Regierung,
gestern sind die ersten Syrer per Linienmaschine auf Ihr Ge-
heiß nach Hannover eingeflogen worden, und zwar auf Kosten
der Steuerzahler, also auch auf meine Kosten. Ihr Plan, dieses
Land vollständig zu zersetzen, zu destabilisieren und in den
Untergang zu treiben, läuft weiterhin auf Hochtouren. Erste
entscheidende Erfolge zeigen sich bereits bundesweit. Diese
importierten Menschen haben möglicherweise einiges mit mir
gemeinsam: durch die zahlreichen SEK-Einsätze bin auch ich
selbstverständlich traumatisiert. Beim letzten SEK-Einsatz bei
mir zu Hause wurden Detonationskörper gezündet und alle
Fenster und Türen mutwillig zerstört. Danach sah es bei mir
ebenfalls beinahe so aus wie in einem Kriegsgebiet. Ich stehe
allerdings – und das unterscheidet mich von den meisten
Flüchtlingen – finanziell nicht besonders gut da und könnte
mir im Leben keine Schlepperorganisation leisten. Aber auch
ich würde ohne Frau, Kinder und ältere Menschen reisen;
das stimmt dann wieder überein. Wie Sie auf dem Foto sehen,
bin ich abgemagert, schlecht gekleidet und stehe vollkommen
unter Schock. Ich will es kurz machen: Die visuelle Umwelt-
verschmutzung, die Lügen aus Funk, Fernsehen und Presse
sowie die psychische Belastung in Form von Zorn, versuchter
Verblödung und Fassungslosigkeit aufgrund der von Ihnen
vorsätzlich verursachten Katastrophe haben mich zu einer
zeitlich begrenzten Flucht veranlasst. Deshalb beantrage ich,*

wenn auch nur als Bürger zweiter Klasse (da hier geboren und deutsch), einen First-Class-Flug nach Mallorca. Ich möchte diesem Krisengebiet zumindest für eine Weile entfliehen. Wäre es hilfreich, wenn ich meine Ausweispapiere vor dem Flug vorsätzlich wegwerfe? Ich gehe davon aus, dass vor dem Flug keinerlei Kontrollen stattfinden. Ist es möglich, in Spanien Urlaubsgeld vom deutschen Konsulat zu bekommen? Auf einmal sind doch ganz viele Milliarden da. Daher gehe ich davon aus, dass das klappen wird. Ich könnte allerdings auch ein paar Spanierinnen antanzen, begrabschen und ausrauben. Wie dem auch sei, ich erwarte Ihre hoffentlich positive Antwort zeitnah, damit ich möglichst schnell mit dem Packen beginnen kann.

Mit der höchsten Form der Verachtung

Tim K.

Das Thema, um das sich in diesem Land anscheinend alles dreht, wird uns irgendwann das Genick umdrehen oder selbiges brechen, insofern wir nicht aufwachen, aufstehen und eine sogenannte „Speerspitze" bilden. Es fängt schon damit an, dass wir unsere Meinung frei äußern; dass wir auch im Kleinen lernen, „Nein" zu sagen. Oder dass wir zivilen Ungehorsam proben, leben und umsetzen und dass wir uns von nichts und niemandem einschüchtern lassen. Wir müssen uns im ganzen Land organisieren und zusammentun, um dieser gefährlichen und bedrohlichen Entwicklung etwas entgegenzusetzen. Dieses System regiert gegen die eigene Bevölkerung. Wir sind faktisch Bürger zweiter Klasse, und genau das bekommen wir täglich und überall zu spüren. Wenn ein sogenannter „Flüchtling" eine Straftat begeht, wird diese entweder nicht verfolgt oder in den wenigsten Fällen aufgeklärt. Abgesehen davon sind Polizei und Staatsanwaltschaften sowie Ärzte und Krankenhäuser dazu angewiesen, keine Fälle öffentlich zu machen, die einen sogenannten „Flüchtlingshintergrund" aufweisen könnten. Und zwar deswegen, weil von ganz oben gesteuert und entgegengewirkt werden soll, damit in den Reihen der eigenen Bevölkerung kein sogenannter Fremdenhass aufflammt. Was für ein absurder Blödsinn! Wenn Deutsche oder andere Bürger dieses Landes Straftaten begehen oder jemanden vergewaltigen, würden diese

Personen ebenfalls den vollen Zorn zu spüren bekommen. Recht muss Recht bleiben, ungeachtet der Hautfarbe, Herkunft oder Religion. Und genau das gilt für beide Seiten gleichermaßen. Wieso genießen die einen Schutz und die anderen werden mit allen Mitteln verteufelt und verfolgt? Wieso bekommt eine syrische Familie insgesamt 6.000,- Euro Wohnungseinrichtungsgeld? Ich will es erklären: weil sie vorab 3.000,- Euro für Möbel vom Jobcenter erhielt. Dieses Geld wurde aber nach Hause in die syrische Heimat überwiesen. Das Jobcenter schickte ein Team raus, um festzustellen, dass von dem Geld keine Möbel gekauft wurden. Schließlich wurde der Familienvater sogar noch frech und vorlaut und warf sein leeres Portemonnaie auf den Tisch der Sachbearbeitung des Jobcenters. Nach Rücksprache mit der Vorgesetzten wurden der Familie dann erneut 3.000,- Euro ausgezahlt. Die Begründung lautete: Die brauchen ja schließlich Möbel. Weil die Sachbearbeiterin ihren Unmut über diese Einstellung ihrer Behörde kundgetan hatte, wurde sie zu einem Mitarbeitergespräch geladen, und es wurde ihr in unmissverständlicher Weise klargemacht, dass ihre Haltung nicht länger toleriert werde. Dies sei so durchzuführen und sie habe sich dahingehend nie wieder kritisch zu äußern. Das tat sie dann auch nicht mehr und half fortan dabei, „Flüchtlingen" den Führerschein zu bezahlen, damit diese am sozialen Leben teilnehmen können, und neue Fahrräder zu verschenken, die selbstverständlich auch einiges kosten. Freies WLAN wird ja bereits von der Telekom geliefert. Summa summarum lautet das Fazit: Egal, wie viel ein Normalbürger als Alleinverdiener arbeitet oder wie sehr er sich den Hintern aufreißt: So eine Familie wird niemals auf den Geldbetrag kommen, den eine „Flüchtlingsfamilie" mit mehreren Kindern erhält und von denen niemand arbeitet. So ist das nun mal in diesem Land, und bedanken können wir uns dafür bei diesem System. Politik dient nur sich selbst und wird vom herrschenden System gemacht, und ich bin kein Teil dessen. Ich hinterfrage Dinge und laufe mit offenen Augen und Ohren durch die Welt. Jeder Mensch ist einzigartig und hat eine Chance verdient. Viele sind jedoch so dämlich und verspielen diese Chance kläglich. Ich mag mich täuschen, aber ist die vergangene Silvesternacht inzwischen schon wieder vergessen? Was ist eigentlich mit den Tätern geschehen? Richtig – GAR NICHTS!!! Für Rocker und Hooligans stehen dagegen jedes Wochenende Hundertschaften bereit, und für all die Frauen, die sich abends nicht mehr alleine aus dem Haus wagen: nicht ein einziger Dorfsheriff. Chapeau! So betreibt man erfolgreich Politik gegen die eigene Bevölkerung. Noch ein paar Fakten zur Beruhigung: In einem Jugendzentrum in der Nähe meines Wohnortes, das inzwischen „Integrationszentrum" heißt, ist übrigens die parasitäre Hautkrankheit Krätze ausgebrochen. In eben diesem Begegnungszentrum lungern 30- bis 40-jährige Typen herum, die den jungen Mädchen auf die Ärsche starren. Vor Kurzem guckte einer der potenziellen Atomphysiker/Augenärzte auf seinem nagelneuen und neuesten Modell eines MacBook mit Bose-Kopfhörern ein ISIS-Werbevideo, in dem zu sehen war, wie ein Panzer einen Mann überrollte und Menschen geköpft wurden. Die von ihm herbeigewinkte Gruppe begleitete dies mit wohlwollendem Gelächter. Als dies dem verantwortlichen Leiter der Einrichtung gemeldet wurde, sagte dieser: *„Das gibt dann ein Hausverbot."* Dazu kann man nur sagen: Na dann ist ja alles wieder in Ordnung. Wir schaffen das!

Deutschland steht bereits am Abgrund, und die Regierung, der das Land anvertraut wurde, treibt den Niedergang mit all ihren zur Verfügung stehenden Mitteln stetig voran. Es kann und wird sich nichts ändern, wenn nicht endlich starke Herzen zueinanderfinden und sich vereint dem Unrecht und der Ungerechtigkeit entgegenstellen. Und wenn die Speerspitze erst einmal geschärft ist, dann wird der Schaft des Speers aus so festem Holz sein, dass damit jede Rüstung durchbohrt werden kann: für unsere Frauen, unsere Kinder, unsere Alten und für jeden Menschen, egal, welcher Herkunft oder Religion, der gemeinsam in Frieden und ohne Hass und Missgunst mit uns leben möchte.

21. Ein Land, das derartige Urteile toleriert, ist dem Untergang geweiht

Jeden Tag steigt die Zahl der Vergewaltigungen, der sexuellen Nötigungen und Belästigungen in diesem Land. Immer wieder sind es die bekannten „Atomphysiker", „Raketenforscher" und „Diplomingenieure", die dieser Taten überführt und angeklagt werden. Damit wir uns deutlich verstehen: Die Ironie in den Bezeichnungen für diese Art von Täter ist kurz gefasst „menschlicher Abfall". Dieser Abschaum wird erstaunlicherweise vor Gericht fast immer mit Samthandschuhen angefasst.

In der vergangenen Silvesternacht vergewaltigten in Friedlingen vier junge Männer aus Syrien, sogenannte „Flüchtlinge", mehrfach zwei junge einheimische Frauen. Die Tat spielte sich in einer Wohnung ab, in der in dem einen Zimmer zwei Syrer das eine Mädchen vergewaltigten und in einem anderen Zimmer die beiden anderen „traumatisierten Kriegsflüchtlinge" das andere Mädchen. Die Tat wurde von den Opfern zur Anzeige gebracht und vor dem Landgericht Freiburg verhandelt. Weil die gesamte

Bande geständig war, wurde jeder Einzelne nur zu einer Bewährungsstrafe verurteilt. Die Botschaft lautet: Vergewaltigung ist in Deutschland ein Kavaliersdelikt! Und genau so gehen unsere herzlich willkommenen „Rapefugees" auch damit um, wie der folgende Fall anschaulich verdeutlicht.

Vergewaltigung wegen eines „schlechten Tages"!

Am 28. August fielen Filmon (23 Jahre) und Habtom (26 Jahre) im Alten Botanischen Garten über die 56-jährige Marlies G. her und vergewaltigten sie nacheinander. Die „bemitleidenswerten" Asylbewerber aus Eritrea hatten sich zuvor mit Whisky-Cola besoffen. Als sie die Frau mitten im öffentlichen Park in München vergewaltigten, stritten sie sich noch vorher, wer zuerst „ran darf". Das Opfer schrie und wehrte sich vergeblich, und nach fünf Minuten flohen die Täter und wurden zufällig von der Polizei in unmittelbarer Nähe gefasst. Als die Richterin während des Prozesses fragte, warum sie das gemacht haben, antwortete Filmon nur: *„Es war ein schlechter Tag."* Am nächsten Verhandlungstag wollten sich die beiden Subjekte persönlich bei ihrem Opfer entschuldigen.

Ich habe die Schnauze so dermaßen voll und bin voller Wut und Fassungslosigkeit. Es gibt nichts Erniedrigenderes und Abscheulicheres als eine Vergewaltigung. Die Tat an sich und die Folgen eben dieser sind so abgrundtief widerwärtig, dass keine Strafe der Welt diese wiedergutmachen könnte. Es passiert immer öfter in unserem Land. Diese Subjekte kommen als „geduldete Gäste" und tun Frauen in diesem Land derartige Dinge an! Es ist egal, ob es sich in diesem Fall um eine Deutsche, eine Migrantin oder eine Farbige handelte, denn die Tat an sich ist so dreckig und abartig, dass einem die Worte fehlen. Und es kann jede Frau treffen!

Wann wachen wir endlich auf? Diese Typen zerstören Menschenleben und rotzen jedem Mann in diesem Land symbolisch ins Gesicht! Wir dürfen nicht wegschauen! Wir dürfen diese Subjekte nicht willkommen heißen! Wir dürfen die Frauen in diesem Land nicht alleine lassen!

Die Definition eines *„schlechten Tages"* müsste man diesen Subjekten noch einmal in einem „pädagogischen Einzelgespräch" näherbringen.

Kein Teil des Systems – eines Systems, das die Frauen in diesem Land nicht mehr beschützen kann!

Tim K.

22. Fakten der Niedertracht

Hallo, Deutsche Bank,

seit dem Jahr 2005 habt Ihr für Reden der Clintons insgesamt 1,25 Millionen Euro zum Fenster hinaus geworfen! Im Schnitt 260.000 Dollar pro Rede für Menschen, die ohnehin schon Multi-Multi-Millionäre sind. Warum habt Ihr dieses Geld stattdessen nicht sinnvoll investiert und für krebskranke Kinder, vergewaltigte Frauen, obdachlose Menschen und bedürftige Tiere gespendet? Vielleicht, weil Ihr den Hals nicht voll genug bekommt und Euch natürlich große Vorteile von dieser „Freundschaft" versprecht?

Ihr seid das Wort „Deutsch" in Eurem Namen nicht wert! Kein Teil des Systems! (welches Ihr mit bildet und unterstützt!)

Tim K.

23. „Flüchtling" missbraucht Kind: Bewährungsstrafe!

Der 36-jährige „Urlauber" aus dem Irak hielt im Januar 2016 im Hildener Stadtpark ein achtjähriges Mädchen fest, das mit ihrem Hund vorbeikam. Dann berührte er es unsittlich. Das Mädchen wehrte sich heftig und floh. Die Polizei wurde informiert, und der Täter konnte nach wenigen Stunden in einer städtischen Flüchtlingsunterkunft festgenommen werden. Ein Haftrichter schickte ihn umgehend in Untersuchungshaft. Schließlich wurde die „bereichernde Fachkraft" vom Amtsgericht Düsseldorf zu einer einjährigen Freiheitsstrafe verurteilt, welche die Richter zur Bewährung aussetzten.

Folgende Fakten sollten einem jeden bekannt sein: Der „bereichernde Zuwanderer" ließ seine Familie in Istanbul zurück, ehe er alleine nach Deutschland weiterreiste. Einen Asylantrag hatte er zudem gar nicht gestellt. Die Türkei lässt diesen „wertvollen Menschen" nicht wieder einreisen, und in den Irak möchte dieses Subjekt nicht wieder zurück; ergo wird es wohl in Deutschland bleiben. Durch die Bewährungsstrafe wird zudem eine Abschiebung grundsätzlich mehr als erschwert, weil in diesem Fall keine „gegenwärtig schwerwiegende Gefahr" vorliege. Stimmt, es wurde ja auch nur ein achtjähriges Mädchen sexuell missbraucht.

Dieses Land ist dem Untergang geweiht, und diese Richter, die diese „Urteile" sprechen, sind Mittäter am Zerfall und dem Niedergang unserer Zivilisation und Kultur. Diese Urteile, diese Richter und all diese „Gutmenschen" sind der Grund, warum dieses Land zugrunde geht. Ihr dürft Eure Frauen und Kinder zu keiner Zeit mehr alleine oder ungeschützt in Eurer „ehemaligen" Heimat aus den Augen lassen. Und hütet Euch davor, Eure Steuern oder Strafzettel nicht zu bezahlen, geschweige denn Eure Meinung zu sagen, denn das hat möglicherweise Verurteilungen, Gefängnisstrafen oder Erzwingungshaft zur Folge. Der sexuelle Missbrauch von Kindern funktioniert hingegen wie in diesem Fall auf Bewährung. Vergesst nicht, dass Ihr nur noch Bürger zweiter Klasse seid.

Kein Teil des Systems!

Tim K.

24. Die Saat geht auf

Nach den Exzessen der Silvesternacht in ganz Deutschland wurde großspurig seitens der Politik und der Medien verkündet, dass gegen die Täter ermittelt und dass man mit größtem Nachdruck nach ihnen fahnden wird. Nichts dergleichen geschah, es lief also alles geplant und wie am Schnürchen. Schließlich kann mir niemand erzählen, dass all das nicht gesteuert und beabsichtigt war. Also erst einmal ein großes Lob an die Justiz: Es läuft wieder! Der erste Straftäter der Silvesternacht bekam sechs Monate auf Bewährung und musste 100,- Euro zahlen. Besser gesagt, der Steuerzahler, denn der Typ ist Asylbewerber und bekommt staatliches Taschengeld von uns. Nebenbei hatte er noch ein paar Drogen in der Tasche. Der zweite wurde zu drei Monaten auf Bewährung verurteilt. Beide haben die sexuellen Übergriffe für ihre raubähnlichen Diebstähle ausgenutzt. Diese brachialen Strafen werden natürlich absolut einschüchtern und abschrecken, ergo: Es läuft! Die Täter waren zuvor schon in Erscheinung getreten, und selbst der Name des einen Täters stimmte noch nicht einmal in der Gerichtsakte. Läuft! Jeder normale Bürger dieses Landes, der einige Male falsch parkt oder seine Steuern nicht rechtzeitig zahlt, bekommt ähnlich hohe Bußgelder oder Erzwingungshaft. Läuft bei uns! Eine Freundin aus Köln schrieb mir später, dass sich im Bahnhofsgebäude auch etwas geändert habe. Auf der Strecke vom Gleis bis zum Vorplatz wurde sie nur noch dreimal verbal und durch Gesten belästigt und von „Latino-Lovers für Arme" zum gemeinsamen Balztanz aufgefordert. Das wurde zudem durch „Michael Jackson"-Griffe in die eigenen Weichteile symbolisch unterstrichen. Die polizeiliche Präsenz im Bahnhof bestand aus einer Doppelstreife, die aus einem fast 60-jährigen Marathonläufer-Typ und aus seinem Streifenpartner bestand, der einen so großen Pansen vor sich her trug, dass er schon seit Jahren seine Füße nicht mehr beim Duschen sehen kann. Also: Läuft weiterhin! Bis jetzt hat sich noch niemand offiziell bei den Opfern entschuldigt. Die Presse agiert weiterhin so, wie sie soll. Egal, welches Thema, es wird zwei bis drei Tage darüber berichtet, dann ist wieder Ruhe, und die ganze Maschinerie läuft weiter wie gewünscht. Sie wird so lange weiterlaufen, bis der Motor überhitzt ist oder ausfällt. Aber das scheint wohl gewollt zu sein.

Man schaltet den Fernseher ein, schlägt die Tageszeitung auf, hört Radio oder spricht mit Freunden, und es dreht sich immer und immer wieder alles nur um das eine Thema: Flüchtlinge. Ich kann es nicht mehr hören. Trotzdem kann man davor nicht Augen und Ohren verschließen, denn dieses Thema beeinträchtigt mittlerweile unser Leben elementar und wird, wenn alles so weiterläuft, unsere Zukunft aus den Angeln heben und dieses Land und seine Gesellschaft zerstören. Als ich eines Abends bei einem Clubbruder zum Grillen eingeladen war, erzählten er und seine Frau mir ganz beiläufig von drei unterschiedlichen Geschichten, die sie alleine an diesem Tag aus ihrem Bekanntenkreis gehört hatten. Die erste handelte von einer Freundin, die als Filialleiterin für eine Drogerie-Kette tätig ist. Sie berichtete, dass eine rumänische Diebesbande die Filiale im Blitzverfahren um 1.600,- Euro an L'Oréal-Produkten erleichtert hatte. Da die Dame alleine und ohne Chance war, sich der Gruppe in den Weg zu stellen, rief sie umgehend die Polizei und bat um Hilfe. Die Antwort der Polizei war: *„Wir haben derzeit keine Kapazitäten und bitten Sie, die Unterlagen zu sichten und dann gegebenenfalls Anzeige zu erstatten."* Auch nicht übel. Da hat man die Frau einfach im Stich gelassen und sich anscheinend um andere, wichtigere Dinge gekümmert. Dass die Diebesbande auf dem Weg nach Hause möglicherweise das gleiche Spiel noch ein paar Mal durchziehen wird, war den Freunden und Helfern offensichtlich egal. So sieht adäquate Polizeiarbeit aus. Eine weitere Freundin, die in einem *„Kaufland"* in einem dort ansässigen Schuhladen arbeitet, beklagte sich, dass die Polizei jeden Tag bis zu dreißigmal zum Einkaufszentrum ausrücken muss, um dort die widerlichsten Gestalten herauszuholen, die zuvor geklaut, rumgepöbelt und Kunden belästigt haben. Inzwischen wurde ein eigener Sicherheitsdienst beauftragt, der die Kunden vom Einkaufszentrum zu ihren Autos begleitet, weil diese mittlerweile Angst haben, den Weg alleine zu gehen. Die Mitarbeiter der einzelnen Läden, die nach Kassenschluss mit den Bargeldeinnahmen das Gebäude verlassen müssen, bleiben jedoch ohne jeglichen Schutz. Und dann gab es da noch den jahrzehntelangen linken Altpunk, vor dessen Wohnhaus Flüchtlinge in die leer stehende Grundschule einquartiert wurden. Er erzählte, ein alter Mann sei mit seinem Hund dort spazieren gegangen und der Hund habe die Flüchtlinge angebellt. Diese bewarfen als Reaktion ihrerseits daraufhin den Mann und seinen Hund mit Steinen und schrien ihm üble Beschimpfungen hinterher. Doch es vergeht kein Tag, an dem nicht die neuesten Flachbildschirme an das Heim angeliefert werden. Eine Freundin meinerseits, ihres Zeichens Kassiererin in einem Lebensmittelgeschäft, gab mir gegenüber an, dass man dort ebenfalls jeden Tag mindestens fünfmal die Polizei rufen müsse und dass sich Mitarbeiterinnen belästigt fühlen und schon angegrabscht wurden. Selbst beim Bezahlen an der Kasse streicheln die „Kulturbereicherer" die Hände der Kassiererin und das nicht aus Versehen. Es wird jeden Tag schlimmer, und schon bald steht der Sommer vor der Tür und die Freibäder werden wieder geöffnet. Flüchtlinge sollen für diese dann auch freien Eintritt erhalten. Auf den eigens dafür kreierten neuen optischen Baderegel-Schildern wird explizit darauf hingewiesen, dass keine Frau sexuell oder verbal belästigt werden darf. Zu sehen ist eine Blondine im Bikini und eine grafisch durchgestrichene Hand, die nach der Frau greifen will. Also das geht ja wohl gar nicht! Wieso wird jetzt eine Menge von jungen, liebeshungrigen Atomphysikern, Raketenforschern, Augenärzten, Wirtschaftsstudenten und Schifffahrtskapitänen, die mit Freikarten für den Freibadbesuch ausgestattet werden, so dermaßen provoziert und gereizt? Das ist doch mal wieder typisch! Muss eine Frau denn wirklich im Badeanzug oder im Bikini ins Freibad gehen? Warum nimmt *frau* da nicht mal Rücksicht? Muss das alles wirklich sein? Da kann die Schwimmbadaufsicht ja gleich Onanierhandtücher oder Liebesspielwiesen auslegen. Mein Vorschlag: Entweder man verbietet weiblichen Badegästen den Zutritt oder diese müssen Ganzkörperneoprenanzug, Ohrenstöpsel und Taucherbrille tragen und mindestens eine Armlänge Abstand halten! So gleiten die „Grabschhände" fast unbemerkt ab, und auch der stilvolle „Ficki Ficki"-Balzgesang kann effizient unterbunden werden. Interessant ist aber auch, dass es derartige Verbotsschilder erst neuerdings, also seit der Invasion gibt.

Kann man die nicht auch im Supermarkt aufhängen? Nach dem Motto: Bitte legen Sie das Obst, nachdem Sie es angeknabbert und getestet haben, wieder nach unten in den Korb zurück. Wir schaffen das: bis zum Ende; und wenn es noch nicht das Ende bedeutet, dann haben wir es auch noch nicht geschafft!

Ich erinnere mich noch sehr gut, als ich bei meinem arabischen Friseur saß und darauf wartete, dass mir der Bart geschnitten wird, und ich vor mir die aktuelle Ausgabe der „BILD" auf dem Tisch sah. Ich schlug die Zeitung auf, und das Antlitz eines jungen Flüchtlings sprang mir direkt ins Auge. Es war der junge Syrer Feras. Ich las den Artikel, und schlagartig schämte ich mich fremd. Das bedurfte einer sofortigen Reaktion. Während ich im Barbierstuhl saß, gingen mir schon die Zeilen durch den Kopf, die ich sofort zu Papier bringen würde, wenn ich nach Hause käme. Ich konnte gar nicht anders.

Offener Brief an Feras und die „BILD": (Teilen erwünscht!)

Hallo Feras, hallo „BILD",
ich saß heute beim Friseur und habe die „BILD" gelesen und stieß auf den angeführten Artikel. Deshalb möchte ich Dir/Euch Folgendes sagen: Als Bewohner dieses Landes, als Deutscher und als Mann mit Anstand heiße ich Dich als Flüchtling will-

kommen. Du kommst aus Syrien aus der Stadt Aleppo, und das ist fürwahr ein Kriegsgebiet. Du hast unseren Schutz verdient, und wenn der Krieg in Syrien vorbei ist, dann gehst Du zurück und baust Dein Land wieder auf. Davon gehe ich aus. Unsere Soldaten kämpfen ja schon für Syrien, aber aufbauen musst Du es dann schon selbst. Aber dabei werden wir Dir bestimmt auch helfen. Als ich jedoch las, dass Du um Deine Frau Nazly bangst, musste ich laut auflachen. Das ist doch wohl ein Scherz, oder? Persönlich möchte ich Dir sagen, dass Du für mich ein feiger Waschlappen bist. Ich kenne keinen einzigen richtigen Mann, der seine Frau in einer umkämpften Stadt alleine zurücklässt. Das ist feige und ehrlos. Punkt! Jetzt darf sie zudem mit vielen anderen jungen, alleinstehenden Männern gemeinsam fliehen. Sicher bangst Du dann ein zweites Mal, oder? Und an die „BILD": Warum bietet Ihr diesem Mann solch eine Plattform? Warum berichtet Ihr nicht über Obdachlose, Kinderheime und Tierheime? Über die Pflegekräfte, die Unmenschliches leisten, oder über die alten Menschen in unserem Land, von denen viele inzwischen selber leiden. Warum berichtet Ihr nicht darüber, dass Finanzminister Schäuble vor einigen Wochen die deutschen Sparguthaben als Sicherheiten für die Politik und Banken freigegeben hat? Das wäre doch mal interessant und eine angemessene Berichterstattung. Aber möglicherweise ist das nicht erwünscht. Kurz, Feras, als Flüchtling bist Du willkommen, aber ich habe keinen Funken Respekt für Dich

übrig. Aber das ist nun mal freie Meinungsäußerung, und ich
hoffe, noch kein Straftatbestand. Frei und unbeugsam.

Tim K.

Alle meine Leser, auch die „Welcome-Schreier" und zugleich die Crème de la Crème der Menschlichkeit, sollen wissen, dass ich oft sarkastisch, ironisch und verharmlosend geschrieben habe. Damit ist zumindest jetzt mal kurz Schluss. Unser Land, das weltoffen, liberal, menschenfreundlich und stets hilfsbereit ist, soll Stück für Stück auseinandergenommen und in seiner Einheit zerstört werden. Jeder Mensch, der zu uns gelotst wird, der weder Perspektive, Bildung, Benimm oder Anstand besitzt noch des zivilisierten Verhaltens fähig ist, ist ein einzelnes Saatkorn, das irgendwann aufgeht und den einstmals fruchtbaren Boden zusehends unfruchtbar machen wird. Und es werden viele Millionen Saatkörner sein, und die Saat wird aufgehen. Die daraus resultierende Ernte wird unser aller Untergang sein; die Abkehr von allem, was wir uns erschaffen und aufgebaut haben: unsere Kultur, Toleranz, Freizügigkeit, unseren Stil und unser Intellekt. Es ist keine Frage des Glaubens, der Herkunft oder der Rasse: Es ist und bleibt lediglich eine Frage des Anstands und der Moral, der Stufe der Zivilisation und des Fortschritts in jeglicher Hinsicht; die Gleichwertigkeit der Frau, die Toleranz für einen anderen Glauben, eine andere Gesinnung auch in sexueller Hinsicht sowie die Einzigartigkeit eines jeden Lebewesens. Wir werden diese Zustände bekommen, die der Grund dafür waren, warum diese Menschen ihre Länder verlassen haben. Und die, die all das gesät haben, werden in Wirklichkeit eines Tages unsere Totengräber sein. Ich lasse mich von niemandem begraben.

Die Zukunft unseres Landes, der Schutz unserer Frauen und Kinder und die Meinungsfreiheit sind viel zu ernste Themen, als dass wir sie Gestalten wie Merkel, Gauck oder Maas überlassen dürfen.

Tim K.

www.tim-k.com

25. In der Spirale des Irrsinns zurück zur Quelle

Obwohl ich es geliebt habe und es für mich schon ein Ritual war, den „SPIEGEL" in der Badewanne zu lesen, konnte ich nicht anders, als mich, als jahrelanger Abonnent, von diesem Magazin zu trennen. Ich begründete meine Kündigung damit, dass ich die einseitige und völlig subjektive Berichterstattung über das „Flüchtlingssommermärchen" nicht mehr ertragen könne und mich deshalb gezwungen sähe, das Abonnement zum schnellstmöglichen Zeitpunkt zu kündigen. Hin und wieder kommt es dennoch vor, dass ich mir die aktuelle Ausgabe an der Tankstelle kaufe und vergangene Zeiten in der Badewanne wieder aufleben lasse. So geschehen auch wieder am heutigen Tag. Obwohl ich nur für kurze Zeit in der Wanne verweilte, reichte es mir schon wieder, was ich über die Welt da draußen in Erfahrung bringen durfte. Große US-Konzerne wie beispielsweise Pfizer, Microsoft und Apple wollen möglichst wenig Steuern zahlen und haben deshalb mit vielen anderen Unternehmen die unvorstellbare Summe von 2.400 Milliarden Dollar in der Karibik und anderswo gebunkert. Die größten Unternehmen von allen, so auch Amazon, zahlen entweder gar keine Steuern oder nur einen verschwindend kleinen Bruchteil, weil sie die Steuerschlupflöcher nutzen. Sie bedienen sich eines US-Steuergesetzes, nach dem Gewinne im Ausland erst bei ihrer Rückführung in die USA belastet werden. Europäische Steuerparadiese wie Luxemburg, Irland oder die Niederlande halfen den US-Konzernen, die Gewinnsteuerbelastung teilweise unter 1 Prozent zu drücken. Wenn man sich das vor Augen führt, kommt einem nicht nur das blanke Kotzen, sondern es steigt auch der Zorn ins Unermessliche. Zahlten diese Blutsauger und Gierschlünde auch nur einen winzigen Teil ihrer Gewinne der Allgemeinheit als Steuern zurück, könnte dieser Welt immens geholfen werden. Vorausgesetzt, das Geld fließt in die richtigen Kanäle und fördert nicht die Gier sowie Korruption und Vetternwirtschaft. Alleine zehn Prozent dieser gewaltigen Summe würden 240 Milliarden Dollar betragen. Damit könnte man dem Welthunger, Umweltschutz, Tierschutz und allen Krisengebieten so effizient helfen, dass tatsächlich eine große Linderung eintreten würde. Wieso geschieht so etwas nicht? Was nützt dieses tote Geld auf irgendeinem Konto? Selbst die restlichen 90 Prozent wären noch eine so unfassbare Summe, dass man auf dieser nutzlos rumsitzen oder fein weiterspekulieren könnte. Einige Seiten weiter konnte ich lesen, dass implantierte Chips bald bei der Türöffnung werden helfen können: der Schlüssel unter der Haut. George Orwells *„1984"* lässt grüßen. Dann klagt der Massenmörder Breivik gegen den norwegischen Staat, dass es ihm in der Haft sehr schlecht gehe. Die inhumanen Bedingungen, unter denen er lebt, sind folgende: Drei Zellen zu je acht Quadratmetern, ausgestattet mit Bett, einem Tisch mit einer Schreibmaschine, einem Sessel mit Hocker für die Füße, einem Fernseher, Büchern, DVD-Player, Playstation, Xbox, einem Laufband, Fitnessrad und Crosstrainer. Doch leider ist er ganz alleine. Er fühlt sich einsam und möchte Kontakt zu anderen Häftlingen – aber vor allem will er Hilfsmittel, um seinen Kampf fortführen zu können. Mir käme da ein Hilfsmittel in den Sinn, und das würde ich ihm höchstpersönlich in sein Gehirn implantieren: 9 mm und aus Stahl. Kurzer Prozess mit diesem menschlichen Abfallhaufen. Wiederum nur ein paar Seiten weiter darf ich lesen, dass in Deutschland im Jahr circa 46,5 Millionen männliche Küken getötet werden. 46,5 Millionen! Alles das auf komprimierten wenigen Seiten. Wenn man sich näher und umfassender mit diesen und anderen Themen aus-einandersetzen würde, käme man wahrscheinlich gar nicht mehr in den Schlaf. Was ist eigentlich los mit und in unserer Welt? Mit unserer Gesellschaft? Es ist alles eine einzige Spirale des Wahnsinns. Die Massen funktionieren wie schon seit Jahrhunderten nach dem Prinzip „Brot und Spiele". Gebt dem Pöbel Brot, was in der modernen Form Hartz IV, Mindestlöhne und Knebelverträge sind, und Spiele, die durch die Fußball-Bundesliga, Idiotenfernsehen und Spielshows abgedeckt werden. Kinder lernen bereits in ihrer frühesten Jugend, wie man Smartphones, Tablets und Playstations zu bedienen hat, haben aber schon lange verlernt, wie es ist, im Wald „Cowboy und Indianer" zu spielen. Gelesen wird ohnehin nicht mehr, denn die Verblödung und Berieselung durch das TV-Programm ist viel einfacher und bequemer. Innerhalb unserer Gesellschaft sind hehre Werte wie Ehre, Treue, Wahrhaftigkeit, Ehrlichkeit und Demut nicht nur aus der Mode gekommen, sie sind fast überhaupt nicht mehr existent. Es zählt fast nur noch der eigene Vorteil: wie man auf andere wirkt und was man darstellt.

Es gibt nicht mehr viele Persönlichkeiten oder starke Charaktere. Werbung und Medien geben die Stereotypen vor, die es gilt, möglichst getreu nachzuahmen und zu kopieren. Weder ist ein Krieger gewünscht noch eine ehrenhafte Frau, die Eigenschaften und Werte verkörpern. Deshalb sind große Teile dieses Volkes auch zu Schafen verkommen, die nicht in der Lage sind, Widerstand zu leisten. Das System hat ganze Arbeit geleistet, dieses Land hilflos und beinahe verteidigungsunfähig seinen Feinden auszuliefern und auf dem goldenen Tablett zu präsentieren. Und wenn es doch einige wehrfähige und widerstandsfähige Männer gibt, die sich in Rockerclubs oder Hooligan-sektionen befinden, so wird eine regelrechte Armee diesen gegenüber aufgeboten, um ihnen mit aller Kraft und Ent-schlossenheit des Staates entgegenzutreten. Ganze Hun-dertschaften werden dann mobilisiert. Durchsuchungen, Personalienfeststellungen, Kontrollen und Platzverweise verbunden mit Strafanzeigen, Geld- und Haftstrafen sind die Folge von staatlichen Aufmärschen, die provozieren und mürbe machen sollen. Wer offen und deutlich seine Meinung sagt, wird wegen Volksverhetzung angeklagt. Der Paragraph 130 des Strafgesetzbuches ist neuerdings passend ausgeweitet worden, sodass man inzwischen nichts mehr von sich geben kann, das in irgendeiner Art und Weise womöglich kritisch gegenüber einer anderen ethnischen, rassischen oder nationalen Gruppe ausgelegt werden könnte. Das gilt für alle, nur nicht für Deutsche oder ausländische Mitbürger, die wiederum kritisch ge-genüber den neuen „Einwanderern" eingestellt sind.

Wenn sich eine größere Gruppe von Rockern oder Hooli-gans versammelt, kann und wird daraus schnell ein Land-friedensbruch kreiert. Versammelt sich eine riesige Gruppe von über tausend Personen in einer Silvesternacht, um Frau-en und Mädchen zu begrabschen, dann ist das höchstens ein bedauerliches Ereignis. Ich will darauf hinaus, dass unsere Gesellschaft immer mehr zu einer riesigen Masse weichgespülter Klone verkommt, von denen viele kein Wertegerüst mehr in sich tragen, keinen Mut und Charakter mehr besitzen und sich lediglich für die Selbsterhaltung und den Kommerz interessieren. Man setzt sich nicht mehr für seine Mitmenschen ein, nimmt keine Anteilnahme mehr und ist auch nicht mehr darauf bedacht, einen Beitrag für die Gesellschaft zu leisten. Die Ellenbogengesellschaft ist zur Realität geworden. Lügen ist beinahe schon notwendig geworden und gilt auch nicht mehr als besonders verwerflich. Treue spielt ebenfalls keine Rolle mehr, wenn man sich das Parallelleben von Männern und Frauen genauer ansieht. Da gibt es den Typen, der entweder regelmäßig eine Prostituierte aufsucht, in diversen Dating- und Flirtbörsen unterwegs und aktiv ist oder regelmäßig Affären hat. Das ist heutzutage normal. Es gibt aber auch Frauen, die mit ihren Mädels in den Urlaub fliegen, dort rumvögeln und sogar für die gesamte Dauer des Urlaubs einen Freund haben, um dann ihren Liebsten zu Hause am Flughafen mit einem gespielten und herzlichen Wiedersehenskuss in die Arme zu schließen. Das habe ich mir nicht ausgedacht, sondern das ist erlebte Realität. Selbst unter sogenannten Freunden und Familienmitgliedern spielt es keine Rolle mehr, ob es sich bei der oder dem Ausgewählten um die Partnerin oder den Partner des besten Freundes oder der eigenen Schwester handelt. Die moralischen Grenzen sind verschwommen oder aufgehoben; sie zählen nicht mehr. Geht ein „normaler" Bürger mit seiner Freundin oder Frau durch die Stadt und werden sie von einer Gruppe Halbstarker oder „Kulturbereicherer" angemacht oder beschimpft, was mittlerweile zum Alltag gehört, so wird der bei Weitem größte Teil wegschauen, klein beigeben oder schnell die Polizei rufen. Die wenigsten würden sich gerademachen, sprich: egal, wie groß das Risiko ist, ihren Mann stehen. Es ist sogar schon vorgekommen, dass mitten in der U-Bahn oder auf Partymeilen Frauen sexuell belästigt oder sogar vergewaltigt wurden, ohne dass eine einzige Menschenseele eingegriffen oder geholfen hat. Wenn einer älteren Frau die Handtasche entrissen wird, kann man von großem Glück sprechen, wenn sich auch nur einer findet, der dem Dieb hinterherlaufen würde. Leider muss man inzwischen aber sagen, dass es auch bei denen, die stets lauthals von Werten sprechen, immer mehr gibt, die nur für sich oder aus Berechnung tönen. Man spricht von Respekt und respektiert eigentlich nur sich selbst und die Seinigen. Man redet von Ehre und spannt dem eigenen Bruder die Freundin aus oder macht sich an dessen Frau ran. Da spricht man von Brüderlichkeit und bestiehlt seinen Bruder oder zieht ihn über den Tisch. Man erzählt von Wertschätzung und gibt vor, dass „die Szene" einen interessieren würde, aber in Wirklichkeit arbeitet man gegen jeden anderen, der nicht die eigenen Farben trägt, und spricht gegen manchen sogar Drohungen aus. Das ist Scheinheiligkeit und Heuchelei in ihrer reinsten, aber auch erbärmlichsten Form. Wie kann ich von Ehre, Stolz und Stärke faseln und in der Realität mit widerwärtigster Ausbeutung von Frauen oder mit dem Verkauf von Drogen mein Geld verdienen? Das ist abscheulich, dreckig und abstoßend. So jemand ist kein Ehrenmann, sondern ein schmieriger Kleinkrimineller – Punkt. Wo kann man die alten Werte, Brüderlichkeit und Loyalität noch erleben? Wo gibt es noch Männer, die das nicht nur propagieren, sondern tatsächlich leben? Es gibt bestimmt noch mehr, als man denkt und sich vorstellen kann, und trotzdem ist es schon lange an der Zeit, dass es eine neue Alternative gibt, dass eine neue Kraft entsteht, die diejenigen sammelt, welche sich schon immer danach gesehnt haben. Und diese neue Kraft erhebt sich: langsam, aber stetig, und mit einer Vision, die noch nicht einmal im Ansatz den Anklang gefunden hat, der sich noch daraus entwickeln wird. Wir müssen wieder zurück zu unserem Ursprung: zurück zu den kostbaren Werten, dem „Füreinander-Einstehen" und zu einer Geisteshaltung, die teilweise an die alten Samurai und deren Ehrenkodex erinnert: Mut, Höflichkeit, Respekt und Demut. Und deshalb begann es vor einiger Zeit mit einer Samuraimaske und zwei gekreuzten Schwertern dahinter.

26. Das Baby wächst und gedeiht

Es gibt den Motorradclub „Brothers MC" mittlerweile fast eineinhalb Jahre, und wenn wir zurückblicken, dann tun wir es mit Stolz und Freude. Was anfangs noch ein Zusammenschluss von Freunden und ehemaligen Clubmitgliedern war, hat sich mittlerweile zu einem großen internationalen Motorradclub mit vielen Chaptern in Deutschland und auch im Ausland entwickelt. Ein entscheidendes Merkmal und ein Garant für den Erfolg dieses Clubs ist die kostbare Freundschaft, die mittlerweile Brahim und mich verbindet. In den Ursprüngen beruhte diese Freundschaft auf Respekt und Wertschätzung und ist mit der Zeit zu einer engen und tiefsinnigen Verbindung geworden. Das Herzstück war und ist die Treue, was wiederum beweist, dass es nichts Kostbareres auf der Welt gibt als Treue.

Brahim war in den 1990er Jahren in Köln eine Legende und führte damals gegen den berüchtigten Neco A. den Krieg um die Kölner Ringe. In den darauffolgenden Jahren wurde Brahim ein gewichtiges Mitglied bei den „Bandidos", und Neco A. war für eine gewisse Zeit der Anführer der „Hells Angels MC Nomads Turkey" und lenkte deren Geschicke aus der Türkei, bis er es sich, so heißt es, mit

Frank H. verscherzte. Brahim verließ nach über acht Jahren den „Bandidos MC", weil er, wie viele andere auch in anderen Clubs, nicht mehr das für sich widerfand, wonach er einst gesucht hat und was Sinn und Zweck einer Bruderschaft ist. Er gründete den „Brothers MC", zu dem ich in der Anfangsphase stieß. Ich kannte Brahim aus dem Bandidos-Chapter Oberhausen, in dem er Präsident und ich des Öfteren zu Gast war. So war es nur eine Frage der Zeit, bis sich unsere Wege im „Brothers MC" aufgrund der Chemie wiedertrafen. Brahim führte den Club, und ich kümmerte mich um die Organisation, die Rules und um das Kreieren unseres Wappens, unseres Colours. Es wurde eine Samuraimaske, die mit zwei gekreuzten Samuraischwertern hinterlegt war. Der Hintergrund war schon damals – und das hat sich bis heute immer weiter manifestiert – die Kultur und der Wertekodex der Samurai: bedingungslose Loyalität, Ehre, Würde, Stolz, Respekt, Höflichkeit und Demut. Das sind für uns nicht nur irgendwelche Begriffe, sondern das ist das Wertegerüst, worauf unser Club aufgebaut ist. Wir können mit Gewissheit von uns sagen, dass wir dieses nicht nur propagieren, sondern auch absolut leben. Das ist der Grund, warum wir so erfolgreich sind und das von vielen totgesagte Baby sich inzwischen zu einem stattlichen jungen Mann entwickelt hat. Die Loyalität zwischen uns beiden war immer unerschütterlich und wurde der

Grundstock, warum der Club heute das ist, was er ist. Es gab welche, die wollten selber gerne im Vordergrund stehen und agierten im Hintergrund. Das scheint in der Natur des Menschen zu liegen. Alle Versuche scheiterten kläglich und ließen uns sogar noch stärker daraus hervorgehen. Nachdem ich auf einmal so bekannt geworden war, wurden auch der Neid und die Gehässigkeit größer, und Menschen, die mich damals angehimmelt hatten und nichts lieber als mein Freund werden wollten, entpuppten sich im Nachhinein als Verräter und Intriganten. Und ausgerechnet die, die vollmundig von Bruderschaft, 1%-en Eigenschaften und von Loyalität gefaselt hatten, waren letztendlich die, die hinter dem Rücken redeten, Verrat übten und ihren persönlichen Vorteil aus dem Club ziehen wollten. Sie wurden alle durch die Bank entsorgt, und einige verließen den Club bereits im Vorfeld in wohlweiser Voraussicht, was ihnen möglicherweise noch blühen würde. Über Dritte wurden die Patches dann zurückgegeben – so viel zum Thema „gerade, mutig und anständig". Es hätte nur eines Knopfdrucks bedurft, und die Jungs hätten einen Hausbesuch bekommen. Aber soll man in einem Fall derartiger Erbärmlichkeit noch Zeit und Mühen für so etwas aufwänden? Sie sollen weiterhin mit ihrer Schmach leben und dahinvegetieren, denn wer bis dato im Leben nichts erreicht hat, der wird es auch weiterhin nicht.

Wir haben uns von vielen getrennt, und andere verließen den Club aus freien Stücken. Die einen passten einfach nicht, und die anderen suchten das schnelle Geld. Das gibt es aber bei uns nicht zu finden. Alles hat im Nachhinein seinen Sinn, und wenn alles nicht so gekommen wäre, hätten wir mittlerweile nicht so einen großen Zulauf. Dieser ist so groß, dass wir vielen eine Absage erteilen, weil sie eben nicht zu uns passen und nicht die Grundvoraussetzungen mit sich bringen. Der „Brothers MC" ist ein Motorradclub, der eine Bruderschaft von Männern auf Augenhöhe ist. Wir kennen keine Unterschiede: Einzig und allein der Charakter eines Mannes zählt. Wir verabscheuen Selbstdarsteller und Typen, die sich auf Kosten eines Clubs profilieren und größer machen möchten. Wir haben keinerlei Interesse an krummen Geschäften, denn zum einen widerspricht das unseren Werten und zum anderen unserem Stil. Deshalb haben kleinkriminelle Schmierlappen, die in einem großen Motorradclub ihre Vorteile suchen, bei uns absolut gar nichts zu suchen!

Brahim ist ein Ehrenmann mit einem großen Herz. Er ist stets höflich und respektvoll. Das ist wahrscheinlich der Grund, warum auch er viele menschliche Enttäuschungen erleiden musste. Menschen sind einfach so, undankbar und egoistisch. Sie vergessen immer sehr schnell, was andere Menschen für sie getan haben und wie man ihnen geholfen hat. Ich musste das auch schon oft zur Genüge erfahren. Aber gerade diese Erfahrungen haben einen zu dem gemacht, der man nun ist. Wenn ich zurückblicke, kann ich mir nur immer wieder selbst sagen, dass ich froh darüber bin, wie es mit einigen geendet ist. Ein Glück, dass sie sich so früh offenbarten und nicht mehr in meinem Leben verweilen. Zu den Zeiten, in denen ich es noch nicht geschafft hatte, war das alles noch erträglich. Heutzutage würden sie nämlich immer noch von meinem Tisch essen, und die Speisen und deren Menge wären anders als noch zu damaligen Zeiten. So günstig konnte man die wahren Charaktere erkennen. Bei vielen Zeitgenossen sollte man immer vom Schlimmsten ausgehen und mit allem rechnen, dann wird man zum einen nicht enttäuscht, und zum anderen entspricht dies ohnehin sehr oft der Realität. Man darf sich niemals auf dasselbe Niveau herablassen. Gleiches zieht Gleiches an, und die Richtigen werden sich finden. In seiner Treue zeigt sich die Ehre eines Menschen! Seine Ehre ist sein Schild. Respekt gegenüber jedem Lebewesen! Ein anständiges Leben führen!

Brahims Verlauf war parallel zu meinem. Jeder von uns hatte immer Freunde um sich, die sich mit der Zeit verabschiedeten oder ihr wahres Gesicht enthüllten. Was blieb, war jedoch unsere Freundschaft und unser Band, das stetig fester wurde. Mittlerweile ist es so, dass, wenn er oder ich für uns oder den Club nach außen sprechen, wir beide uns sicher sein können, dass der andere genau dasselbe auch so denken und sagen würde. Ich spreche aus, was Brahim denkt und andersherum genauso. Das ist unter anderem die Stärke dieses Clubs. Brahim vertritt als National President und inzwischen als World President den Club und ich als National Sergeant, der zuständig für die Einhaltung der Regeln ist. Unsere Regeln sind einfach umschrieben: Alles basiert auf Respekt und Wertschätzung, ganz egal, welche Herkunft, Hautfarbe oder Religion jemand hat. Alles, was zählt, ist immer das Individuum und sein Charakter. Wir betrachten uns als mehr als nur ein normaler Motorradclub zu sein. Wir sehen uns als Gemeinschaft, in der wir das leben möchten, was vielen in der normalen Welt abhanden gekommen ist. Bei uns spielen Politik und Religion keine Rolle, und dennoch haben wir es uns zum Ziel gesetzt, dass wir niemals wegschauen werden, wenn Frauen belästigt oder Schwächere unterdrückt werden. Wo immer wir sind, wird das nicht passieren. Wir möchten eine Gegenbewegung in dieser schwierigen Zeit darstellen. Wir sind kein Import, sondern ein deutsches Original, das bereits exportiert. Die Grundsätze, die wir leben, finden bereits in anderen Ländern Anklang. Respekt steht dabei an höchster Stelle: Respekt gegenüber Schwächeren; Respekt gegenüber Frauen; Respekt vor dem Eigentum anderer; Respekt gegenüber einem jeden Einzelnen. Wir machen dabei keine Unterschiede! Wer dies genauso sieht, ist bei uns willkommen. Jeder, der dies anders sieht, wird uns nicht zum Freund haben. Wir distanzieren uns ganz deutlich von anderen Clubs und wollen weder Freunde noch Feinde haben. Wir für uns! Man kann nicht von einer gemeinsamen Szene sprechen und dann andere Clubs unterdrücken wollen. Das ist Heuchelei. Man kann nicht von Respekt sprechen und dann nach Rasse, Herkunft oder Religion unterscheiden. Das ist scheinheilig. Man kann nicht von Ehre sprechen und dann nichts tun, wenn Frauen abends Angst haben, alleine vor die Tür zu gehen. Das hat nichts mit Ehre zu tun.

Wir begrüßen es, wenn sich Leute zusammentun, die gemeinsam Motorrad fahren wollen. Solange man uns mit Respekt begegnet, freuen wir uns darüber, neue Clubs auf ihren Motorrädern zu sehen. Die Straßen sind schließlich für alle da.

Wir unterscheiden auch nicht nach Äußerlichkeiten, denn nur der Charakter zählt. Wir werden immer wieder an verschiedenen Orten Spaziergänge organisieren, an denen sich Frauen unwohl fühlen und mittlerweile unsicher sind, um ihnen und auch den anderen zu zeigen, dass sie nicht alleine sind. Das ist selbstverständlich. Es geht darum, nicht von Werten zu sprechen, sondern sie zu leben! Und genau das tun wir. Das ist auch der Grund, warum es viele Menschen zu uns zieht. Bei uns finden diejenigen genau das, was sie nicht mehr zu finden gehofft und was sie sich dennoch immer oder weiterhin gewünscht haben. Wir sind einfach authentisch, und das macht uns aus. Wir engagieren uns und setzen uns für die Allgemeinheit ein. Natürlich können wir nicht die Welt retten, aber zumindest können wir vor unserer eigenen Haustür darauf achten, dass nicht alles vor die Hunde geht und kein Schwächerer, egal, welcher Herkunft oder welchen Geschlechts, unterdrückt oder geschädigt wird. Das ist einer unserer Hauptgedanken, und diesen werden wir mehr und mehr umsetzen. Und warum ich uns eingangs als „Baby" bezeichnet habe, der muss verstehen, dass dies eigentlich ein Insider-Witz ist. Es gab nämlich nicht wenige, die uns vor langer Zeit als Totgeburt bezeichnet hatten. Diese Totgeburt ist allerdings erstaunlich lebendig und erfreut sich großer Stärke und Gesundheit.

Das Baby wächst und gedeiht

27. Reflexionen

Ich bekomme unzählige Zuschriften voller Sorgen, Ängste, Zuspruch und Einzelschicksalen. Ich bin 42 Jahre alt, und ich reflektiere schon jetzt oft mein Leben, aber aufgrund vieler Nachrichten bin ich noch nachdenklicher geworden.

42 Jahre. Wie viele haben dieses Alter nicht erreicht und sind bereits viel zu früh gegangen: Schlaganfälle, Herzinfarkte, Unfälle und vor allem dieser verfluchte Krebs. Wenn man bereits vieles erleben durfte und ohne Reue zurückblicken kann, dann kann man auch alles geben und muss keine große Rücksicht mehr nehmen. Ich betrachte jeden weiteren Tag als Segen und danke dem Himmel für alles, was ich erfahren durfte, und für das Leben, das ich leben darf und das ich bereits lebte. Ich bin dankbar für all die Freuden, die Glücksmomente, die Siege, aber auch die Schmerzen, Schicksalsschläge, Enttäuschungen und Niederlagen; dankbar für Treue und Ehrlichkeit, aber auch für Verrat, Lügen und Niedertracht. Sie haben mich schließlich zu dem gemacht, der ich heute bin, und all das zusammen hat meine Rüstung geschmiedet.

Ich möchte mittlerweile immer mehr zurückgeben, und wenn ich die Schwächsten und Jüngsten unter uns sehe, die vielleicht niemals 42 Jahre alt werden, dann wird mein Herz schwer vor Kummer. Ich werde mich bald für einen kleinen krebskranken Jungen engagieren, der seit seiner Geburt mit einem Hirntumor lebt und wie ein kleiner Löwe dagegen ankämpft. Ich werde mich weiterhin für den Schutz von Frauen einsetzen und oft ein Tierheim in meiner Nähe besuchen, um immer wieder zu spenden. Von nun an werde ich regelmäßig gemeinnützige Aktionen ins Leben rufen und mich selbst immer wieder an Spenden beteiligen. Von allem, das ich an Geld verdiene, werde ich stets etwas abgeben. Ich werde mich für mein Land einsetzen und unbequeme Dinge laut aussprechen. Ich werde alles dafür tun, dass der „Brothers MC Germany" und die „Legion" immer weiter wachsen, um der Entwicklung in diesem Land eine Art Gegenkraft entgegenzusetzen: eine Gegenbewegung des Anstands, der Stärke und des Rechts, die nicht vor Unrecht und Aggressoren zurückweicht oder wegschaut. Dieses Land hat mir sehr viel gegeben, und es ist an der Zeit für mich, etwas zurückzugeben. Und wem könnte man besser etwas zurückgeben als den Schwächsten und Bedürftigsten unter uns? Derjenige ist fürwahr groß, der seine Kraft in die richtigen Bahnen lenkt und sie denen zuteilwerden lässt, die es wirklich brauchen. Ich möchte nur meinen Beitrag leisten. Vergesst nie, dass wir die Schmiede und Mitgestalter unser eigenen und der Zukunft unserer Kinder sind!

Tim K.

28. Politik gegen die eigene Bevölkerung

Ich war heute beim „Griechen" essen in meiner wunderschönen kleinen Heimatstadt, die sich nach der Gesundheitsreform vor einigen Jahren allmählich etwas erholt hat. Die Kliniken füllen sich wieder, und auch die Einzelhändler eröffnen wieder ihre Geschäfte. Das Straßenbild ist sauber und ordentlich. Eine Idylle, die man immer seltener vorfindet in unserem Land. Während meines Restaurantbesuchs wurden mir mehrere interessante Geschichten erzählt. Mittlerweile ist es schon alltäglich, dass man derartige Dinge stets aufs Neue hört, obwohl man eigentlich gar nicht mehr damit behelligt werden möchte. Das Thema treibt jedoch die Menschen um, und es lässt ihnen keine Ruhe.

In der kleinen Stadt, in der ich lebe, wird es in Kürze das vierte Asylantenheim geben, oder besser gesagt, die vierte Flüchtlingsunterkunft. Die Stadt hat mehrere Gebäude und Häuser gekauft und renoviert diese auf Hochtouren. Ich frage mich immer wieder, wo all das Geld plötzlich dafür herkommt. Schaue ich allerdings auf meinen Grundbesitzabgabenbescheid, kann ich es mir durchaus erklären. Die Steuern für Grundbesitz sind nunmehr um 30 Prozent gestiegen. Um 30 Prozent! Die weiteren Kosten für Müll,

Wasser und alles andere steigen auch überproportional. Es ist ja wohl eindeutig, wofür diese Abgaben derart exorbitant gestiegen sind: für und wegen unserer neuen „Flüchtlinge". Gegen diese Invasion in unser Städtchen regte sich natürlich Widerstand. Deshalb wurde seitens der Stadt ein Infoabend ins Leben gerufen, zu dem jedoch nur „geladene" Gäste eingeladen wurden, die bereits im Vorfeld indoktriniert waren und Verständnis und Unterstützung für die neue Stadtplanung hatten. Einer aber, der kritische Töne anstieß und sich dagegen ausgesprochen hatte, verirrte sich allerdings doch. Er bekam am nächsten Tag Besuch von der Polizei und wurde darauf hingewiesen, dass seine rechtsradikalen Äußerungen mehr als unerwünscht gewesen seien. Dies würde auch für die Zukunft gelten. Des Weiteren wurden ihm seine alten und nicht mehr funktionsfähigen Waffen abgenommen.

Was hatte man gedacht seitens des Systems? Dass er eine bewaffnete Widerstandsgruppe gründen wollte? Der Wirt des griechischen Restaurants, selbst ein Grieche, der schon über zwanzig Jahre hier lebt, äußerte sich ebenso besorgt über die neue Situation. Er bestätigte, dass alle seine Kosten in seinem Gastronomiegewerbe rasant angestiegen seien und dass die ganzen Flüchtlinge genau dort einquartiert werden, wo er privat lebt. Er habe bis zu seinem 12. Lebensjahr in Griechenland gelebt, und es passiere in Deutschland nun genau das, was auch seiner Heimat erheblich geschadet habe. Er hat dahingehend übrigens die gleiche Einstellung wie ich; die Einstellung, die normalerweise jeder vernünftig denkende Mensch haben müsste: Wer aus Not und Verfolgung heraus zu uns kommt, der ist natürlich bei uns willkommen und soll auch Hilfe bekommen, unabhängig von Rasse, Religion oder Herkunft. Dennoch besitzen diese Menschen einen Gaststatus, der zum einen ihren Aufenthalt temporär beschränkt und auch voraussetzt, dass die kulturellen und hier üblichen Umgangsformen geachtet und respektiert werden – ohne Ausnahme und ohne Verständnis für ein abweichendes Verhalten. Es kann nicht angehen, dass in unserem Land die Ernährung umgestellt wird oder dass freizügig bekleidete Frauen in der Werbung verboten werden sollen, nur damit sich eine Minderheit möglicherweise nicht pikiert fühlt. Wo leben wir denn? Richtig, in einem Land, das augenscheinlich nur noch von Irrsinn, Verblendung und einem fanatischen Zerstörungswahn regiert wird.

Innerhalb der letzten Jahrzehnte mussten unsere Sitten und Gebräuche auch nicht geändert werden, und viele Kulturen und ausländische Menschen haben sich vorbildlich damit arrangiert, oder besser ausgedrückt: Sie haben diese verinnerlicht und leben sie genauso. Ich bin fassungslos, und die anfängliche Ironie verwandelt sich immer mehr in Zorn, der etwas gegen diese schändliche und falsche Entwicklung unternehmen möchte. Auch das ist ein Grund dafür, dieses Buch zu schreiben.

Ich möchte ein bildliches Beispiel anführen, das ich zutreffend finde und das zum Nachdenken anregen soll. Es steht ein schönes großes und hell gestrichenes Haus in Düsseldorf. Das Haus hat einen schönen Vorgarten, ein Gartenhäuschen, einen kleinen Teich und eine Terrasse. Der Garten ist gepflegt und der Rasen kurz geschnitten. Das Haus wird von einer vierköpfigen Familie bewohnt: Vater, Mutter und zwei Töchter. Papa arbeitet fleißig, Mama kümmert sich um den Haushalt, und die beiden Töchter gehen noch zur Schule. Sie sind fleißig und wohlerzogen. Der Bürgermeister von Düsseldorf weist eines Tages dieser Familie einen jungen Mann zu, der kein Deutsch spricht, sich aber dafür bestens mit seinem nagelneuen Smartphone auskennt. Er surft nämlich den ganzen Tag damit im Internet und nutzt dafür das kostenlose WLAN-Netz der Familie in dem schönen Haus. Die Familie, die ihn aufnehmen musste, hat im Haus extra ein Gästezimmer bereitgestellt. Der junge Kriegsflüchtling, wohlgenährt, gepflegter Haarschnitt, ordentliche und moderne Kleidung, bekommt gleich von Anfang an staatliche Unterstützung: Hartz IV. Die Familie bekommt für ihn auch einen monatlichen Kostenbeitrag für Miete und Nutzung. Der traumatisierte Kriegsflüchtling, der Frau, Kinder und Eltern zu Hause im umkämpften und angeblich zerbombten Heimatland zurückgelassen hat, surft den ganzen Tag mit seinem Smartphone im Internet, wenn er nicht im Garten rumlungert oder einen Spaziergang in die nahegelegene Einkaufspassage macht. Mittlerweile hat er auch herausgefunden, dass er täglich immer etwas aus dem Einkaufsladen klauen kann, was jedoch unter 50,- Euro liegen muss, denn die Polizei wird erst ab 50,- Euro tätig. Er kennt sich inzwischen auch bestens in den Online-Datingbörsen aus, in denen er unter dem Nickname „Dark Stallion" eifrig herumsurft. „Dark Stallion" langweilt sich trotzdem jeden Tag mehr und mehr, und da er es von zu Hause aus gewohnt ist, immer etwas zu sagen zu haben, übernimmt er immer mehr die Rolle des Platzhirsches im Haus. Er fläzt sich vor den großen Flachbildschirm im Wohnzimmer und gafft den beiden Töchtern stets hinterher und auf den Arsch. Eines Tages kann und will er nicht mehr an sich halten und grabscht der einen Tochter an die Brust und zwischen die Beine. Diese schreit lauthals und ruft ihre Mutter um Hilfe. Papa ist ja arbeiten und nicht in der Nähe. Die Mutter stürzt herbei und schimpft lautstark mit „Dark Stallion". Dieser aber grinst nur, denn von einer Frau lässt er sich schon mal gar nichts sagen. Die Mutter ruft die Polizei. Diese erscheint dann zwei geschlagene Stunden später und versucht mit

Engelszungen, die Frau von einer Anzeige abzubringen. Zum einen wäre die Anzeige mit Arbeit verbunden, und zum anderen würde sie ohnehin im Sande verlaufen. Hinzu käme, dass die Polizei dazu angehalten wäre, derartige Anzeigen und Vorkommnisse rigoros zu verschweigen, damit sich keine unnötige Besorgnis oder gar Verärgerung unter der Bevölkerung breitmacht. Das Ende vom Lied ist, dass keine Anzeige erstattet wird. „Dark Stallion" sitzt derweilen vorm Flachbildschirm und guckt „Batman". Er war in seinem Heimatland zwar Augenarzt – einer der jüngsten seines Landes mit 23 Jahren –, aber nach all dem Leid kann ein wenig Zerstreuung nicht schaden. Er hat, obwohl er bereits seit Monaten bei der Familie wohnt, seine ohnehin nicht vorhandenen Deutschkenntnisse nicht im Geringsten verbessert. Er besitzt inzwischen aber Fachaus- drücke wie beispielsweise *„Ficki Ficki"* und *„Do you have a cigarette?"*, welche er hinsichtlich der perfekten Betonung und Aussprache pausenlos an den Töchtern des Hauses weiter schärft und verbessert. Ab und zu greift er sich auch lasziv zwischen die Beine und drückt in sportlichen Stoßbewegungen sein Becken immer wieder nach vorne und zurück. Die Töchter sind es mittlerweile schon gewohnt und stören sich nicht mehr weiter daran. Die eine Tochter hat „Dark Stallion" sogar schon einmal einen geblasen, weil der Reiz der ersten sexuellen Erfahrung quasi so leicht und aus nächster Nähe zu realisieren war. Die Ernährung der Familie wurde ebenfalls umgestellt. Gegrillt wird nur noch, was auch „Dark Stallion" verträgt, und die Töchter des Hauses kleiden sich auch nicht mehr freizügig: Röcke und Tops sind Hosen und verdeckenden Hemden gewichen. Schließlich will man „Dark Stallion" nicht unnötig reizen.

Nach gut einem Jahr wird die Familie erlöst, denn „Dark Stallion" hat von der Stadt Düsseldorf eine eigene Neubauwohnung bezugsfertig erhalten. Er blickt noch kurz über die Schulter, allerdings nicht, um sich bei der Familie, die sich aufgereiht am Gartenzaun versammelt hat und ihm zuwinkt, zu verabschieden, sondern um sicherzustellen, dass er die Tür des Gartenhäuschens leicht angelehnt hat. In dem Gartenhäuschen befindet sich nämlich die Bose-Anlage des Vaters aus dem Keller, und die wird er sich, wenn es dunkel wird, nachher noch holen. Auch Augenärzte brauchen schließlich Musik in ihrer neuen und noch nicht vollends eingerichteten Wohnung.

Dieses Beispiel soll falsch, menschenverachtend und politisch inkorrekt sein? Gut, dann hat es ja seinen Zweck erfüllt und regt vielleicht zum Nachdenken an. Der Kurs dieses Systems ist für mich falsch, menschenverachtend und politisch völlig verwerflich. Seit vielen Jahren stagnieren die Renten; Facharbeiterlöhne werden nur schleppend erhöht. Stellen in Pflegeberufen werden gestrichen, weil das Geld nicht mehr vorhanden ist. Kulturelle Einrichtungen werden geschlossen, ebenso wie Schwimmbäder, Kindertagesstätten, Tierheime, Parks und Freizeitanlagen. Für Hochschulen, Theater, Kinos, Philharmonien, Museen, Büchereien sind keine Mittel dagewesen, und auf einmal sind unzählige Milliarden Euro vorhanden oder werden plötzlich zur Verfügung gestellt? Wie geht das? Der Sozialstaat wird generalstabsmäßig kaputt gemacht, und für die, denen das Geld zusteht und die jahrelang dafür gearbeitet und eingezahlt haben, bleibt nichts mehr übrig. Jedem Zweiten droht laut WDR-Recherchen die Altersarmut. Demnach bekommt jeder, der ab 2030 in Rente geht, eine Altersversorgung aus der gesetzlichen Rentenversicherung unterhalb der Armutsgrenze. Wichtigster Grund ist das sinkende Niveau der gesetzlichen Rente. Um der Rente auf Hartz-IV-Niveau zu entgehen, müsste man vierzig Jahre lang ohne Unterbrechung mindestens 2.100 Euro im Monat verdient haben. Was hätte man alles mit den unzähligen Milliarden für die Bürger dieses Landes machen können, die jetzt in die ganze Welt und für unsere neuen „Fachkräfte" rausgeworfen werden? Dieses System regiert gegen die eigene Bevölkerung, und dieses System macht auch keine Fehler, sondern es *ist* der Fehler!

29. Das Trojanische Pferd

Wie eine blasse Pfarrerstochter aus der Uckermark auszog, um Europa zu zerstören:

Das kleine, fleißige Arbeiterbienchen Angela M. trat schon in jungen Jahren in die FDJ ein und brachte es dort zu einer Sekretärin für Agitation und Propaganda und war ergo auf freiwilliger Basis eine der fanatischsten Verfechterinnen des SED-Regimes gewesen. Das kleine FDJ-Mauerblümchen genoss damals bereits besondere Vorteile in der DDR, die andere nicht hatten, und studierte an einer Akademie, die nur sogenannten Linientreuen vorbehalten war. Es gab Jahre nach der Wende Recherchen eines Filmteams des WDR, bei denen zufällig ein Foto ans Tageslicht kam, auf dem Angela M. in unmittelbarer Nähe eines Anwesens zu sehen ist, das einem gewichtigen SED-Kritiker gehörte. Genau zu diesem Zeitpunkt wollte die Stasi mithilfe von FDJ-Mitgliedern zur Überwachung des Hauses des Kritikers ansetzen. Angela M. hatte die Publikation dieses Fotos untersagt, woraufhin die Medien fortan schwiegen. Besteht da möglicherweise der Verdacht einer ehemaligen Tätigkeit für die Stasi? Bis heute wurde die Vergangenheit unseres „Kohl-Mädchens" nie richtig aufgearbeitet. Wie, zum Teufel, war es überhaupt möglich, dass eine derartige Person ohne Rückgrat, ohne Ausstrahlung, ohne Ecken und Kanten und mit der Aura eines weggeworfenen Butterbrotes bis an die Spitze eines Landes klettern konnte, um von ganz oben und höchstpersönlich einen ganzen Kontinent zu zerstören? Jeder männliche Kritiker wurde von ihr, wie nach dem Liebesakt mit einer Sonnenanbeterin, verspeist und wieder ausgespuckt. Und das von dieser scharfsinnigen und intellektuellen Lebenskünstlerin, die kaum mehr als einen Hauptsatz zustande bringt und ihre ansonsten nutzlosen Hände zu einer Erbärmlichkeitsraute zusammenschließt. Wer sich von so etwas „entsorgen" lässt, der ist keinen Funken Mitleid, sondern eher eines bemitleidenswerten Lächelns wert. Wobei man über die Gilde der rückgratlosen Gestalten, die ihr bedingungslose Treue schwören und auch den größten Blödsinn gebetsmühlenartig im Chor runterjaulen, einfach nur laut lachen kann. Jungs, Ihr klammert Euch einfach nur an die Macht und die Vorteile, die Euch noch geblieben sind und die Ihr mit dem Scheitern von „Mutti" verlieren würdet. Ihr seid eine feiste und humorvolle Politboygroup für Arme: ohne jeglichen Stil oder jegliches Ansehen! Einfach nur erbärmlich!

Wer sich einstmals unter Kommunisten in einer Diktatur, wie es die DDR war, durch Eifer und Linientreue außergewöhnliche Privilegien erwarb, dann plötzlich in einem ganz neuen System zu einer lupenreinen Demokratin avancierte, dem ist zusammenfassend zu attestieren, dass ihm und in diesem Falle ihr auf keinen Fall zu trauen ist. Ein Chamäleon wechselt die Farbe, so wie es für es erforderlich ist. Aber vielleicht ist unsere „Mutter Blamage" auch eine ganz treue Seele und führt unbeirrt weiterhin ihren Plan durch, die westlichen Länder kategorisch zu zerstören, getreu ihrem Motto: Wir schaffen das!

30. Ihr könnt es!

Ich werde oft nach Antworten und Lösungen gefragt: Immer nur schreiben und reden bringe doch nichts. Dem widerspreche ich! Was sollen wir denn sonst tun? Eine Waffe in die Hand nehmen? Ich rate einem jeden von Gewalt und Beleidigungen ab, denn dann seid Ihr schneller im Gefängnis, als Euch lieb ist. Darauf warten sie doch nur, und dadurch können sie Euch aus dem Verkehr ziehen und „abschrecken".

Ich bin außerdem gegen jegliche Gewalt, die auf Angriff abzielt. Ich habe nichts gegen Gewalt, die zur Verteidigung und zum Schutz eingesetzt wird. Ich bin zudem gegen Beleidigungen, weil diese letztendlich nur die geistige Armut des Beleidigenden klassifizieren. Man erreicht doch viel mehr mit Stil und Ignoranz. Zur desaströsen Lage in diesem Land kann ich nur eines sagen: Die gegebenen Gesetze reichen völlig aus, um dieses Land funktionieren zu lassen. Diese Gesetze werden aber zum einen nicht angewandt und zum anderen schlichtweg ignoriert bzw. gebrochen. Bestimmte Marionetten wollen den Untergang und die Zersetzung und treiben dies mit allen Mitteln voran. Das gelingt ihnen aber nur so lange, wie das Volk, die Institutionen und die Organe dabei mitmachen und deren Order ohne nachzudenken ausführen. Deshalb denkt nach! Lernt, wieder frei zu denken und frei zu reden! Lernt „Nein" zu sagen oder dass Ihr „dagegen" seid! Ihr alle seid viele Millionen, und die anderen sind höchstens ein paar Hundert, die wirklich etwas zu sagen oder zu entscheiden haben. Ohne Euch können sie aber gar nichts entscheiden. Das müsst Ihr erkennen! Es muss erst einmal in den Köpfen der Menschen ankommen, dass hier vieles bewusst völlig falsch läuft und entsprechend gesteuert wird! Es muss ankommen, dass jeder in diesem Land frei denken und reden muss. Das ist Deutschland! Und es muss in den Köpfen ankommen, dass gegen das eigene Volk regiert wird! Schaut Euch doch nur einmal um, was alles passiert und wie alles den Bach heruntergeht.

Glaubt Ihr, das ist Zufall? Das System will andere Menschen und dieses Land umkrempeln. Wir wollen das Land, das bekannt war für Freiheit, soziale Gerechtigkeit und Fortschritt.

Tim K.

31. Am Ufer

„Wenn du lange genug am Fluss sitzt, siehst du irgendwann die Leiche deines Feindes vorbeischwimmen."

Ich gebe zu, dass ich noch vor Jahren in bestimmten Situationen durchaus impulsiv und jähzornig war. Ich wollte mir nie etwas gefallen lassen, und es hat mich auch wütend gemacht, wenn Menschen Unwahrheiten oder anderes Gift gegen mich versprühten. Heutzutage sehe ich das mehr als gelassen. Ich bin es mittlerweile auch gewohnt, dass es nicht wenige Menschen gibt, die mich ablehnen oder gar verteufeln. Manche hassen mich auch regelrecht, und ihr Neid sitzt sehr tief. Das freut mich sogar ungemein, denn ich weiß, dass gerade derartige Gefühle niemals bei dem Empfänger ankommen, sondern sich tief in den Absender einbrennen. Er ist der Einzige, der darunter leidet. Das habe ich auch irgendwann erkannt. Meine Wut lähmte mich und verhinderte so, dass ich kreativ und effizient weiteragieren konnte. Das war eine wichtige Lektion für mich, die ich gelernt habe. Inzwischen lehne ich mich zurück und warte einfach nur ab. Irgendwann wird jede Rechnung bezahlt, und Karma scheint wirklich zu funktionieren. Durch die größer gewordene Bekanntheit meiner Person stieg selbstverständlich auch die Zahl der Hasser und Neider: das gehört dazu. Ich sehe es sogar dahingehend, dass, je größer die Anzahl der Feinde ist, desto größer die Ehre. Schon im Kaiserreich hieß es bekanntlich: *„Viel Feind, viel Ehr!"*

Menschen, die zu Lebzeiten schlecht waren, bekommen eines Tages die Quittung dafür: entweder gesundheitlich, finanziell oder anderweitig schicksalshaft. So geschehen auch mit dem aus meinen ersten beiden Büchern bekannten Polizeiarzt Doktor Piepenbrock, der gegen mich vor dem Oberlandesgericht in Hamm eine empfindliche Niederlage einstecken musste; sein persönliches Waterloo. Ich erfuhr von diesem hochgewachsenen und stattlich gebauten Frauenschwarm, der allseits beliebt und sympathisch und zudem ein ausgezeichneter Mediziner war, aus der regionalen Presse. Doch zuvor gilt es, einen seiner Kollegen aus Detmold nicht unerwähnt zu lassen. Verdammt, bestand das gesamte Polizeiarzt-Korps aus Detmold etwa nur aus verwegenen und dubiosen Ehrenmännern mit blütenreiner Weste? Der Kollege von Doktor Piepenbrock, oder kurz genannt „Piepe", machte noch vor diesem von sich reden. Er wurde bereits im Jahr 2012 vorläufig des Dienstes enthoben, weil er im Verdacht stand, geheime Drogentests bei Polizisten veranlasst zu haben. Mit der Zeit tauchten weitere schwere Vorwürfe gegen ihn auf, was sogar das LKA NRW bewog, sich in die Ermittlungen einzuschalten. Ihm wurde auch ein dubioser Deal mit einer Bielefelder Apotheke vorgeworfen. Angeblich sammelte der Polizeiarzt regelmäßig Rezepte, die er für die von ihm untersuchten Beamten im Laufe eines Tages ausstellte, und orderte die entsprechenden Medikamente immer wieder bei ein und derselben Apotheke. Abends soll er die Medikamente dort abgeholt und am nächsten Tag mit zum Dienst gebracht haben, von wo aus sie an die Polizisten verteilt wurden. Dieses seltsame Prozedere, das von ihm als besonderer „Service" für seine Patienten angepriesen worden sein soll, wurde dann vom LKA ins Visier genommen. Weil der Polizeiarzt jeden Monat Medikamente im Wert von etlichen tausend Euro verschrieben hatte, stellt sich auch die Frage, ob einer Apotheke Wettbewerbsvorteile verschafft wurden und ob es dafür Gegenleistungen gab. Sowohl der Beschuldigte als auch die Bielefelder Polizeipräsidentin Katharina Giere als Dienstvorgesetzte wollten sich im Nachhinein nicht zu Details äußern. Ja, genau diese Polizeipräsidentin: Katharina Giere, die Vorgesetzte des berühmt-berüchtigten Bielefelder Skandal-Einsatz-Kommandos. So langsam dürfte jedem klar werden, um welche „Fachkräfte" es sich hier handelt. Aber kommen wir nun zu unserem Top-Mediziner „Piepe" und zu seinem Buddy, dem ebenfalls bekannten Leiter der Verwaltung/Logistik Wendland. Im Jahre 2013 wurden gegen beide staatsanwaltschaftliche Ermittlungsverfahren wegen des Verdachts der Untreue eingeleitet. Diensträume und eine Wohnung wurden sogar durchsucht.

„Piepe" warf man vor, unrechtmäßig Medikamente, die im Rahmen der freien Heilfürsorge zumindest bis 2010 vom Polizeiärztlichen Dienst in großem Umfang vorgehalten und an anspruchsberechtigte Polizeibeamte ausgegeben wurden, an den anderen Beschuldigten weitergegeben zu haben. Dieser gehörte als Verwaltungsbeamter aber nicht zum empfangsberechtigten Kreis. Es ging dabei um verschrei-bungspflichtige Medikamente. Anlass für die Ermittlungen der Staatsanwaltschaft Detmold war ein anonymer Brief, der im Januar 2013 bei der Kreispolizeibehörde Paderborn eingegangen und der vom Oberstaatsanwalt in Paderborn an die Kollegen in Detmold weitergeleitet worden ist. In dem anonymen Schreiben gegen den bei der Kreispolizeibe-hörde Lippe tätigen Beamten wurden außerdem Vorwürfe erhoben, er habe dienstliches Material oder Inventar für private Zwecke benutzt. Das wundert mich, beiläufig er-wähnt, nicht im Geringsten, denn schnorrertechnisch sind derartig kleinkarierte Beamte immer ganz weit vorne. Im Rahmen der Ermittlungen kam auch zum Vorschein, dass der Paderborner Polizeichef, bei dem damals das anony-me Schreiben mit den Beschuldigungen eingegangen war, möglicherweise dieses Schreiben zu spät weitergegeben und den Polizeiarzt vorher gewarnt hat. Dieser Polizeichef war übrigens der Kandidat der CDU für das Bürgermeisteramt in Paderborn. Das vorläufige Ende des Liedes für die beiden

„Leichtganoven" war dann die Einstellung des Verfahrens wegen Untreue gegen eine Geldauflage. Bekanntlich hackt eine Krähe der anderen kein Auge aus. Etwas anderes hätte mich auch schwer gewundert. Trotzdem ging es für „Piepe" und den Paderborner Polizeichef noch weiter. Der CDU-Kandidat und Polizeichef wurde wegen uneidlicher Falschaussage zu 13.500,- Euro verurteilt, und infolgedessen wurde gegen den Star-Mediziner ebenfalls ein Verfahren wegen uneidlicher Falschaussage eingeleitet. Das Verfahren bleibt abzuwarten. Ich werde es mir wahrscheinlich als Zuschauer auf einer der Besucherbänke gemütlich machen und mit meinem frechsten Grinsen dem Prozess beiwohnen. Dabei werde ich dem Star-Mediziner so oft es geht überhebliche und herablassende Blicke zuwerfen.

Zusammenfassend sei an dieser Stelle noch einmal vermerkt, dass es sich bei dieser Truppe um einen Polizeiarzt, einen Verwaltungschef der Polizei und einen Polizeichef und gleichzeitigen CDU-Spitzenkandidaten für das Bürgermeisteramt handelt. Dies ist einer von unzähligen Fällen, die ans Tageslicht gekommen sind. Was meint der Otto Normalbürger eigentlich, wie viel davon noch im Dunkeln schlummert und niemals ans Tageslicht kommt? Das System krankt an sich selbst und besteht aus Subjekten, die alles sind, nur nicht das, was sie vorgeben zu sein oder wofür die Bevölkerung sie hält.

32. Facebook-Zensur

Der derzeitige Justizminister Heiko „Mittelmaas", der wie ein ambitionierter Konfirmand daherkommt, macht in der Regel dadurch auf sich aufmerksam, dass er seine Ehefrau mit einer eher mäßig bekannten deutschen Schauspielerin betrogen hat und sich dafür einsetzt, dass sexuell freizügige Werbung verboten werden soll. Der Hintergrund sollte wohl jedem bekannt sein: Die sexuell ausgehungerten „Raketenforscher" und „Atomphysiker" sollen schließlich nicht noch mehr in lustvolle Rage versetzt werden.

Abgesehen davon, dass er den Mord-Paragraphen ändern und mit einer Strafe bis auf zu fünf Jahren reformieren möchte, beabsichtigt er, das Internet, insbesondere Facebook, drastisch zu überwachen und selbstverständlich auch zu zensieren. Und im Januar 2016 war es dann endlich soweit. Die „Anti-Hass-Kommentar"-Initiative des Bundesjustizministers hatte Erfolg: Ab sofort zensierte eine Tochter des Großkonzerns Bertelsmann Facebook-Postings im Namen der Bundesregierung, natürlich frei nach eigenen Kriterien. Die Gütersloher Bertelsmann-Tochter Arvato soll Facebook dabei helfen, gegen „Hass-Kommentare" aktiv zu werden. Arvato-Mitarbeiter sollen von Berlin aus künftig auffällige Inhalte in Netzwerke prüfen und gegebenenfalls löschen. Vorliegenden Informationen zufolge sind zahlreiche Mitarbeiter bereits speziell geschult worden und operativ tätig. Insgesamt sollen mehr als einhundert Kontrolleure (Administratoren) eingesetzt werden. Denn es war Bundesjustizminister Heiko Maas, der seit Ende des vergangenen Jahres auf die beiden Sozialen Netzwerke, Twitter und Facebook, Druck ausübte, damit dort sogenannte „Hass-Kommentare" schneller und vollumfänglich gelöscht werden. Um dies durchzusetzen, traf sich sogar Bundeskanzlerin Angela Merkel mit Facebook-Gründer Mark Zuckerberg persönlich. Die Kriterien, nach denen Kommentare und Postings nun gelöscht werden, obliegen allein Arvato bzw. der Bundesregierung – zumindest wurden sie nicht öffentlich gemacht. Wie schnell unter einem „Hass-Posting" auch ganz normale Regierungskritik gezählt wird, zeigt ein Vorfall der „BILD"-Zeitung des vergangenen Jahres. Im Rahmen einer Aktion, in der die „BILD" hetzerische und beleidigende Aussagen über Muslime und Flüchtlinge „an den Pranger" stellte, wurden auch unproblematische, aber kritische Postings (*„Die Regierung hat völlig die Kontrolle verloren. Es ist Schluss, so kann es nicht weitergehen"*) zu diesen gezählt.

Arvato gehört Bertelsmann, und Bertelsmann gehört Friede Springer. Und jetzt darf man einmal raten, wer in der von Friedel Springer neugegründeten Springer-Stiftung im Vorstand sitzt? Richtig, der Merkel-Ehemann Joachim Sauer. Alles in diesem System fußt auf Beziehungskisten, Netzwerken und Gefälligkeitsverbindungen: Demokratie in Vollendung für die eigene Tasche und den Machterhalt. Aber kommen wir noch einmal auf Heiko „Mittelmaas" zurück, der zunehmend immer mehr beweist, wes Geistes Kind er ist und wie sein wahres Demokratieverständnis aussieht. Nachdem er mit Nachdruck eine Internetzensurbehörde mit ehemaligen Stasi-Agenten als Überwacher installiert hat, will er nun in Phase 2 eintreten und nach alter DDR-Tradition die Bürger als Spitzel gegeneinander einsetzen. Die Aufforderung zum Bespitzeln und Denunzieren nennt der selbsternannte oberste Meinungswächter *„zu Wort melden".*

Eine *„radikale Minderheit"* dürfe nicht die freie und offene Gesellschaft zerstören. *„Helft Menschen in Not, statt gegen Flüchtlinge zu hetzen"*, diktiert Maas und fordert die *„schweigende Mehrheit"* dazu auf, im Alltag, in der U-Bahn, bei der Arbeit oder im Sportverein *„rechten Brandstiftern"*, wozu er explizit Pegida-Anhänger zählt, *„entschlossen entgegenzutreten"* und sich *„entschieden zu Wort zu melden, damit unsere gesellschaftliche Debatte nicht durch die Hetze und den Hass vergiftet wird."* Habe ich da etwas verpasst, oder leben wir nicht in einer sogenannten Demokratie? Diese beinhaltet doch mehrere Meinungen, die nebeneinander existieren können, solange nicht zu Hass oder tätlichen Übergriffen aufgerufen wird. Das System arbeitet kontinuierlich und perfide daran, alle gesellschaftlichen Bereiche abzudecken, kleinzuhalten, politisch erwünscht zu formen und notfalls auch zu zensieren. Das steckt hinter den Bemühungen, jegliche abweichende und unerwünschte Meinung zu zerstören.

33. Die Bundesregierung antwortet nicht!

Die Bundesregierung hat bekanntlich ihren eigenen Facebook-Auftritt, der von mehreren hunderttausend Menschen verfolgt wird. Dort hat man offiziell die Möglichkeit, „die Bundesregierung" bzw. ihre angestellten Redakteure direkt anzuschreiben und Beiträge zu kommentieren. Diese angebotene Möglichkeit wollte auch ich nutzen und schrieb „die Bundesregierung" und ihren offiziellen Abgesandten, den ehemaligen Tagesschau-Sprecher Steffen Seibert, an. Ich rechnete zwar nicht mit einer Antwort, aber dass mein Beitrag völlig verschwand, damit hätte ich doch nicht gerechnet.

Liebe Bundesregierung,

Frau Merkel scheint es langsam geschafft zu haben, dass Europa zerbricht. Ich beziehe mich auf den Videobeitrag von Herrn Seibert, der öffentlich lobt, dass Bürger, wie beispielsweise ich, diese Art der Kommunikation auf Facebook suchen und wertschätzen. Weiterhin sagte Herr Seibert, dass die „emsigen und heldenhaften Redakteure stets bemüht sind, zu antworten und zu erläutern, was die Politik der Bundesregierung ist." *Ich suche deshalb diese Art der Kommunikation mit Ihnen und würde es sehr wertschätzen, wenn*

Sie mir emsig und heldenhaft antworten würden. Meine Frage betrifft das Oberhaupt der Bundesregierung, Frau Merkel.

Ich habe einen offenen Brief an Frau Merkel verfasst, den insgesamt an die 14.000.000 Menschen auf Facebook gelesen haben, und deshalb jetzt meine berechtigte und interessierte Frage: Hat Frau Merkel diesen Brief an sie gelesen und wenn ja, wie fand sie ihn? Über eine Antwort Ihrerseits würde ich mich sehr freuen, zumal die riesige Reichweite und große positive Resonanz dieses Briefs diese Antwort noch erforderlicher erscheinen lässt.

In freudiger Erwartung

Tim K.

Keine Antwort, und der Beitrag war verschwunden, daher:

Liebe Bundesregierung, lieber Steffen Seibert,

was ist mit meinem Kommentar passiert, den ich heute gegen 17.50 Uhr auf Ihrer Seite höflich gepostet habe? Ich finde ihn nicht mehr! Haben Sie ihn versehentlich oder gar absichtlich gelöscht? Das eine wäre stümperhaft und das andere eine Form der Zensur. Was also ist passiert? Hat Frau Merkel jetzt meinen Brief gelesen? Bitte antworten Sie mir wie versprochen — emsig und heldenhaft!

Weiterhin in freudiger Erwartung

Tim K.

34. Dunkle Zeiten

Dunkle Zeiten erfordern starke Herzen. Es wird der Tag kommen, da wird jeder zurückblicken und sich selber fragen müssen: War ich den Meinen und mir selber treu? Habe ich gesprochen, als es erwünscht war, zu schweigen? Habe ich gehandelt, als passives Verharren gefordert wurde? Habe ich mich für Anstand, Gerechtigkeit und Moral eingesetzt? Habe ich mich dem Unrecht widersetzt? Habe ich Schwächeren geholfen und stand ich gegen Unterdrücker? Kann ich in den Spiegel schauen und sehe dann einen Menschen, der mit sich im Reinen ist und nichts bereut? Ich weiß, dass mein Weg kein einfacher sein wird und dass die Zahl meiner Feinde täglich steigt, aber genau das ist es, was mir auch beweist, dass es der richtige Weg ist. Es sollte nie um Popularität, um Sympathie oder den Weg des geringsten Widerstandes gehen, sondern einzig und allein um den Schlag des eigenen Herzens, der immer für unsere Familien, unsere Freundinnen und Freunde und für unsere Heimat schlagen sollte. Und Heimat ist überall dort, wo starke Herzen schlagen.

35. Verrat als Grundbestand

Wie im Kleinen, so im Großen: Der Verrat scheint eine niederträchtige Untugend zu sein, die für die meisten Menschen zur Grundausstattung des Charakters gehört. Das Schlimme ist zudem, dass viele ihre Worte, Taten und Pläne selbst gar nicht als Verrat sehen. Verrat beginnt schon damit, dass man hinter dem Rücken eines anderen schlecht redet, mit dem man normalerweise befreundet oder gut bekannt ist. Es beginnt selbst schon mit neiderfüllten Blicken auf den Besitz eines Menschen, mit dem man im Guten verbunden ist. Neid ist nämlich die Hauptzutat des Gerichts, das als Endprodukt „Verrat" heißt. Es geht weiter damit, dass man eine Frau oder einen Mann begehrt, die/der ganz woanders hingehört oder die/der mit einem guten oder engen Freund oder einer Freundin vorher liiert war. Es gibt zwei entscheidende Gründe, warum sich beispielsweise Männer streiten: Das sind Geld oder Frauen. Deshalb sollte man auch versuchen, möglichst selten oder besser gar nicht Geschäfte unter Freunden zu tätigen. Die Frau des Freundes – und das beinhaltet auch die Ex-Freundinnen – sollte bzw. sollten ohnehin völlig tabu sein. Ich selbst habe die schmerzvollen Erfahrungen schon häufig machen müssen, dass ausgerechnet die Menschen, die ich sehr nahe an mich herangelassen habe, mir früher oder später die Klinge symbolisch in den Rücken gestoßen haben; Menschen, denen ich vertraut hatte und zu denen ich immer loyal, respektvoll und ehrlich war. Ich habe vielen Menschen geholfen, sei es finanziell, mit Kontakten oder persönlich. Der Dank war stets, dass ich am Ende der Böse war. Ich habe wirklich keine Ahnung, warum, aber das Resultat war schon mehr als oft das gleiche. Ich hatte viel Geld verliehen und blieb auf den Forderungen sitzen. Ich half, wo und wie ich nur konnte, und zurück kam nichts. Je größer mein Erfolg und je größer meine Popularität und Bekanntheit wurden, desto größer wurde der Neid. Ich hatte automatisch nicht mehr so viel Zeit, mich weiterhin um alle zu kümmern und ihnen meine Beachtung zu schenken. Das wurde mir dahingehend ausgelegt, dass ich zuvor nur meine Vorteile sichern wollte. Welche Vorteile? Ich hatte mir alles alleine aufgebaut und habe trotzdem immer versucht, Menschen an meinen Erfolgen in jeglicher Art teilhaben zu lassen. Die einen waren wohl in ihrem Stolz gekränkt, und die anderen dachten auf einmal, dass ich Millionen verdienen würde. Keines von beiden war zutreffend, denn ich wollte niemanden verletzen, noch hatte ich das viele Geld, das mir unterstellt wurde. Vielmehr saß ich auf Schulden, die ich sukzessive erst abtragen musste.

Ein sehr kostbarer Freund sagte mir einmal: *„Bruder, das ist noch gar nichts. Das ist noch nicht mal der Anfang. Je mehr Erfolg du haben wirst, desto mehr Hass, Neid und Missgunst werden dir begegnen. Das ist noch gar nichts!"* Und genau so sollte es kommen. Beinahe alle, mit denen mich zuvor Freundschaften und gute Bekanntschaften verbanden, rückten von mir ab und versuchten sogar noch, mir hinten herum Unwahrheiten zu unterstellen. Das uferte dahin aus, dass selbst Streitigkeiten künstlich vom Zaun gebrochen wurden. Unterstellungen, Eigenkreationen und Lügen wurden hinter meinem Rücken hervorgebracht, um mich in irgendeiner Art und Weise aus der Reserve zu locken oder um selbst noch ein paar Minuten Ruhm einzuheimsen. Wer mich kennt, der weiß, dass ich mich weder auf ein primitives Niveau herablasse, noch dass ich mich abfällig oder gehässig über derartige Personen im Nachhinein äußere. Meine Devise lautet immer, dass mich das überhaupt nicht tangiert. Ich stehe über den Dingen, denn die wahren Antriebsfedern dieser Menschen sind immerzu der eigene Neid und die Eifersucht. Es ist die traurige Selbstreflexion, dass das eigene Leben langweilig und unbedeutend ist und dass man letztendlich in seinem Leben nicht viel erreicht hat. Was also fällt dann leichter, als sich jemandem im Negativen zuzuwenden, der alles das lebt, was man selbst gerne hätte oder tun würde? Die Menschen vergessen nur leider zu schnell, dass Erfolg und Popularität immer auch Gründe und eine eigene Geschichte haben. Meine Geschichte war die, dass ich mir immer treu geblieben bin. Das beinhaltet gleichsam, dass ich viele Jahre der Dunkelheit hinter mir habe: ohne Geld, voller Sorgen, Existenzängste, umzingelt von Feinden aus verschiedenen Lagern und mit der ständigen Ungewissheit, was die schwarze Zukunft noch alles mit sich bringen würde. Ich habe mich durchgebissen, bin niemals zurückgewichen und habe mich immer geweigert, mich zu ergeben. Ich bin unbeirrt nach vorne marschiert und habe meine Überzeugung gelebt und präsentiert. Alles das zusammen waren die Abschnitte und Weggabelungen in meinem Leben, die mich dahin geführt haben, wo ich jetzt bin: der Mann, der ich jetzt bin und das Leben, das ich jetzt lebe. Es ist einfach, vom Erfolg eines anderen Menschen zu profitieren, ohne selbst etwas dafür getan zu haben. Das mag vielleicht bei anderen möglich sein, aber bei mir funktioniert das nicht. Ich habe noch nicht einmal über meine schlimmsten Feinde ein schlechtes Wort verloren, sondern mit der mir eigenen Überheblichkeit darauf reagiert, indem ich sie ignoriert habe, was damit einherging, dass ich sie über Nacht aus meinem Leben wegrationalisierte, gleich einem Chirurgen, der ein Geschwür aus einem gesunden Körper entfernt. Es gibt nur zwei

Arten von Menschen: Die einen geben dir etwas auf irgend-eine Art und Weise, und die anderen nehmen dir etwas auf welche Art und Weise auch immer. Ich habe ohnehin so gut wie gar keine Zeit mehr in meinem Leben, und deshalb fällt mir die Entscheidung logischerweise mehr als leicht, letztere gar nicht erst in mein Leben hineinzulassen oder besser gesagt, diese umgehend zu entsorgen. Es scheint wie ein Naturgesetz zu sein, dass sich immer die gleichen Personen gegenseitig anziehen. Temporär ist es durchaus möglich, dass sich der eine oder andere einmal vorüber-gehend bei denen aufhält, die originär nicht seiner Natur entsprechen, aber unterm Strich finden sich immer die Gleichen.

Ich lege immer größten Wert darauf, überaus ehr-lich, respektvoll und höflich zu sein. Ist man nett und freundlich, bedeutet es für sie, dass man ihnen nicht stabil entgegensteht. Ich definiere das jedoch ganz anders: Respekt und Höflichkeit sind eine Frage des Stils und der guten Erziehung. Der Primitive muss seine Stimme erheben und dreckige Wörter in den Mund nehmen, um wahrgenommen zu werden. Ein Mann mit Klasse wird in jeder Situation mit Stil und Erhabenheit kontrolliert reagieren. Ich habe so viele Knöpfe gedrückt, bei denen ich vorher schon wusste, dass die finale Wirkung erheblich sein würde, denn der Ausgang war mir schon bekannt.

Ich tat dies, ohne laut rumzubrüllen, sondern mit einem Lächeln auf den Lippen.

Ich habe gelernt, genau zuzuhören und Gesichter zu lesen. In nicht wenigen Fällen entpuppten sich die, die lauthals die Worte „Bruder" und „Loyalität" in den Mund nahmen, als jene, welche die Bedeutung dieser Begriffe schon nach einiger Zeit nicht mehr kannten. Wobei sich die Frage stellt, ob sie diese jemals überhaupt kannten. Ich habe mit eigenen Augen gesehen und mit eigenen Ohren gehört, wie sich Menschen hinter des anderen Rücken aufgeregt und denjenigen verteufelt haben. Widerwärtige Worte sind gefallen und wüste Drohungen wurden ausgestoßen. Vorher hatte man sich belogen, zerstritten und bereits Pläne geschmiedet, um dem anderen zu schaden. Das widerfuhr mir nicht selten. Das Ende der Geschichte war, dass ausgerechnet die, die sich vorher spinnefeind waren, im Nachhinein verbündeten und sich wiederum als Freunde und Brüder bezeichneten. Und da befinden wir uns wieder an dem Punkt, an dem man sich fragt, ob man sich darüber aufregen soll. Ich musste (und ich schreibe hier nichts als die Wahrheit) in diesen Fällen immer schmunzeln, und es kam auch vor, dass ich lauthals lachen musste. Ich empfinde wirklich keinen Zorn oder Hass, sondern eigentlich Mitleid: Mitleid, weil ich weiß, dass dies die kläglichen Versuche sind, irgendwie zusammen die erlittene Enttäuschung und das eigene Unvermögen im Kollektiv der Gleichen zu verarbeiten. Geteiltes Leid ist nun mal halbes Leid. Und egal, um wen es sich handelte und wie abwegig das im Vorfeld erschien, mein Bauchgefühl wusste es in den meisten Fällen bereits, und der Ausgang war mir im Vorhinein klar. Ich habe mich dennoch oft gefragt, was ich falsch gemacht habe. Ich hatte niemanden beschimpft oder schlecht über ihn gesprochen. Es waren keine Rechnungen offen, und es gab auch sonst keinen Anlass, der zur Folge gehabt hätte, dass man im Streit auseinandergehen musste. Ich erkläre es mir nur so, dass einfach nicht passt, was nicht zusammengehört. Gleiches zieht Gleiches an, und Andersartiges stößt sich nun mal ab. Und wenn ich ganz tief in mich hinein höre, dann spüre ich eine tiefe Form der Erleichterung und auch der Gewissheit, dass ich für das Richtige einstehe. Meine Person polarisiert sehr stark, und die Zahl derer, die mich ablehnen und sogar hassen, wird mit jedem Tag größer. Aber genau das beweist mir, dass der Weg, den ich eingeschlagen habe, der richtige Weg ist. Würden mich diese Menschen mögen, dann hätte ich verdammt noch mal einiges falsch gemacht. Wie Bruce Lee schon sagte: *„Wenn du kritisiert wirst, dann musst du irgendetwas richtig machen. Denn man greift nur denjenigen an, der den Ball hat.“*

Ich habe mich vor über zehn Jahren bei der Polizei beworben, um für die Gerechtigkeit und das Gute einzustehen. Ich wollte gegen Charakterlose, Unterdrücker und schlichtweg schlechte Subjekte vorgehen. Ich musste erkennen, dass die Institution „Polizei" nicht der Ort war, an dem ich dies effizient tun konnte. Im Gegenteil: Ich erfuhr, dass Herdendenken, Konformität und Feigheit an der Tagesordnung waren und dass diejenigen unbehelligt blieben, welche es am meisten verdient hatten. Heute stehe ich hier, und ich habe das Gefühl, dass ich viel mehr von dem tue, was ursprünglich meine Intention war. Das verschafft mir zwar viele Feinde, aber dafür auch die richtigen Feinde. Wenn man viele Feinde hat, bedeutet das auch, dass man für etwas einsteht. Ich bleibe standhaft, denn ihr Hass ist mein Antrieb!

Dieses Kapitel begann mit der Aussage, dass es so, wie es im Kleinen auch im Großen ist. Dies gilt für alles und für jeden Bereich. Es wird allerdings umso schwerwiegender, je größer der Verrat wird. Eine Freundschaft zu verraten, ist das eine; ein ganzes Land, eine ganze Nation zu verraten, ist hingegen eine völlig neue Dimension. Dieses System verrät sein eigenes Volk. Man halte sich nur einmal den Amtseid der Bundeskanzlerin vor Augen: *„Ich schwöre, dass ich meine Kraft dem Wohle des deutschen Volkes widmen, seinen Nutzen mehren, Schaden von ihm wenden,* *das Grundgesetz und die Gesetze des Bundes wahren und verteidigen, meine Pflichten gewissenhaft erfüllen und Gerechtigkeit gegen jedermann üben werde. So wahr mir Gott helfe.“* So lautet der Amtseid im Wortlaut. Gegen diesen Eid verstößt Kohls Mädchen mit ihrer Flüchtlingspolitik, denn diese ist nicht zum Wohl des deutschen Volkes, sein Nutzen wird durch Merkels Politik nicht gemehrt, und auch ein Schaden wird nicht abgewendet. Im Gegenteil: Für die nächsten Generationen, über unsere Kinder und Kindeskinder werden Konflikte und Probleme hereinbrechen, die wir heutzutage noch nicht einmal im Ansatz abwägen können. Das Sicherheitsgefühl vieler Frauen und Kinder wurde bis jetzt schon erheblich geschmälert und vielerorts bereits zerstört. Unsere Freiheit, Toleranz, Gastfreundlichkeit und Offenherzigkeit, unsere Freizügigkeit, all das, was unser Land ausgemacht hat, wird zunehmend vernichtet. Das Recht auf freie Meinungsäußerung wird erheblich beschnitten. Die Menschen, die in diesem Land geboren wurden, sind mittlerweile Bürger zweiter Klasse. Unser Sozialsystem wird auseinandergenommen, und das Geld, das durch viele erarbeitet und angespart wurde, wird aus dem Fenster hinausgeworfen für jene, welche noch keinen einzigen Cent dafür eingezahlt haben. Unsere Brauchtümer und Feste wie Karneval und Oktoberfest sind bald nicht mehr wiederzuerkennen. Die Frauen dürfen keine Haut mehr zeigen aus Rücksicht vor den Blicken Fremder. Werbung mit zu viel nackter Haut soll es bald auch nicht mehr geben. Unsere Ernährung soll umgestellt werden, und aus den Schulkantinen und Kindergärten werden Schnitzel und Gummibärchen verschwinden. Es gibt bereits Informationswebseiten (Zanzu) wie die der Bundeszentrale für gesundheitliche Aufklärung, auf der regelrecht Werbung dafür betrieben wird, dass „Kulturbereicherer" Sex mit Einheimischen vollziehen.

Seit 50 Jahren zahlen unsere Krankenkassen für die Angehörigen der mittlerweile hier lebenden ehemaligen Gastarbeiter die medizinische Vollversorgung, da diese automatisch kostenlos mitversichert sind. Die medizinische Versorgung von älteren Menschen hierzulande lässt im Gegensatz dazu oft zu wünschen übrig; Pflegestellen werden gestrichen und bedürftige Menschen dadurch im Stich gelassen. Die Aufnahme der unzähligen „Raketenforscher", „Atomphysiker", „Augenärztinnen" und „Juristinnen" könnte die Staatskassen bei einem Scheitern der Integration in den Arbeitsmarkt langfristig mit insgesamt bis zu knapp 400 Milliarden Euro belasten. Das ist das Ergebnis einer aktuellen Studie des Mannheimer Zentrums für Europäische Wirtschaftsforschung (ZEW). Es muss mir doch allen Ernstes niemand erzählen, dass auch nur ein Bruchteil dieser Invasoren irgendwann einmal einen vernünftigen Beruf hier haben oder sich gar dem vorherrschenden Bildungsniveau angleichen wird. Das wird nicht passieren. Der Großteil dieser „Wunderkinder" und ambitionierten Elite-Fachkräfte wird sich samt Kind und Kegel, insofern diese überhaupt mitgereist sind, in unsere soziale Hängematte legen und deutlich mehr kassieren als jeder Bürger, der normal arbeiten geht und seine Familie selbst durchfüttern muss. Deutschland steht am Abgrund, und dieses System tut alles dafür, dass dieses Land untergehen wird. Welcher Begriff würde dieses Tun besser beschreiben als schlicht und einfach folgender: Verrat! Verrat am eigenen Land, an den Menschen dieses Landes und den Kindern und Kindeskindern, die heute noch gar nicht geboren sind.

Der Verrat ist das Gegenteil von Treue. An seiner Treue erkennt man den wahren Wert eines Menschen. Dies beginnt im Kleinen und endet im Großen.

36. Der Wanderprediger!

„Die Eliten sind gar nicht das Problem, die Bevölkerungen sind im Moment das Problem."

Dieses Zitat stammt nicht von irgendeinem Tyrannen oder Despoten, sondern von unserem Bundespräsidenten höchstpersönlich. Selbstverständlich muss eine derartige Äußerung angemessen gewürdigt werden.

*Joachim Gauck, Sie Wanderprediger im Gewand
des „Übergutmenschen",*
*ich habe bewusst auf die Anrede „Bundespräsident" verzichtet,
denn auch Sie haben dem deutschen Volk und diesem Land
enormen Schaden zugefügt, tun dies weiterhin und haben Ihren
Amtseid gebrochen. Sie sind daher kein Bundespräsident für
mich. Abgesehen davon stellt sich mir die Frage, ob Sie das
überhaupt jemals waren. Drehen wir einmal die Zeit zurück,
damals war Christian „Wulfi" Wulff noch Bundespräsident.
Christian Wulff, der „junge Wilde", der so wild war, dass er
sich morgens mit „Elmex" und abends mit „Aronal" die Zähne
geputzt hat! Genau dieser Christian Wulff, der erst im dritten
Wahlgang aus Mitleid, Gnade und aus Sorge vor einer großen
Blamage der Bundesversammlung krampfhaft in dieses Amt
gegen Sie als Mitkandidat gewählt wurde: in das Amt, welches
er aufgrund der Aufhebung seiner Immunität wegen des Ver-*

dachts der Vorteilannahme vorzeitig verlassen musste. Gegen diesen Christian Wulff haben Sie, Herr Gauck, dann im letzten Wahlgang klar und deutlich verloren. Sie sind demnach ein Verlierer.

Nachdem Wulff zurücktreten musste, der damit ebenfalls zum Verlierer wurde, holte man den anderen Verlierer, also Sie, wieder zurück. Der eine Verlierer löste demnach zwangsweise den anderen Verlierer ab: auch nicht schlecht. Was für ein erbärmliches Trauerspiel.

Was war das für ein Gefühl, Herr Gauck? Geschlagen und nicht gewollt, dann von der Ersatzbank wieder eingewechselt, aus dem einfachen Grund, weil niemand anderes da war oder wollte. Nun gut, was will man von so einem krampfhaft installierten Amtsinhaber halten, und vor allem: Was kommt dabei heraus? Ich will Ihnen und ganz Deutschland sagen, was dabei „herauskommt": ein Typ, der illegale Flüchtlinge auf Malta besucht und Folgendes zum Besten gibt: „Brauchen wir nicht einen Teil dieser Menschen, obwohl sie nicht asylberechtigt sind? Ich glaube, viele brauchen wir." *Ach, tun wir das? Wofür brauchen wir die denn? Ein Typ, der allen Ernstes von sich gibt:* „Die Eliten sind gar nicht das Problem, die Bevölkerungen sind im Moment das Problem." *Sind nicht vielmehr Leute wie Sie das Problem? Ein Typ, der nach Indien reist, den Indern zuruft und sie damit regelrecht anlockt:* „Wir haben Platz in Deutschland!" *Haben wir Platz in Deutschland? Haben wir!*

Und ich will Ihnen auch gleich sagen, wo. Für Ihre letzten Tage habe ich deshalb noch diesen Vorschlag, den Sie sich einmal zu Herzen nehmen könnten und der Ihnen sicherlich auch gefallen dürfte: Sie haben doch sicherlich Platz im Schloss Bellevue: Einfach 300 junge ambitionierte „Raketenforscher" und „Atomphysiker" dort einquartieren, offenes WLAN-Netz bereitstellen, Mitarbeiterinnen in kurzen Röcken über die Flure huschen lassen und abwarten, was passiert. Viel Spaß dabei!

Mit Erleichterung habe ich übrigens vernommen, dass Sie sich – Gott sei Dank – nicht wieder zur Wahl stellen.

Mit der höchsten Form der Verachtung,

Tim K.

37. KSK – Im Stich gelassene Elite

Hinter den offiziellen Kulissen verbinden mich freundschaftliche Kontakte zu Mitgliedern deutscher Spezialkräfte. Dies sind sowohl aktive als auch ehemalige Soldaten der Spezialverbände KSK oder der Kampftaucher. Wir vertrauen einander und teilen auch dieselben Ansichten und Meinungen hinsichtlich der Lage der Nation und unseres Landes. Der Unmut der Soldaten wächst stetig, und politische Korrektheit, Vertuschung, gezielte Fehlinformationen und Meinungsunterdrückung gehören zur Tagesordnung. Insbesondere beim KSK fühlen sich die Soldaten mehr und mehr im Stich gelassen. Das „Kommando Spezialkräfte" ist für mich eine absolute Eliteeinheit, die auf Augenhöhe mit den US Navy Seals operiert. Einleitend möchte ich das KSK meinen Leserinnen und Lesern kurz näherbringen und nutze hierfür eine Erläuterung von Wikipedia.

„Das Kommando Spezialkräfte (KSK) ist eine militärische Spezialeinheit und ein Großverband, auf Brigadeebene der Bundeswehr mit den Einsatzschwerpunkten Aufklärung, Terrorismusbekämpfung, Rettung, Evakuierung und Bergung, sowie Kommandokriegsführung und Militärberatung. Das KSK untersteht truppendienstlich der Division

Schnelle Kräfte (DSK) und ist in der Graf-Zeppelin-Kaserne im württembergischen Calw stationiert. Als Vorbilder für die Aufstellung und Ausrichtung des KSK dienten der britische Special Air Service (SAS), aber auch die US Special Operations Forces sowie die GSG 9 der Bundespolizei. Der Verband wurde seit seiner Aufstellung unter anderem zur Verfolgung von Kriegsverbrechern im ehemaligen Jugoslawien und im Krieg in Afghanistan seit 2001 eingesetzt. Der Verband selbst und seine Operationen unterliegen einer besonderen militärischen Geheimhaltung. Auch nach abgeschlossenen Einsätzen wurden bisher noch keine Angaben über Erfolge oder Verluste veröffentlicht. Nachdem sowohl von Bundestagsabgeordneten als auch in der Presse öffentlich Kritik an dieser Praxis geübt wurde, hatte die Bundesregierung mit der Verlängerung des Mandates zur Operation „Enduring Freedom" (OEF) angekündigt, Informationen im Einvernehmen mit den Vorsitzenden der Bundestagsfraktionen künftig weniger restriktiv zu handhaben. Im September 2008 stellte der Verteidigungsausschuss fest, dass die Bundesregierung ihrer gesetzlichen Pflicht, das Parlament über KSK-Einsätze zu informieren, bisher nicht ausreichend nachgekommen sei und es einen Regelungsbedarf für ein Informationsverfahren gebe, das den Ansprüchen des Parlamentsbeteiligungsgesetzes (ParlBG) gerecht wird, ohne jedoch die erforderliche Operationssicherheit der Soldaten zu gefährden."

Das KSK operiert für Deutschland, oder besser formuliert: für das herrschende System. Dass Deutschland am Hindukusch verteidigt wird, ist natürlich nicht ernst zu nehmen, sondern birgt ganz andere Interessen. Mittlerweile ist es auch so, dass das KSK immer öfter zum speziellen Gehilfen der US-Amerikaner geworden ist, die nur zu gerne unsere Top-Krieger für sich in Anspruch nehmen. In Afghanistan sind seit Jahren US Special Forces stationiert, die pausenlos im Einsatz sind und demnach auch ausbrennen. Aus Interna weiß ich, dass viele Soldaten des KSK eher zu der russischen Seite, sprich zu Putin tendieren als zu den Amerikanern. Mittlerweile ist es schon so, dass man sich von den Amerikanern oft nur ausgenutzt fühlt und dem mit Krankschreibungen entgegentritt. Alles, was ich in diesem Kapitel schreibe, wurde mir von aktiven und ehemaligen Soldaten des KSK unter anderem auch persönlich berichtet. Diese Soldaten fühlen sich missbraucht, ausgenutzt und häufig im Stich gelassen. Das gesamte Frustpotenzial hat sich über viele Jahre angestaut und entlädt sich langsam in Form von Kritik und Unzufriedenheit. Im Laufe der Jahre wurden viele „Operatoren" (das ist der Begriff für einen Kommando-Soldaten) schlichtweg physisch und psychisch *verbrannt*. Viele Soldaten beklagen, dass sie von einem Einsatz in den nächsten geschickt werden. Die Einsätze dauern mehrere Monate bis hin zu einem Jahr, und die Regenerationszeit dazwischen beträgt oft nur sechs Wochen. Das ist deutlich zu wenig, und die Folgen sind körperliche und seelische Schäden: ausgebrannt sein. Erschwerend kommt hinzu, dass die Familienangehörigen oft gar nicht wissen, ob der Ehemann, Freund oder Sohn im Kampfeinsatz ist, denn das wird generell immer als geheim eingestuft. Kehren die Soldaten aus dem Einsatz zurück, werden sie direkt durch den Zoll in einen Nebeneingang des Flughafens, vorbei an den normalen Besuchern und Angehörigen, die auf ihre Lieben warten, geschleust. In verspiegelten VW-Transportern werden sie dann direkt in die Kaserne gebracht. Viele Operatoren haben traumatische Erlebnisse hinter sich und müssen im Anschluss behandelt werden. Auch das geschieht nicht offiziell, sondern sie werden auf einen „Lehrgang" geschickt. Ankunftsort ist das Bundeswehrkrankenhaus in Hamburg, genauer gesagt die Station 54 desselben. Dort werden Trauma-Patienten und Soldaten mit psychischen Schäden behandelt. Deshalb heißt die Station auch „Bundeswehrklapse". Aktuell wurde die Behandlungsdauer von sechs auf zwei Wochen heruntergefahren, da viele Ärzte anderweitig eingesetzt werden. Es wird sogar noch besser: Etliche Plätze für Soldaten mit Traumata, die aus Auslandseinsätzen heimkehren, sogenannte „Auslandsverwender", können nicht mehr besetzt werden, weil die Stellen für syrische und afghanische

Flüchtlinge gebraucht werden, die ihrerseits dort aufgrund ihrer Erfahrungen in Kriegsgebieten behandelt werden. Die Wartezeit für deutsche Soldaten beträgt bis zu sechs Monate für einen einzigen Platz. Sie haben richtig gelesen: Deutsche Soldaten, die für ihr Land, oder besser gesagt, für dieses System gekämpft haben, verwundet wurden oder einen seelischen und psychischen Schaden erlitten, können nicht behandelt werden, weil die Plätze für sie gestrichen und die Ärzte und das Personal für Trauma-Flüchtlinge gebraucht werden! In der Realität sieht es aber so aus, dass die traumatisierten „Flüchtlinge" dort gemütlich chillen, Fernsehen gucken und abends auch gerne mal gemeinsam und gesellig feiern.

Ehen gehen in die Brüche, die Soldaten sind psychisch geschädigt, aggressiv und haben große Probleme, sich in das normale Leben außerhalb ihrer Einsätze zu integrieren, und das System dankt es seinen Männern auf die Art und Weise, dass man ihnen die medizinische Versorgung versagt und diese zunächst irgendwelchen Fremden zukommen lässt. Die ganze Farce begann bereits Jahre zuvor, als jeder getötete Soldat des KSK als „Betriebsunfall" eingestuft wurde. Das geschah aus dem Grund, weil Deutschland ja nirgendwo einen realen Krieg führen würde. Demnach gebe es auch keine Gefallenen, das heißt: Es darf keine Gefallenen geben. Erst im Jahr 2007, so meine ich zumindest, wurde das offiziell geändert, und der Begriff „Gefallene" wurde offiziell legitimiert. Die große Schweinerei dabei war allerdings, dass ein Soldat, der nur „verunglückt" und nicht im Kampf gefallen ist, nur aus einer Unfallversicherung bezahlt wird und die Angehörigen post mortem nicht die vollen Bezüge/Leistungen erhalten. Das muss man sich einmal vorstellen. Wie widerwärtig und schamlos muss man sein, diesen Helden das Mindeste an Anerkennung und Wertschätzung vorzuenthalten.

Soldaten des Fallschirmjägerbataillons 373 aus Seedorf gerieten am 2.4.2010 gemeinsam mit dem KSK in einen Hinterhalt in Kunduz. In diesem Gefecht starben drei Kameraden. Vor dem Einsatz in Afghanistan hatten diese Soldaten noch bemängelt, nicht ausreichend für den Einsatz geschult worden zu sein. Das wurde seitens der Regierung im Nachhinein zu keinem Zeitpunkt jemals erwähnt. Es durfte einfach nicht publik werden, dass sich Deutschland bereits seit Jahren in verschiedenen Kriegen befand, im Kosovo und in Afghanistan. Ein Vertrauter von mir hatte als KSK-Scharfschütze über fünfzig bestätigte „Abschüsse" mit seinem Gewehr G22. Und er belegt damit noch nicht einmal die vorderen Ränge der Scharfschützenliste. Ein normaler Operator kann oft nicht genau erkennen, wenn er mit seiner Waffe in einem Feuergefecht einen Taliban tötet.

Das kann nämlich auch der Kamerad neben ihm gewesen sein. Ein Scharfschütze sieht live beim Sterben zu. Deshalb ist die darauffolgende psychische Belastung auch so groß. Die Operatoren des KSK werden zudem auch bei anderen Truppengattungen eingesetzt, wenn beispielsweise die Grenadiere zur Unterstützung Scharfschützen benötigen; der Verschleiß der Soldaten ist dementsprechend hoch. Als sich ein ehemaliger KSK-Soldat mit einem Strick das Leben nahm, nachdem er zuvor alkohol- und kokainabhängig geworden war, erschien zu seiner Beerdigung noch nicht einmal eine Abordnung der Bundeswehr. Ein anderer Operator des KSK konnte nicht realisieren, dass er sich nicht mehr in einer Kampfsituation, in einer Einsatzlage, befand, als er mitten auf der Autobahn in der Mittelplanke in vollem Tarnanzug einfach nur „beobachtete". Derartige „Fälle" landen dann in der „Bundeswehrklapse" und werden dort von einem Militärseelsorger, einem ehemaligen Marinepfarrer mit dem Vornamen „Klaus", gottesfürchtig „behandelt". „Klaus" „behandelt" die Elitekrieger mit der immer wiederkehrenden Formulierung, „mit Gottes Hilfe" werde alles gut. Nach zwei Wochen gibt es noch einen Stuhlkreis, jeder nennt seinen Namen, und dann wird man wieder entlassen.

Das „Flüchtlingssommermärchen" nimmt unterdessen auch das KSK und sogar die gesamte Bundeswehr in Be-

schlag. Viele Kasernen beherbergen zurzeit viele Flüchtlinge, und die Soldaten campieren draußen und kommen
im Ernstfall noch nicht einmal an die Waffenkammern
heran. Das ist kein Scherz! Ein Kommandosoldat wurde
allen Ernstes mit einer Zivilmaschine in Zivil nach Passau
geflogen, um ankommende „Flüchtlinge" in Augenschein zu
nehmen und potenzielle ISIS-Kämpfer ausfindig zu machen.

Das KSK übt inzwischen verstärkt Angriffstaktiken und
Häuserkampf insbesondere in Großstädten. Vor Kurzem
erst erfuhr man von einem gemeinsamen großen Manöver
bezüglich des Schwerpunkts Häuserkampf mit französi-
schen Scharfschützen in Norwegen. Mit dabei war die DSO
(Division Spezielle Operationen), welche das KSK abschirmt
und großräumig unterstützt. In Laupheim sind seit Neues-
tem modernste und leise Superhubschrauber stationiert,
die aufgrund ihrer Größe und Wendigkeit inmitten von
Städten operieren können. Auch bei den Kampftauchern
wird man allmählich darauf vorbereitet, dass die Bundeswehr im Innern eingesetzt werden soll und nicht mehr nur
nach außen zur Landesverteidigung.

Ein geheimer und überaus brisanter Befehl ereilte
unlängst alle Kasernen. Nicht nur die kämpfenden Einheiten des Heeres, der Luftwaffe und der Marine, sondern auch die Sanitäter und die Stäbe müssen aktuell
einen Raum freimachen und diesen zur Waffenkam-

mer umfunktionieren. Selbst Sanitäter, die jahrelang keine einzige Übung mehr gefahren sind, rücken inzwischen wieder zu solchen aus. Was soll das alles bedeuten? Rechnet das System bereits mit inneren Unruhen und bürgerkriegsähnlichen Zuständen? Aber was will man auch erwarten von einem System, das angeführt wird von ehemaligen Regime-Mitgliedern, die bereits 1989 während der friedlichen Montagsdemo in Leipzig in den Seitenstraßen Fallschirmjäger postierten und die schussbereit mit Schnellfeuerwaffen das Feuer auf das eigene Volk eröffnen sollten? In der Nacht zum 9. Oktober 1989 aktualisierte die Stasi ihre Internierungslisten: 103 Leipziger standen darauf, sie sollten *„schlagartig und streng konspirativ"* in ihren Wohnungen oder am Arbeitsplatz abgeholt werden. Für Massenverhaftungen waren sogenannte Isolierungslager vorbereitet. Die Fallschirmjäger-Kompanie des 40. Luftsturmregiments „Lenin" wurde nach Leipzig-Gohlis verlegt. Das alles kommt mir verdächtig bekannt vor. Im Ernstfall ist „Mutti" die oberste Befehlshaberin, und Verteidigungsministerin von der Leyen, in der Truppe nur „Flinten-Uschi" genannt, ist von Ihres Gnaden eingesetzt worden und unterwirft sich hündisch loyal allen zu erwartenden Befehlen von oben. „Flinten-Uschi" wird in der Truppe massiv belächelt, da sie das Programm „Freizeitsoldat" auf den

Weg gebracht hat: Soldat/Soldatin mit Gleitzeit quasi. Das hat zur Folge, dass einige Einheiten vollständig unterbesetzt sind. Als „Flinten-Uschi" einmal einem Manöver beiwohnte, hielt sie sich die Ohren zu, weil der Lärm der Geschütze doch zu laut für ihre zarten Öhrchen war.

Aber es gibt auch andere führende Köpfe in den Reihen unserer Bundeswehr, besser gesagt, es gab einen ganz besonderen, und dieser stand in direktem Bezug zum KSK. Brigadegeneral Günzel war ein Soldat, wie er im Buche stand, und ich betrachte ihn als Ritter und Ehrenmann. Er war der Kommandeur des „Kommandos Spezialkräfte" von 2000 bis 2003, und er formte diese Truppe zu einer exzellenten Einheit, die an der Spitze der weltweiten Eliteeinheiten zu Hause ist. Ihm wurde zum Verhängnis, dass er seine freie Meinung äußerte und diese als politisch unkorrekt galt. Bundesverteidigungsminister Peter Struck (SPD) versetzte den Brigadegeneral 2003 in den vorzeitigen Ruhestand. Günzel hatte in jenem Jahr in einem auf Bundeswehr-Briefpapier erstellten Schreiben eine anlässlich des Tags der Deutschen Einheit gehaltene Rede des Bundestagsabgeordneten Martin Hohmann (CDU) gelobt. Diese Rede war vom Zentralrat der Juden in Deutschland und weiten Teilen der politischen Öffentlichkeit sowie der Medien als antisemitisch kritisiert worden. Günzel selbst kritisierte die Art und

Weise seiner Entlassung, da er sich jenseits aller Politik durch Aufbau und Leitung des KSK und seinen vorherigen Verwendungen als Soldat sehr verdient gemacht hat. In seinem Peter Struck gewidmeten Buch *„Und plötzlich ist alles politisch"* beschreibt er unter anderem, wie ihm die Übergabe der Dienstgeschäfte ebenso verboten wurde wie die offizielle Kommandoübergabe oder die übliche Verabschiedung aus der Kommandeursrunde. Auch die vom Bundespräsidenten unterzeichnete Entlassungsurkunde hatte nicht die übliche Dankesformel *„Für die dem deutschen Volk geleisteten treuen Dienste spreche ich ihm Dank und Anerkennung aus"* enthalten, obwohl diese Formel bisher nur demjenigen verweigert worden war, *„der nach schweren kriminellen Verfehlungen im Zuge eines disziplinargerichtlichen Verfahrens aus der Armee entlassen wurde."* Nachdem General Günzel aus der Truppe, seinem geliebten KSK, ausgeschieden war, wurde jedem Kommandosoldaten unmissverständlich klargemacht, dass der weitere Kontakt zu ihrem ehemaligen Kommandeur nicht unbedingt zum Vorteil gereichen würde. Übersetzt hieß das: Ende der Karriere.

Nach seiner Entlassung rechnete Günzel in einer Rede mit den politischen Eliten und dem *„Krebsgeschwür der Political Correctness"* ab. Im Folgenden ein kurzer Ausschnitt aus dieser Rede:

„Zum ersten die Tatsache, dass im Namen dieses Krebs-geschwürs „Political Correctness" Geschichte gefälscht, Recht gebeugt, Karrieren zerstört und Menschen ruiniert werden. Und dass die schweigende Mehrheit dies alles, zwar zuneh-mend murrend, aber dennoch mit gesenktem Kopf hinnimmt. Zum zweiten, dass wir – wir Deutschen –, die wir einmal stolz darauf waren, das „Volk der Dichter und Denker" genannt worden zu sein, uns eben dieses kritische Denken – zumin-dest auf diesem Feld – verbieten lassen. Und zwar genau von denjenigen, vor denen man uns vor 25 Jahren mit Polizei-aufgeboten beschützen musste. All diese Denkverbote, die uns daran hindern, zu eigenständigen Wertungen und Urteilen zu kommen – dies alles ist nicht nur eine Beleidigung für jeden aufgeklärten Menschen, sondern auch das geistige Todesurteil für jede freie Gesellschaft. Gottfried Benn hat einmal treffend gesagt: „Das Abendland geht nicht zugrunde an den tota-litären Systemen, auch nicht an seiner geistigen Armut, sondern an dem hündischen Kriechen seiner Intelligenz vor den politischen Zweckmäßigkeiten." *Und schließlich ist es als Offizier natürlich eine tiefe Enttäuschung, zu erleben, dass die Entwicklung vom selbstbewussten, charakterfesten – manchmal auch etwas knorrigen – Offizier alter Tage hin zum glatten, stromlinienförmigen „Manager in Uniform" unaufhaltsam voranschreitet."*

Eines war unter Günzel aber ebenfalls sicher, als er noch aktiv im Dienst war, und das ist etwas, das noch Hoffnung weckt und das ich bei der heutigen Polizei leider anders beurteile: Die Soldaten des KSK würden niemals die Waffen auf das eigene Volk richten.

38. Brothers MC Germany

Was wir gemeinsam bis zum heutigen Tage erreicht haben, grenzt schon an ein kleines Wunder. Heutzutage einen 1%-Motorradclub zu gründen, sich zu behaupten und dann so stabil zu wachsen, das hätte uns niemand in dieser Größenordnung auch nur annähernd zugetraut: Wir uns selber auch nicht, um ganz ehrlich zu sein. Natürlich waren wir zuversichtlich, dass wir diesen Club größer machen und uns auch behaupten würden. Was dann aber mit uns geschah, sollte wohl unser Schicksal und unsere Belohnung sein. Wir werden in einem Atemzug mit den größten anderen Motorradclubs genannt, die es bereits seit über 30 Jahren gibt. Wir sind jetzt schon in der ersten Liga angekommen, wobei wir uns deutlich von allen anderen Gruppierungen distanzieren. Aus dem einfachen Grund, weil wir uns für einzigartig halten. Das sagen wir nicht herablassend oder respektlos, sondern mit einer ruhigen Stimme der Gewissheit. Einzigartig und noch nie dagewesen ist auch, dass ein derartiger Motorradclub eine so große Unterstützung von großen Teilen der Bevölkerung erfährt. All dies mag schwer zu verstehen sein, doch wer sich mit uns näher auseinandersetzt und sich informiert, der wird sehr rasch erkennen, dass wir fürwahr ein besonderer Club sind.

Wir sind in Deutschland gegründet worden, und wir leben die alten Werte. Bei uns gibt es keine Unterschiede. Alle sind gleich und auf Augenhöhe, denn das Einzige, was zählt, ist der Charakter.

Wir wollen niemanden aufnehmen, der mit seinem kriminellen Dreck unseren Club und unsere Farben beschmutzt und seine Brüder in Gefahr bringt. Niemanden, der nur an sich denkt und von Neid und Missgunst zerfressen ist.

Wir für uns!

Verrate niemals deinen Freund oder Bruder! Begehre niemals deines Bruders Frau, seinen Besitz oder neide ihm etwas! Sei loyal, ehrlich und standhaft!

Wir sind ein 1%-Motorradclub, der nunmehr seit eineinhalb Jahren besteht. Wir haben uns vorwiegend aus ehemaligen Mitgliedern anderer Motorradclubs gegründet, die dort nicht mehr das gefunden haben, was sie sich einstmals wünschten. Wir wollen gemeinsam Motorrad fahren und eine Bruderschaft leben. Wir sind ein absolut neutraler Club und tendieren zu niemandem. Das ist so und wird auch immer so bleiben. Mit Gebietsansprüchen oder sonstigen Forderungen haben wir nichts am Hut. Für uns gibt es Wichtigeres, was wir nunmehr auch unter Beweis stellen, indem wir uns aufgrund der aktuellen Notlage dem Schutz der Frauen in der Öffentlichkeit zugewandt haben.

Das waren zwei unserer Posts, die uns unter anderem einen großen Zulauf und eine breite Unterstützung innerhalb der Bevölkerung beschert haben. Der „Brothers MC Germany" ist mittlerweile der am schnellsten wachsende Motorradclub Deutschlands. Selbst die Polizei gibt offiziell bekannt, dass *der Brothers MC eine Rockergruppierung ist, die im Kommen ist.*" Dies stimmt fürwahr, denn unser Club ist mittlerweile auch international vertreten und hat bereits Dependancen in Frankreich, Holland und Kanada eröffnet; weitere Länder werden folgen. Das Erfolgsrezept ist mit wenigen Worten beschrieben: Wir sind kein Import, sondern ein deutsches Original, das bereits exportiert. Respekt steht dabei an höchster Stelle: Wer das genauso sieht, ist bei uns willkommen. Jeder, der dies anders sieht, wird uns nicht zum Freund haben. Kein Neid untereinander. Ein jeder ist für den anderen da. Ehrlichkeit, Treue, Respekt und Höflichkeit. Keine kriminellen oder krummen Geschäfte. Schutz der Schwächeren und das Entgegenstehen gegen Unterdrücker. Füreinander einstehen für unsere Frauen und Kinder, die sich mittlerweile vor Angst nicht mehr auf die Straße trauen.

Obwohl wir sehr schnell wachsen, sieben wir dennoch fein säuberlich aus und verhindern, dass Subjekte bei uns einsickern, von denen wir uns distanzieren und mit denen wir nichts zu tun haben wollen. Trotzdem werden wir, wo immer und wann wir uns treffen, von einer riesigen Armada von Polizeikräften empfangen. In Köln wurden wir von einer Hundertschaft empfangen. Jeder wurde kontrolliert und durchsucht, die Personalien wurden aufgenommen, die Kutten fotografiert und die Aufnäher schriftlich erfasst. Während einer Privatveranstaltung eines Freundes von mir in Wiehl wurde die gesamte Kleinstadt abgesperrt, jedes Fahrzeug von uns herausgewinkt und das übliche Prozedere vollzogen. An diesem Tag sollen 140 Polizeibeamte für ungefähr 50 „Brothers" im Einsatz gewesen sein, ausgestattet mit schusssicheren Westen und Maschinenpistolen. Die Presse war auch vor Ort, und selbst von den erfahrenen Journalisten konnte man nur noch Anzeichen von Unverständnis wahrnehmen. Wie ich mir ein solches Aufkommen von Polizeikräften erklären könne, wurde ich gefragt. Ich antwortete wie gewohnt, dass wir dies als maßlos überzogen empfänden und dass wir uns mittlerweile innerlich schon darüber lustig machen würden. Der Sinn und Zweck dieser Veruntreuung und Verschwendung von Steuergeldern sei immer wieder derselbe: Man will uns damit für die gesamte Öffentlichkeit kriminalisieren. Was sonst sollen die Bürgerinnen und Bürger wohl denken, wenn eine derartige Polizeiarmee anrückt? Die müssen ja wegen unglaublich krimineller Typen kommen, denn ansonsten ergäbe das ja gar keinen Sinn. Stimmt, es ergibt gar keinen Sinn.

Der Comedy-Preis nach diesem Einsatz ging jedoch eindeutig an den Landrat und Chef der Polizei Jochen H., der allen Ernstes behauptete, wegen der großen Polizeipräsenz sei die Veranstaltung ruhig abgelaufen. Stimmt, ansonsten hätten wir uns wahrscheinlich gegenseitig die Brieftaschen geklaut, die Zeche geprellt und wären im Anschluss wie bei „Mad Max" mit unseren nicht angemeldeten Fahrzeugen ohne Versicherungsschutz und quietschenden Reifen aus Wiehl abgehauen, um gleichzeitig mit heraushängenden Schnellfeuergewehren Salutschüsse in die Luft abzugeben!

Der „Brothers MC" kann sich heutzutage vor Anfragen und Interessenten kaum noch retten. Zudem gibt es viele Männer, die kein Motorrad besitzen und sich auch die Mitgliedschaft in einem Club nicht leisten können, aber dennoch gerne dazu gehören würden. Unter dem Motto *„Gemeinsam Gutes bewegen!"* haben wir uns viele Gedanken gemacht, was wir tun können, um symbolisch, aber auch tatkräftig unseren Beitrag für die Gesellschaft und die sorgenvollen Zeiten zu leisten. Vielleicht können wir für einige Menschen damit auch Initialzündungen sein. Deshalb planen unsere Chapter regelmäßige Spaziergänge und gemeinsame Aktionen.

Wir wollen aber auch denen die Möglichkeit geben, ein Teil von uns zu werden, die nicht über ein Motorrad oder einen Motorradführerschein verfügen, sondern denen es um die Sache und die Gemeinschaft geht. Daher haben wir die „Brothers Legion" gegründet. Diese ist ein eigenständiger Club unter unserem Dach. Die Werte und Grundsätze stimmen mit unseren überein; der einzige Unterschied ist, dass es kein Motorradclub ist. Wer also nach kostbaren Werten leben möchte und sich nach einer Gemeinschaft sehnt, die sich Respekt, Höflichkeit und Loyalität, aber auch den Schutz der Schwächeren, Frauen und Kinder auf die Fahne geschrieben hat, der kann sich gerne der „Brothers Legion" anschließen. Wir möchten keine Egoisten, Selbstdarsteller oder halbkriminellen Subjekte in unseren Reihe haben, sondern Männer, welche die oben genannten Werte aufrichtig leben und bereit sind, sich für ihre Mitmenschen einzusetzen. Es geht nicht um Aggressionen oder Provokationen, geschweige denn um irgendeine Bürgerwehr. Es geht einzig und allein darum, überall ein Zeichen zu setzen.

Uns stehen dunkle Zeiten bevor, und eines Tages werden wir froh sein, wenn wir Kreise von Menschen haben, die sich aufeinander verlassen können und nicht wegschauen, wenn Unrecht geschieht. Es gibt in jeder deutschen Stadt viele Männer, die genau so denken. Aber wo seid Ihr? Sammelt Eure Freunde um Euch, die so denken wie Ihr, und schließt Euch zusammen. Ab sieben Mann könnt Ihr dann ein eigenständiges Chapter bilden, bei dessen Aufbau wir

Euch helfen. Es wird der Tag kommen, da werden viele zurückblicken und sich fragen, warum sie nichts getan haben. Der „Brothers MC" handelt bereits jetzt und wird es auch weiter tun. Unsere Vision ist es, dass es irgendwann in jeder deutschen Stadt „Brothers Legion"-Chapter gibt, die eines Tages, wenn die Situationen und Zustände noch bedrohlicher und riskanter für Frauen und Kinder werden, als eine Gemeinschaft der Anständigen vor Ort sein werden und nicht wegsehen, wenn Unrecht geschieht oder Schwächere unterdrückt werden. Wir wollen den einen zeigen, dass sie nicht alleine sind – und den anderen selbstverständlich auch. Dem System sind wir natürlich ein Dorn im Auge und möglicherweise schon eine ernstzunehmende Bedrohung, denn wir stehen für Dinge ein, die alles andere als erwünscht sind. Staatliche Repressionen sind daher wie bereits erwähnt an der Tagesordnung.

Zwei Tage nachdem meine Brüder und ich in Wiehl mit massiver Polizeipräsenz kontrolliert wurden, durfte ich das gleiche Programm noch einmal in Köln erleben: als normaler, in Zivil gekleideter Bewohner dieses Landes, als Deutscher. Gewürzt wurde diese Kontrolle allerdings mit einem gehörigen Schuss Anmaßung und Unverschämtheit seitens des redeführenden Polizeibeamten. Ich war in der Nähe des Hauptbahnhofs in einem Steakhouse kurz zuvor essen gewesen, als ich auf dem Weg zu meinem geparkten Auto war. Ich hatte zuvor ein Parkticket gelöst, dieses hinter die Frontscheibe platziert, war normal sportlich-leger gekleidet und ahnte nichts, als ich an einem Mannschaftstransporter der Polizei vorbeiging. Einige Meter später hörte ich „*Halt*" und drehte mich um. Sechs Polizisten und Polizistinnen einer Hundertschaft kamen schnellen Schrittes auf mich zu. Ich hob demonstrativ beide Arme und signalisierte in ironischer Weise, dass ich mich ergebe. Seit meinem Stadt-Verbot für Köln war mir zwar bekannt, dass die eingesetzten Polizeikräfte Lichtbilder von mir in ihren Einsatzfahrzeugen mit sich führten, um mich sofort identifizieren zu können, aber dass dies noch so nachhaltig sein würde, das war mir nicht bewusst. Ich wurde eingekreist, und auch in zweiter Reihe kamen weitere Polizeikräfte hinzu, die das „Spektakel" aufmerksam beobachteten.

Es ging wieder von vorne los. „*Wir führen eine Personenkontrolle durch.*" „*Wieso und aus welchem Grund, wenn ich fragen darf?*", entgegnete ich. „*Kriminogener Ort.*" „*Ach so.*" „*Haben Sie mal einen Ausweis für mich?*" Ich händigte meinen Personalausweis aus. Nachdem mein Name mit der Person übereinstimmte, für die man mich optisch vorher schon gehalten hatte, wurde ich umgehend gefragt, ob ich denn gleich wieder nach Hause führe? Ich dachte mir nichts dabei und antwortete, etwas amüsiert und freundlich, dass ich Köln gleich wieder verlassen und nach Hause fahren wolle. *„Auf wen ist das Auto zugelassen?"*, fragte derweilen ein anderer Polizist, während meine Daten per Funk durchgegeben wurden. Lustig ist auch immer, dass jeder so tut, als wenn man zunächst nicht wüsste, wer ich bin. Ich weiß aus gesicherten Quellen, dass alles, was ich schreibe und tue, genauestens in diesen Kreisen verfolgt wird. Ist auch nicht schlimm, denn dabei kann man durchaus noch etwas lernen.

Schließlich kehrte der Beamte mit meinem Ausweis zurück und gab mir zu verstehen, dass alles in Ordnung sei. *„Das hätte mich auch schwer gewundert, wenn nicht. Schließlich ist die letzte Kontrolle erst zwei Tage her"*, sagte ich zu ihm. Dann wurde ich zum zweiten Male gefragt, ob ich denn jetzt auch nach Hause führe. Ich bin ja ein ruhiger, freundlicher und geduldiger Mensch, aber alles hat seine Grenzen. Dieses erneute Nachfragen hieß übersetzt: *„Du verschwindest jetzt aber wieder aus unserer Stadt, nicht wahr?"* Wer mich kennt, der weiß, dass ich mir so etwas nicht im Geringsten bieten lasse. Ich erhob meine Stimme und fragte ihn, wo denn jetzt das Problem sei und was ihn das angehe, was ich wie und wo mache und wo ich hinfahre. *„Ständig Kontrollen und dieser ganze Mist! Kümmert Euch doch mal um das ganze andere Pack! Ich habe um die Ecke nur ein scheiß Steak gegessen, und jetzt bleibe ich extra* *noch hier in Köln. Mal schauen, was ich noch alles machen werde. Schönen Abend noch!"* Auf einmal herrschte Stille, und ich vernahm nur noch ein irritiertes und unsicheres *„Ich habe ja nur gefragt."* Hast Du, aber noch einmal, und das wissen diese Typen genau so gut wie ich: Es geht sie einen Scheißdreck an, und sie haben keine rechtliche Grundlage oder einen sonstigen Grund, derartige Fragen zu stellen und noch allen Ernstes darauf eine Antwort zu erwarten. Punkt!

Es ist klar, dass das alles erst der Anfang ist, und, wer weiß, vielleicht werden wir irgendwann alle in ein politisches Umerziehungslager kommen, wenn wir weiterhin so wachsen und eines Tages eine reale Gefahr in den Augen des Systems darstellen. Forever Brothers - Brothers forever!

39. Grenzübergang Nickelsdorf

Wie sieht es eigentlich bei unserem direkten Nachbarn Österreich aus? Wer einen Blick auf die burgenländische Grenzgemeinde Nickelsdorf mit ihren 1.600 Einwohnern wagt, wird von den Eindrücken buchstäblich überrollt: unkontrollierte, illegale Einwanderer, wohin man schaut, und vor allem eine Müll- und Fäkalien-Orgie sondergleichen. Der Unrat sorgt nicht nur für einen eklatanten Geruch, er zieht auch Ratten an. Für die Exekutive ist die Arbeit unter diesen Bedingungen nicht länger tragbar.

Bereits bei der Ankunft am Bahnhof bemerkt man einen Auflauf bei den ansässigen Geschäften. Eine erstaunlich hohe Zahl an Ein- oder Durchwanderern will mit 500-Euro-Noten bezahlen. Die Ladenbesitzer sind durch diese offensichtlich schon seit längerer Zeit herrschenden Zahlungsmodalitäten absolut überfordert und die mangels Wechselgeld abgewiesenen Kunden ebenfalls.

. Von den zwei Grenzübergängen Nickelsdorfs wurde der kleinere geschlossen, am größeren stauen sich etliche Taxis mit Wiener Kennzeichen. Hier scheinen alle österreichischen Gesetze außer Kraft gesetzt worden zu sein, denn bis zu acht Personen pro Wagen werden zu sehr individuellen

Preisen nach Wien gekarrt – und auch nicht von der Polizei kontrolliert oder gar daran gehindert.

Grenzen nicht mehr kontrollierbar

Wer die unkontrollierbaren Massen und deren Verhalten hier beobachtet, ist sich darüber im Klaren, dass Österreich die Souveränität über seine Grenzen längst verloren hat. Weder das österreichische Heer noch die wenigen Polizisten können hier etwas ausrichten – schon gar nicht, wenn der politische Wille bzw. ein klarer Einsatzbefehl fehlt.

Entsprechend resigniert wirkt die Bevölkerung der Grenzstadt. Insbesondere Frauen trauen sich schon seit Monaten nicht mehr, allein mit dem Rad oder gar zu Fuß unterwegs zu sein; zu groß ist das Risiko, sich plötzlich allein mit einer Schar liebeshungriger, ausländischer junger Männer konfrontiert zu sehen.

Die Mobilität hier ist für die Einheimischen generell ein Problem. Lange Zeit war jeglicher Zugverkehr von und nach Nickelsdorf eingestellt; die Züge hielten eine Station davor. Auch hier das gleiche Bild wie bei den Railjets der ÖBB, die zum Ausländertransport eingesetzt worden sind: alle Waggons extrem versaut, wie mehrere Zeugen berichten. Die Züge mussten gereinigt und desinfiziert werden. Manche sind aufgrund der Verunreinigung durch

Unmengen von Fäkalien nicht mehr verwendbar. Viele der Einwanderer aus dem Nahen und Mittleren Osten können mit westlichen Toiletten nichts anfangen – genauso wenig wie mit jeglicher Art der Müllentsorgung. Die lokalen Sammelstellen dienen bestenfalls als Pissoir.

Auch die Gerüchte, dass etliche der Polizeischüler, die hier auf verlorenem Posten eingesetzt waren, an nicht näher bekannten Leiden erkrankten, reißen nicht ab. Details werden allerdings mangels Information nicht genannt.

„Alles komplett versaut!"

Pendler aus der 87 Kilometer entfernten Wiener Neustadt berichten, dass es in der bis vor Kurzem von Hunderten Flüchtlingen belegten „Arena Nova" ebenfalls eine ungewöhnlich massive Belastung durch Fäkalien gegeben habe, weil die Gäste aus dem Ausland *„überall hinmachen"*. Die aufgestellten Mobil-Toiletten seien ebenfalls *„komplett versaut"* gewesen.

Viele Nickelsdorfer fühlen sich von der Regierung völlig im Stich gelassen. *„Es ist wie zu Kriegsende, als die Wehrmacht das Gebiet östlich von Bruck an der Leitha kampflos der Roten Armee überließ und wir den marodierenden Russen schutzlos ausgeliefert waren"*, erinnert sich ein Mann an die Schilderungen seiner Großeltern.

Helferinnen sind „Christenhuren"

Eine freiwillige Helferin erzählt verstört, dass *„wir von den Flüchtlingen immer wieder als Christenhuren beschimpft werden."* Andere verstehen nicht, welche Völker hier schon gänzlich unkontrolliert und unregistriert mit dem Segen der Bundesregierung ins Land durchmarschieren durften: *„Da waren die seltsamsten Typen darunter, viel zu große Chinesen, scheinbar aus der Mongolei oder ähnlichen Gegenden, Farbige aller Couleurs – aber kaum Syrer."* Das Gerücht, die Ungarn hätten das Chaos genutzt und ihre überfüllten Gefängnisse geleert, hält sich hartnäckig.

Immer wieder hört man auch von der Ruhr, einer ansteckenden Darmkrankheit. Die katholische Kirche in Nickelsdorf hat ein leer stehendes Haus für Flüchtlinge zur Verfügung gestellt, das schon nach kurzer Zeit von den Gesundheitsbehörden besucht und desinfiziert werden musste. Genaues weiß man nicht. *„Warum hört und sieht man davon nichts in den Medien, warum werden wir nicht informiert, was hier vor sich geht?"*, fragen sich etliche Anwohner.[1] Weil nicht bekannt werden darf, was nicht sein darf und was die Meinung der Bevölkerung beeinflussen könnte. Spätestens dann gäbe es nämlich keine Jubel-Auguste mehr, die diese „menschliche Bereicherung" wie beim Zieleinlauf eines Marathons begrüßen würde.

---

1   https://www.unzensuriert.at/content/0018948-Grenzuebergang-Nickelsdorf-erstickt-Muell-und-Faekalien

40. Eine aufschlussreiche Bahnfahrt

Erlebnisbericht einer blonden Frau, die Arabisch versteht, und die am Bahnhof und im Zug inmitten von Flüchtlingsmassen, oder besser formuliert: „Zudringlingen" war. Die attraktive Blondine tat sich den Horror an, von Budapest nach Wien mit dem Zug zu fahren. Das Video ihrer Tortur, in dem sie über ihre Fahrt berichtet, ist bereits überall im Netz zu sehen. Der Name der Frau ist Aida Bolevar, und dies sind ihre Erlebnisse:

„Ich habe fünf Jahre in arabischen Ländern gelebt. Ich spreche fließend Arabisch, kenne den Koran in- und auswendig, und daher ist es schlicht unmöglich, mir irgendwie zu unterstellen, ich würde etwas gegen Leute anderer Nationen und Religionen haben. Ich war in Budapest, um dort Freunde zu treffen. Als ich (für meine Rückfahrt) den Keleti-Bahnhof erreichte, war ich dort von dem Anblick schockiert: Massen von Arabern, dreckig, ungewaschen und laut, die mir den Zutritt zum Bahnhof verweigerten. Sie riefen verschiedene Beleidigungen in meine Richtung und versuchten, mir das Gepäck wegzunehmen. Da ich, wie bereits gesagt, perfekt Arabisch spreche, verstand ich jedes Wort. Als ich dann endlich auf meinen Zug wartete, sah ich auch, was im Bahnhof passierte.

Die Leute defäkierten ohne Scham, wo sie gerade standen, die Frauen schrien herum, sie wurden von ihren Männern geschlagen, nicht von der Polizei, die sie nicht einmal berührte.

Kinder brüllten, es gab riesige Müllberge. Die Leute konnten keine einzige europäische Sprache, sie waren lärmend, schreiend, und alles, woran sie denken konnten, war, den Reisenden das Gepäck zu stehlen und ihnen Obszönitäten hinterher zu brüllen. 90 Prozent waren Männer zwischen 18 und 45, völlig gesunde Männer, die sich von Zeit zu Zeit wildfremde Kinder schnappten und sich durch das Gewühl kämpften, wobei sie die Kinder als Schild benutzten.

Vier Personen mit Fahrkarten kamen in mein Abteil. Wir fünf setzten uns, der Rest des Wagens war leer. Innerhalb von Minuten geschah Unglaubliches: eine Riesenbrüllerei, die Fenster barsten, die Lage war entsetzlich. Wie eine schwarze Wolke brach eine Menschenmasse über uns herein. Es gab Streit, Schlägereien und andere abscheuliche Dinge. Die Lage erreichte ihren Höhepunkt, als die Menge sich ganz entspannt untereinander zu unterhalten begann: Sie berieten, ob sie uns ausrauben sollten oder nicht, denn das Ausrauben würde Allah gefallen, da wir Ungläubige waren. Was mich anging, war ich unbedingt reif für eine Vergewaltigung, da ich nicht wie eine sittsame Frau angezogen war. Ich habe keinen Hijab, bin also folglich kein Moslem und daher schlecht. Der Zug hielt. Die Durchsage auf Englisch und Deutsch verkündete,

Eine aufschlussreiche Bahnfahrt

dass der Zug nicht weiterfährt. Meine vier Mitreisenden und ich, die wir Fahrkarten hatten, kämpften uns unseren Weg durch die arabischen Massen. Zunächst wollten sie uns nicht weglassen, redeten davon, uns als Geiseln zu nehmen, uns aufzuhalten. Der Zug wurde bei diesem Stopp komplett belagert. Noch mehr Illegale erschienen, die Essen, Brot, Äpfel und diverse Kekse hatten, was sie alles auf den Boden warfen, um darüberzutrampeln. Sie riefen immer wieder: „Money! Give us money!" Sie grabschten die Leute an, versuchten, Wertsachen zu stehlen, griffen nach deren Gepäck, ließen sie nicht durch, schubsten und beleidigten. Alle diese Einwanderer wollen nur europäische Sozialleistungen. Keiner von ihnen hat die Absicht, einen Beruf zu erlernen oder sich mit etwas zu beschäftigen. Abgesehen von ihrem Hass und ihrer absoluten Verachtung, haben sie den europäischen Menschen nichts zu geben. Warum überrascht uns also (der Terroranschlag) vor einigen Wochen im Zug in Amsterdam? Diese Menschen sind dieselben, die Europa im Namen der Toleranz aufnimmt. Bevor wir diese Menschen aufnehmen, schlage ich vor, dass wir die arabische Sprache lernen. Damit wir begreifen und sehen: Während sie uns von vorne anlächeln, spucken sie uns von hinten an. Ich habe es mit eigenen Augen gesehen." [2]

Eine Zugfahrt, die ist lustig, eine Zugfahrt, die ist schön!

---

2   https://astrologieklassisch.wordpress.com/2015/09/29/erlebnisbericht-einer-blondine-die-am-bahnhof-inmitten-horden-von-zudringlingen-ist-und-die-arabisch-versteht-video-englische-untertitel/

41. Das darf nicht Vergewaltigung heißen

Wer wollte, dass „Vergewaltigung" nicht auftaucht?
Zwei Polizeibeamte berichteten aktuell im Landtag Nord-
rhein-Westfalens, dass sie das Wort „Vergewaltigung" in
einer ersten Meldung über die sexuellen Silvester-Exzesse
in Köln streichen sollten. Doch sie blieben standhaft.
Dafür gebührt ihnen Respekt. Kriminalhauptkommissar
Jürgen H. von der Polizei Köln konnte sich noch sehr gut
an den Anrufer aus der übergeordneten Behörde erinnern,
der die „WE-Meldung" (wichtige Ereignisse) über sexuelle Übergriffe mitsamt Vergewaltigung kritisierte. *„Das
sind doch keine Vergewaltigungen. Diesen Begriff streicht ihr
und storniert die WE-Meldung. Die schreibt ihr am besten
ganz neu",* soll der Anrufer aus der Landesleitstelle der
Polizei Nordrhein-Westfalen am 1. Januar 2016 gesagt
haben. Der Tonfall sei *„unhöflich"* und *„barsch"* gewesen, und dann kam der brisante Zusatz: Die Streichung
sei ein *„Wunsch aus dem Ministerium"* – gemeint war das
NRW-Innenministerium. Kommissar H. erinnerte sich,
er habe sich damals den respektlosen Tonfall verbeten
und den Anrufer darauf hingewiesen, dass es sich im
Fall einer 19-Jährigen, der in der Silvesternacht Finger

in Körperöffnungen eingeführt worden seien, eindeutig um eine *„Vergewaltigung"* handele.

Es geht um eine Schlüsselszene, die der erfahrene Polizeibeamte vor Abgeordneten im Landtag NRW schilderte. Der Untersuchungsausschuss zur Silvesternacht in Köln versuchte aufzuklären, warum massenhaft sexuelle Übergriffe zum Jahreswechsel 2015/2016 vor dem Hauptbahnhof der Domstadt geschehen konnten und die Polizei nicht einschritt. Es geht neben behördlichem Versagen auch darum, ob Sachverhalte bagatellisiert und Fehler später verharmlost oder gar vertuscht werden sollten, wie die Opposition von CDU und FDP im Parlament argwöhnte. Der geschilderte „Stornierungswunsch" seitens der Polizei-Landesleitstelle mit Verweis aufs Ministerium wäre demnach als politischer Einflussversuch zu werten gewesen. Immerhin handelte es sich bei der beanstandeten WE-Meldung um die Mitteilung, in der erstmals die elf sexuellen Übergriffe, darunter eine Vergewaltigung, und eine nordafrikanische Tätergruppe erwähnt wurden. Das NRW-Innenministerium hat einen solchen Stornierungsversuch bereits vor einiger Zeit öffentlich zurückgewiesen und betont, die Landesleitstelle habe nicht mit der Polizei Köln telefoniert. Das Ministerium stützt sein Dementi auf Informationen aus der Landesleitstelle der Landeszentrale für Polizeiliche Dienste (LZPD) und aus dem Lagezentrum des Landeskriminalamtes (LKA). Doch der Widerspruch lässt sich nicht so leicht ausräumen, denn neben Jürgen H. bekräftigte ein weiterer Zeuge vor dem Untersuchungsausschuss die versuchte Einflussnahme. Kriminalhauptkommissar Joachim H. von der Polizei Köln berichtete, er habe jenes Telefonat seines Kollegen Jürgen H. am Neujahrsmorgen beim Schichtwechsel teilweise mitbekommen und sich ebenfalls darüber gewundert, dass jemand von der Landesleitstelle des LZPD angerufen habe. Das sei *„völlig unüblich"*. Noch mehr ärgerten ihn jedoch die Zweifel, dass es sich um eine Vergewaltigung handelte. Immerhin sei das Opfer von 40 bis 50 Männern *„umzingelt"* worden. Die 19-Jährige sei ihnen schutzlos ausgeliefert gewesen, und dabei seien Finger in ihre Körperöffnungen eingeführt worden: dies nicht als Vergewaltigung zu erkennen, sei *„fachlich völlig daneben"* gewesen, sagte Joachim H. Er räumte gleichwohl ein, dass die organisiert abgelaufenen sexuellen Exzesse mitsamt Diebstahl und Raub ein *„neues Phänomen"* gewesen seien, ein *„first case"*, den die Beamten so noch nicht gekannt hätten. Den Stornowunsch empfand der Beamte allerdings als *„dubiose Drohung"* von jemandem aus einer Landesbehörde, der sich wohl selbst *„überhöht"* habe. Die beiden Kriminalhauptkommissare aus Köln ließen sich von dem etwa einminütigen Telefonat, das gegen 13.30 Uhr am 1. Januar 2016 geführt wurde, jedenfalls nicht einschüchtern und änderten die Formulierungen in

Das darf nicht Vergewaltigung heißen

der WE-Meldung nicht mehr. Allerdings konnten beide Kommissare nicht mehr sagen, wer der Anrufer aus der Landesleitstelle des LZPD gewesen war. Der Ausschuss wollte voraussichtlich in Erfahrung bringen, wer damals Dienst hatte und die Betreffenden vorladen. Vorgesetzte war die damalige stellvertretende Kripo-Direktionsleiterin Heidemarie W., die am Neujahrstag von dem brisanten Telefonat erfuhr. Einige Tage später informierte sie den für Polizeiangelegenheiten zuständigen Abteilungsleiter im NRW-Innenministerium über den Stornierungswunsch, damit dieser vollständig im Bilde war. Dieser wollte sich für die Sondersitzung im Innenausschuss des Landtags präparieren, in der er mit NRW-Innenminister Ralf Jäger (SPD) erstmals umfassend Stellung zur Silvesternacht nehmen sollte. Er erwähnte den Stornierungswunsch jedoch nicht im Ausschuss. Er sagte damals allerdings etwas, das ihn nun in zusätzliche Schwierigkeiten bringt. Im Januar betonte er, es habe in den beiden Tagen nach Neujahr, am 2. und 3. Januar, eine intensive Kommunikation über die Silvesternacht gegeben, auch mit der stellvertretenden Kripo-Direktionsleiterin Heidemarie W. der Polizei Köln. Doch die Beamtin stellte nun vor dem Untersuchungsausschuss klar: *„Dem muss ich widersprechen."* Sie habe darüber erstmals am 4. Januar mit einem Vertreter des NRW-Innenministeriums gesprochen.

Ministerpräsidentin Hannelore Kraft sperrte schon Wochen zuvor in weiser Voraussicht ihrer Politik und Führung im April 2016 die Unterlagen zur Nacht der Schande an Silvester in Köln. Die Staatskanzlei von Ministerpräsidentin Kraft (SPD) verteidigte ihren Kurs mit dem Argument, eine Offenlegung beschränke *„die Funktionsfähigkeit der Regierung."*

Ich habe keine Fragen mehr. Teile des Systems in Reinkultur.[3]

Ein Land, das nicht einmal mehr seine Frauen und Töchter beschützen kann, so ein Land ist bereits verloren. An der Art und Weise, wie es seine Frauen behandelt, wertschätzt und vor Unrecht und Niedertracht bewahrt, erkennt man den Fortschritt dieses Landes.

Oder auch seine Abgründe!

Tim K.

---

3   http://www.welt.de/regionales&nrw/article154977277/Wer-wollte-dass-Vergewaltigung-nicht-auftaucht.html

42. Beim „Kaufland" um die Ecke

Beim Detmolder *„Kaufland"* um die Ecke befinden sich ehemalige Wohnblöcke der Angehörigen der britischen Rheinarmee. Diese Wohnblöcke sind mittlerweile mit bis zu 800 „Flüchtlingen" gefüllt. In einem dieser Wohnblöcke geschah ein widerwärtiges und abscheuliches Verbrechen, das wiederum nicht an die Öffentlichkeit gelangen durfte.

Ein 13-jähriges Mädchen wurde im Juni 2015 in einer Detmolder Flüchtlingsunterkunft von einem Asylbewerber vergewaltigt. Dieses Verbrechen wurde von der örtlichen Polizei gegenüber der Öffentlichkeit verheimlicht.

Das asiatische Mädchen war mit ihrer Mutter nach Deutschland eingereist, auch um sexuellem Missbrauch in seiner Heimat zu entgehen. Der Täter soll ein Landsmann des Opfers sein. Männliche abartige Verhaltensweisen wurden in diesem Fall regelrecht importiert. Das Sexualverbrechen tauchte allerdings im Polizeibericht nicht auf. Kommt einem doch gleich bekannt vor, oder nicht? Ist dies etwa ein bundesweites System, das dahinter steckt? Dass die Polizei nicht über Flüchtlingsverbrechen öffentlich berichten darf, dürfte schon bekannt sein. Nachdem die Presse allerdings gezielt nachfragte, mit welchen Delikten die Polizei im

Umfeld der Asylunterkünfte zu tun hätte, wurde offenbar, wie sensibel das ganze Thema ist. Erst nach Rücksprache mit dem Landrat durfte sich der Pressesprecher der Polizei äußern. In der schriftlichen Antwort hieß es: *„Bei den Taten handelt es sich in der Mehrzahl um Ladendiebstähle. Auf Grund der räumlichen Enge innerhalb einer solchen Einrichtung kam es zu vereinzelten Konflikten unter den Bewohnern. Es gab aber auch diesbezüglich nur wenige polizeiliche Einsätze in der Unterkunft."* Das ist die offizielle Version, und zu den Ladendiebstählen komme ich noch.

Kein Wort über die Vergewaltigung des jungen Mädchens in irgendeinem Bericht. Nachbarn waren es, welche die Tat mitbekommen hatten und sich an einen freiwilligen Dolmetscher wandten, der daraufhin den Leiter der Unterkunft verständigte. Der Sicherheitsdienst fasste schließlich den Täter und übergab ihn der Polizei. Auf die schändliche Tat angesprochen, gab der Landrat an, dass er davon nichts gewusst habe. Auch die Polizei war zu keiner weiteren Stellungnahme mehr zu erreichen. Deutschland im Namen der Zensur im Jahre 2016!

Das eingangs erwähnte *„Kaufland"* sollte dank unseres Chapters „Salt City" noch große Wellen innerhalb der Bevölkerung schlagen. Das *„Kaufland"* ist mittlerweile ein großes „Begegnungszentrum" beziehungsweise auch Tagungsort für zahlreiche „Augenärzte/Atomphysiker/

Raketenforscher", das bzw. der in der Nähe meiner Heimatstadt liegt, und das Chapter „Salt City" ist quasi mein Heimat-Chapter. Der Name „Salt City" rührt ursprünglich woanders her, aber inzwischen lautet die Übersetzung dieses Namens „Das Salz in der Wunde" oder die „Stadt der Tränen", was den Hintergrund hat, dass dieses Chapter immer wieder Aktionen unternimmt, die einen gesellschaftlichen Aspekt beinhalten und unbequeme Themen tangieren. So auch die Aktion, die wir vor dem *„Kaufland"* initiierten. Unser Motto lautet stets *„Füreinander einstehen!"*

Das *„Kaufland"* in Detmold ist ein Einkaufszentrum. Kunden werden dort regelmäßig belästigt und Frauen durch unerwünschte Nähe bedrängt. Das geht soweit, dass diese bis zu ihren Autos verfolgt werden, und in einem bestätigten Fall wurde sich sogar zu einer jungen Frau direkt ins Auto gesetzt. Wir wissen das alles aus bestätigten Quellen.

Monatlich entsteht dort zusätzlich ein angeblicher Schaden von 40.000,- Euro durch Diebstähle. Obst wird angefressen, Flaschen werden geöffnet und ausgetrunken. Die Filiale sollte bereits geschlossen werden, aber die Stadt Detmold soll hinter den Kulissen die Schäden ausgleichen. Die Polizei wird sehr oft gerufen, und ein eigener Sicherheitsdienst wurde extra engagiert. Ein eigener Sicherheitsdienst in einem *„Kaufland"*! Mehr muss man gar nicht sagen, um die Situation, oder besser formuliert, dieses Desaster zu beschreiben! Presse und Polizei verschweigen dies oder stellen es selbstverständlich ganz anders da. Teile unseres Chapters „Salt City" sind deshalb an einem Samstag auch mal dort „einkaufen" gegangen. Unsere Anwesenheit wurde sehr begrüßt, und die Botschaft kam unserer Wahrnehmung nach auch an.

Im benachbarten Barntrup wurden ebenfalls Frauen wiederholt massiv belästigt, während sie Geld am Bankautomaten abholen wollten. In den Abendstunden trauen sich Frauen dort gar nicht mehr hin. Dies wird gefördert durch ein offenes WLAN-Netz in unmittelbarer Nähe der Sparkasse. Deshalb fuhren wir nach unserem „Einkauf" ebenfalls dorthin und unternahmen einen ausgedehnten Stadtspaziergang.

Wir können nicht die Welt retten, aber wir können uns vor unserer eigenen Haustür engagieren und Präsenz zeigen. Und wenn unser Engagement der gewünschten Verhaltensweise des Wegschauens und Schnauzehalten einigen Herrschaften zuwiderläuft, so können wir dazu sagen: Wir verdienen alle unser Geld, zahlen Steuern, sind freie Menschen dieses Landes und lassen uns von niemandem sagen, was wir zu tun oder zu lassen haben. Uns ist es egal, welche Nationalität die Verursacher haben oder wer die Opfer sind, denn wir werden in keinem Fall wegschauen!

Diese Aktionen schlugen in der überregionalen Presse ein wie eine Bombe. Von „Bürgerwehr" bis „Rockergrüppchen" reichten die armseligen Beschimpfungen in der Presse. Der Zuspruch aus Reihen der Bevölkerung war jedoch enorm und überwältigend. Natürlich wurde seitens der Presse nur gehässig, politisch korrekt und negativ über uns und unser Engagement geschrieben. Was jedoch umso schöner – oder so gesehen auch erschreckend war –, ist, dass wir unheimlich viele private Nachrichten und Rückmeldungen erhalten haben, in denen die beschriebenen Zustände und viele weitere Vorkommnisse bestätigt und berichtet wurden. Mein Dank an alle Unterstützerinnen und Unterstützer, und auch meine Antwort auf diese „Schmierenpresse" sollte nicht lange auf sich warten lassen:

Ich möchte mich bei Euch, auch im Namen meiner Brüder, für den überwältigenden Zuspruch und die riesige Lawine an Zuschriften bedanken. Ich kann diese bei Weitem nicht auch nur annähernd beantworten: über 120.000 Likes, 50.000-mal geteilt und viele tausend Kommentare, 98 Prozent davon positiv! Das zeigt, dass wir auf dem richtigen Weg sind und sich nicht alle von unseren bezahlten Marionetten und der gleichgeschalteten Presse manipulieren lassen.

Insgesamt hat dieser Post über fünf Millionen Menschen erreicht! Ich habe mich einerseits sehr gefreut, aber andererseits hat es mich auch oft sehr wütend gemacht, wenn ich von all den Übergriffen, Belästigungen, Angriffen und Beleidigungen gegen Euch und Eure Kinder erfahren habe. Die Vorkommnisse am „Kaufland“ sind in großer Anzahl auch persönlich bestätigt worden, sogar von Mitarbeiterinnen und Mitarbeitern, die allerdings um ihren Arbeitsplatz bangen, wenn dies publik werden würde.

Danke auch an die „Lippische Landeszeitung“, die wieder einmal ihren Status als viertklassiges, politisch korrektes Käseblatt bestätigt und gerechtfertigt hat. Ihr habt toll für uns geworben! Kümmert Euch aber das nächste Mal wieder lieber um Eure Stellenanzeigen oder Exklusivmeldungen, wenn irgendwo ein Schaf ausgebüxt und die Weide verlassen hat. Presseberichten und Polizeistellungnahmen sollte man heutzutage ohnehin keine große Bedeutung mehr zuteilwerden lassen. Dass Maulkörbe bestehen und Meldungen politisch erwünscht „richtig“ geschrieben werden, ist ja allseits bekannt.

Die Zahl der Anzeigen sei nur unmerklich gestiegen? Stimmt, wenn man beispielsweise nur noch ab 50,- Euro Diebesgut überhaupt eine Anzeige aufnimmt. Aber den will ich sehen, der für über 50,- Euro klaut. Das sind dann wahrscheinlich die „unmerklich“ gestiegenen Fälle. Lach!

Dass man uns in irgendeine politische Ecke stellen möchte, finden wir auch immer wieder köstlich. Für uns zählt, ich sage es nochmals, einzig der Charakter eines Menschen. Wer Frauen

*begrabscht und Waren stiehlt, hat jedoch keinen Charakter.
Punkt!*

*Und wenn wir als „selbsternannte Bürgerwehr" bezeichnet
werden, die wir in keiner Art und Weise sind oder beabsichtigen
zu sein, könnte man nicht andere dann als „plündernde und
marodierende Invasionsarmee" bezeichnen?*

*Unsere Spaziergänge haben uns allen viel Spaß gemacht,
und wir werden diese nun regelmäßig an verschiedenen Brenn-
punkten wiederholen. Es gibt bereits viele Freiwillige, die sich
uns anschließen wollen. Des Weiteren werde ich auch mit meinem „Patenkind" mal wieder öfters an bestimmten Plätzen
frische Luft schnappen gehen. Darauf freuen wir beide uns
schon.*

*Es gibt sehr viele Menschen, die sich nicht trauen, ihre
Meinung in der Öffentlichkeit zu sagen oder zu schreiben.
Mich haben unzählige sorgenerfüllte Nachrichten erreicht.
Ich habe Verständnis dafür, denn in diesem Land herrscht
fürwahr keine Meinungsfreiheit mehr. Wer seine Meinung
äußert, riskiert mittlerweile seinen Arbeitsplatz. Ganze Behörden und Institutionen werden auf diese Weise klein und in der
Spur gehalten. Aber seid Euch gewiss, dass jeden Tag immer
mehr Menschen aufwachen, das heißt, die im wahrsten Sinne
des Wortes „aufwachen". Und für alle Willkommensklatscher
und Teddybärwerfer, über die ich mich mittlerweile nur noch
amüsiere, regelrecht bemitleide und fremdschäme, habe ich*

auch persönlich noch ein kleines Schmankerl zum Nachdenken: Hundert einfach gestrickte „Gutmenschen" auf einem Haufen ergeben unterm Strich noch kein einziges gescheites Individuum. Diese Statisten interessieren ohnehin nicht. Das Einzige, was zählt, ist das eigene Gewissen!

In diesem Sinne an alle Freundinnen und Freunde: Danke noch mal für Eure Unterstützung!

Tim K.

UND:

Die Presse macht tolle Werbung für uns! Euer Zuspruch ist überwältigend und ebbt nicht ab. Das ist uns Freude und Motivation zugleich. Der letzte verzweifelte Versuch von irgendwelchen Männlein und weiblichen Rosa-Brillen-Trägerinnen sowie „Star-Journalisten" aus der Provinz ist und bleibt der klägliche Versuch, uns in eine politische Ecke zu stellen. Wir sind nicht politisch und werden das auch nie sein. Wir sind auch keine Bürgerwehr.

Mensch bleibt Mensch, egal, woher er kommt oder wie er aussieht.

ABER:

Primitives Subjekt bleibt auch primitives Subjekt, egal, woher es kommt oder wie es aussieht! Wir machen unbeirrt weiter und werden niemals wegschauen.

Brothers MC Salt City und Brothers MC Köln

Unser nächster Einsatz ist bereits geplant, und zwar werden wir eine junge Mutter zur Gerichtsversammlung ihrer Tochter begleiten. Das Mädchen wurde vor Jahren von einem widerwärtigen Subjekt vergewaltigt, und erst jetzt wurde das Verfahren gegen diesen menschlichen Haufen

Müll eröffnet. In den Zuschauerreihen befanden sich am ersten Verhandlungstag viele Freunde und Unterstützer des Vergewaltigers, die sich gemeinsam mit diesem erbärmlichen Subjekt über das Opfer lustig machten. Die Mutter und ihre Tochter waren ganz alleine in dem Verhandlungssaal und fühlten sich insgesamt im Stich gelassen. Freunde und Angehörige hatten und haben „leider" auch keine Zeit, ihnen ihre Solidarität zuteilwerden zu lassen. Deshalb wandte sie sich schriftlich an mich. Als ich dies bei unserem Meeting vortrug, meldete sich das gesamte Chapter freiwillig. Jeder wird sich an diesem Tag Urlaub nehmen, damit wir gemeinsam fast 400 Kilometer fahren, um die beiden Frauen bei diesem schwierigen Gang zu begleiten und den anderen zu zeigen, was diese für einen Stellenwert bei uns haben! Der folgende Post, inklusive Fotos und einem Video, erreichte wieder einmal viele Millionen Menschen (genauer gesagt über sieben Millionen) und stieß auf durchgängig positiven Anklang, Unterstützung und Begeisterung.

Füreinander einstehen!

Wir sind gestern nach Trier aufgebrochen, um dort einem jungen Mädchen, das sexuell missbraucht wurde, und seiner Mutter vor dem Landgericht beizustehen. Das widerwärtige Subjekt von Täter, der mehrere Mädchen vergewaltigt hat, sitzt bereits seit Dezember in U-Haft. Als das junge Mädchen am vorherigen Verhandlungstag als Opfer aussagte, wurde sie von dem Täter und den zahlreichen Familienmitgliedern und Bekannten dieses Subjekts verhöhnt und beleidigt. Die Mutter saß ohne Begleitung unter den Zuschauern und fühlte sich gedemütigt, alleine und im Stich gelassen. Selbst die Anwältin der Nebenklage sprach von einer Ansammlung von Angehörigen des Täters, die sie jedes Mal auf dem Weg in den Gerichtssaal durchqueren musste. An diesem Verhandlungstag musste die Mutter des Opfers als Zeugin aussagen, und ihre Tochter hätte alleine unter den Begleitern des Täters sitzen müssen. Also bat sie uns einige Tage zuvor um Hilfe, die wir natürlich sofort zusagten und gerne gewährten. Wir fuhren mitten in der Nacht los, um dann, nach einem Zwischenstopp in Köln, nach 400 Kilometern in Trier anzukommen.

Wir begleiteten Mutter und Tochter unter den erstaunten Blicken des Gerichts und der zahlreichen Zuschauer in den Gerichtssaal – und wer hätte das gedacht: Niemand wagte es, das Opfer oder seine Mutter auch nur schief anzugucken, geschweige denn verbal oder mit Mimiken oder Gestiken zu verhöhnen. Was wir im Gerichtssaal jedoch von Zeuginnen, einer Gutachterin und einer Polizistin hörten, ließ sich uns beinahe den Magen umdrehen und die Wut in uns hochsteigen. Es gibt so unbeschreiblich widerwärtige Subjekte auf diesem Planeten! Uns ist es trotzdem völlig egal, woher der

Täter kommt oder woher das Opfer stammt, denn für uns zählt einzig und allein nur, sich für Schwächere und für die Gerechtigkeit einzusetzen.

Tochter und Mutter verließen trotz immenser vorheriger Angst und Anspannung sicher und erleichtert das Gerichts-gebäude.

Brothers MC Germany

Nach dieser weiteren Aktion unsererseits wurden wir von einer Lawine von Zuschriften, Danksagungen und Beitrittsersuchen für die „Brothers Legion" überhäuft. Die Resonanz war so enorm, dass wir kaum alle Zuschriften auch nur im Ansatz sofort beantworten konnten. Unsere Danksagung sagte dann wohl alles aus:

Tausend Dank für Eure Unterstützung und die fantastische Resonanz! Wir werden weiterhin unsere Aktionen fahren und uns einsetzen und engagieren! Wir haben eine riesige Flut an Zuschriften erhalten und werden diese in den nächsten Tagen Stück für Stück bearbeiten. Die Hunderte Anfragen für die „Brothers Legion" werden auch in Kürze beantwortet. Unsere Vision ist es, dass sich in ganz Deutschland in jeder Stadt Menschen zusammenfinden, die füreinander einstehen und nicht wegschauen, wenn Unrecht geschieht. Wer sich für die „Brothers Legion" interessiert oder dieser beitreten will, der schreibe bitte an: Brothers MC Salt City. Dort koordinieren wir alles. Wir danken Euch für Eure Unterstützung und versprechen Euch, dass wir nicht aufhören werden. Im Gegenteil!

Brothers MC Germany

Innere Einstellung

Jeder Mensch ist einzigartig und hat eine Chance verdient. Viele sind jedoch so dämlich und verspielen diese Chance kläglich. Ich mag mich täuschen, aber ist die Silvesternacht vergangenen Jahres nicht schon wieder vergessen? Was ist eigentlich mit den Tätern passiert? Richtig - GAR NICHTS!!!

Für Rocker und Hooligans stehen jedes Wochenende Hundertschaften bereit. Für all die Frauen, die sich abends nicht mehr alleine aus dem Haus wagen, nicht ein einziger Dorfsheriff. Chapeau! So betreibt man erfolgreich Politik gegen die eigene Bevölkerung.

43. „Merkel-Dämmerung"

Ich saß an einem warmen Frühlingsabend im Mai in Köln im Garten eines Freundes zusammen mit Brahim, und wir sprachen über zukünftige Themen und Aufgaben privater und geschäftlicher Natur. Mit uns war ein junger Künstler, auf den ich später noch zu sprechen komme. Ich weiß noch ganz genau, wie ich in die Runde sagte, dass ich am nächsten Tag die farblose Pfarrerstochter aus der Uckermark so richtig attackieren würde. Ich muss dazu sagen, dass ich einen unglaublichen Groll auf diese Person habe, die nach meinem Dafürhalten beinahe in Eigenregie großes Unglück über unser Land gebracht hat. Summarisch kann ich es am besten beschreiben, dass diese Unperson nichts anderes als nur noch ein einziges rotes Tuch für mich ist. Ich stelle vielleicht noch keine große Gefahr für sie dar und habe auch keinen derartigen Stellenwert in der Öffentlichkeit, als dass ich ihr einen bemerkenswerten Schaden zufügen könnte. Dass aber ein Beitrag gegen sie ins Leere laufen würde, konnte ich im Vorfeld ausschließen. Die Zeit war reif, um sie „anzuzählen". Der Großteil der Bevölkerung mag sie nicht mehr, und ich denke, ihre politischen Tage sind bereits gezählt. Diese Frau steht meines Erachtens nach zum „Abschuss" bereit und hält sich nur noch mit Mühe in ihrem Amt.

Es war für mich also an der Zeit, ihr bei ihrem bevorstehenden Absturz noch einmal tatkräftig behilflich zu sein. Es sollte allerdings wieder eine Atombombe werden! Bereits auf der Rückfahrt suchte ich nach neuen und zusätzlichen Punkten und Formulierungen, die ich in dem bereits gefertigten Post-Entwurf noch einfügen würde. Am nächsten Tag zündete ich nachmittags die Bombe und startete den Frontalangriff auf „Mutti":

Frau Angela Merkel,

Sie kennen mich nicht, haben wahrscheinlich noch nie von mir gehört, und ich mag für Sie wahrscheinlich nur ein tätowierter Primitivling sein. Deshalb möchte ich mich Ihnen kurz vorstellen:

Ich heiße Tim K., bin 42 Jahre alt, habe in der Bundeswehr bei den Aufklärern gedient, bin gelernter Bankkaufmann, besitze ein abgeschlossenes Studium, war zehn Jahre Polizist, bin Bestseller-Autor und würde Sie in jeder Talkshow rhetorisch und faktisch vollkommen auseinandernehmen. Ich habe Sie bewusst nicht mit „Bundeskanzlerin" angesprochen, denn Ihren Amtseid, Sie würden Ihre Kraft dem Wohle des deutschen Volkes widmen, seinen Nutzen mehren und Schaden von ihm wenden, haben Sie in allen Punkten bereits gebrochen! Sie besitzen deshalb für mich keine Legitimation mehr, sich so nennen zu dürfen.

Seit dem 2. Weltkrieg gibt es keinen einzigen Politiker, den ich so sehr verachte wie Sie. Sie haben Europa vorsätzlich an den Rand des Abgrunds getrieben. Ich bin mir ebenfalls sicher, dass Sie Deutschland zersetzen wollen. Allem Anschein nach wollen Sie soziale Unruhen hervorrufen, den Sozialstaat zerstören und das Sicherheitsgefühl unserer Frauen und Kinder vernichten. Dank Ihres dämlichen und völlig unqualifizierten „Wir schaffen das!" sind wir auf dem besten Weg dorthin. Sie sind politisch mittlerweile mehr als eine ernste Bedrohung für unser Land geworden. Sie könnten die Politikerin sein, die dieses Land, seinen Fortschritt, seine Kultur, seine gesamte Infrastruktur nicht nur in seinen Grundfesten erschüttert, sondern völlig ins Verderben führt. Ich frage Sie ganz offen – und dies ist mehr als eine rhetorische Fragestellung zu betrachten: Haben Sie einen Auftrag, dieses Land zu zerstören? Wessen Spiel spielen Sie eigentlich? Was ist Ihre Absicht? Warum verachten Sie dieses Land so sehr? Warum posieren Sie für viele Selfies mit lachenden Kriegsdeserteuren und nicht für ein einziges mit einer vergewaltigten Frau aus der Kölner Silvesternacht oder einem verwundeten und traumatisierten deutschen Soldaten, der aus Afghanistan zurückkehrt? Warum sind Sie grenzenlos unterwürfig gegenüber Barack Obama und Tayyip Erdogan, beteiligen sich aber mutig am Säbelrasseln gegen Wladimir Putin? Warum entreißen Sie auf öffentlichen Veranstaltungen der CDU Ihren Parteifreunden die Deutschlandfahnen und werfen diese angewidert von der Bühne? Hassen Sie dieses Land? Ich möchte Ihnen hiermit direkt und in aller Deutlichkeit sagen, dass Sie mich anwidern und dass Sie politisch gesehen das Schlimmste sind, das ganz Europa jemals passieren konnte.

Dank Ihrer Person allein steht Europa kurz davor, zu zerbrechen. Ich bin fassungslos, wie eine Person wie Sie, die rhetorisch absolut schwach ist, die zudem über keinerlei Ausstrahlung oder irgendeinen staatsmännischen Stil verfügt und die keinerlei Ecken und Kanten, sondern nur ein opportunistisches Rückgrat aus Gummi hat, es an die Spitze unseres Landes hat schaffen können. Ich schäme mich für Sie, und ich möchte Ihnen hiermit versprechen, dass ich Sie und Ihre „Flüchtlingspolitik" mit allen Mitteln, die mir der Rechtsstaat und das Recht auf freie Meinungsäußerung ermöglichen, bekämpfen werde. Ich hoffe zudem, dass Sie eines Tages für Ihr Treiben noch juristisch zur Verantwortung gezogen werden.

Grüße auch an Ihren Ehemann Joachim. Er soll sich die Springerstiftung-Vorstands-Tantiemen noch so lange einstecken, wie es geht. Über all das kann ich nur noch verächtlich lächeln.

Hochachtungsvoll

Tim K.

Die Resonanz und der allgemeine Zuspruch waren überwältigend. Zehntausende Likes und geteilte Inhalte sowie eine Gesamtreichweite von über elf Millionen Menschen, die diesen Beitrag gesehen haben. Ich bin mir sicher, dass „Mutti" über meinen Post informiert wurde. Ich stehe zu meinem Wort und werde dieses Subjekt angreifen und jagen, wo, wann und wie auch immer ich eine Möglichkeit dazu bekommen werde.

Der „Merkel-Jäger"!

Und als Dank:

Liebe Freundinnen und Freunde, liebe Gleichdenkende, ich bedanke mich bei jedem von Euch für die unglaubliche Resonanz und für Euren Zuspruch! Überwältigend! Über elf Millionen haben insgesamt meine „Hommage" an die „Schlepperkönigin" Europas gesehen.

Danke auch an all die „Gutmenschen" und deren Kommentare. Ihr gebt mir jeden Tag aufs Neue Kraft und Motivation für mein Engagement. Ich habe auch extra für Euch einen neuen Begriff kreiert: „Unterwerflinge". Ich will ihn Euch erklären.

Ich habe diese Definition deshalb für Euch gewählt, weil Ihr zum einen gerne andersdenkende Menschen unterwerfen wollt und andererseits, weil ich mit Euch immer sofort ein Bild assoziiere, das mich an ein krankes, schwaches und ängstliches Tierchen erinnert, welches rücklings auf dem Boden liegt

und seinem Peiniger unterwürfig die Kehle entgegenstreckt.
Unterwerfend also in zweierlei Hinsicht und zusammenge-
fasst: „Unterwerflinge". Ist schon irgendwie doof, wenn andere
Menschen eine andere Meinung haben, die von der Euren ab-
weicht. Dann macht Demokratie auf einmal keinen Spaß mehr,
oder? Zumal das Staatsfernsehen ja vollends Eure profunden
Ansichten vorgibt bzw. vertritt und Euch damit bestätigt.
Köstlich! Angela Merkel hat bis heute noch nicht geantwortet,
aber ich bin mir sicher, dass sie durch den BND, das BKA,
den MAD und durch „Parteifreunde" informiert wurde und
neugieriger Weise meinen an sie adressierten Brief bestimmt
mehrmals gelesen hat. Vielleicht sogar abends mit Ehemann
Joachim gemeinsam im Bett. Oder Joachim las ihn vor, und
„Mutti" lag, mit ihren auf der Bettdecke zur „Erbärmlichkeits-
raute" geformten Händen, andächtig und verstimmt zur Decke
blickend, neben ihm.

Bis zu diesem Abschnitt meines Textes galt mein gutge-
launtes Lachen, welches ab hier bitte als ausgeblendet zu
betrachten ist. Die Ironie wird jetzt eingestellt. Spätestens
jetzt habe ich die Aufmerksamkeit zahlreicher Personen
und Organe dieses Landes und eine enorme Reichweite.
Gut, dann nutze ich das zunächst einmal: Ich möchte mein
tiefstes Beileid den Angehörigen des 17-jährigen Niklas aus
Bad Breisig aussprechen, der von widerwärtigen Subjekten

grundlos angegriffen und zu Tode geprügelt wurde. Den Tätern möchte ich sagen, dass ich alles dafür tue, dass die Zeiten sich für sie ändern werden. Des Weiteren dauert laut offiziellen Angaben der Bundespolizei die „Invasion" Deutschlands immer noch an. Täglich kommen zwischen 7.000 und 8.000 „Flüchtlinge" in unser Land: in sechs Tagen 46.960! Und das sind nur die Zahlen derer, die erfasst wurden; die anderen sind noch nicht einmal aufgelistet! Wir werden nach Strich und Faden verarscht, und der geplante Untergang dieses Landes läuft weiter auf Hochtouren! Von „Mutti" hat man seit ihrer „Böhmermann"-Äußerung nichts mehr gehört. Angela Merkel: Läuft alles wie geplant?

Der Bund kalkuliert bis 2020 mit rund 94 Milliarden Euro Kosten für unsere „Atomphysiker", „Raketenforscher" und „Augenärzte". Wo, zum Teufel, habt Ihr auf einmal all das Geld her? Warum habt Ihr das nicht vorher für Kindertagesstätten, Kindergartenplätze, Alten-, Blinden- und Tierheime, Pflegestellen, Hospizen, Steuervergünstigungen, Straßenbau sowie für Kultur und Wissenschaft einkalkuliert? Warum nicht? Ihr sollt für die Menschen in diesem Land regieren und alles für ihr Wohl und das des Landes tun! Eure Zeit ist politisch abgelaufen. Der Zug ist abgefahren! Ihr habt kläglich versagt, und mit Eurer „Königin-Mutter", der farblosen und schlichten Pfarrerstochter aus der Uckermark an der Spitze, habt Ihr Euch

Euer eigenes politisches Grab geschaufelt. Das kommt dabei heraus, wenn man rückgratlos und opportunistisch, regelrecht lemminghaft auf die politischen Klippen der Erbärmlichkeit und des Verrats an der eigenen Überzeugung wie eine stumme Herde draufzutrottet. Ich werde mir weiterhin jede einzelne dieser Figuren mit allen mir gegebenen Mitteln des Rechtsstaates und der freien Meinungsäußerung vornehmen und eine nach der anderen stilvoll demontieren. Es werden auch wieder Aktionen folgen, in denen man sich für bedürftige Menschen in notwendigen Situationen einsetzen wird.

Denke frei, und sprich es aus! Egal, ob morgens beim Bäcker, in der Bahn oder auf der Arbeit. Wir sind viele Millionen, und sie können unsere freie Meinung nicht auf Dauer unterdrücken!

44. Überwachungsstaat – DDR 2.0

„Niemand hat die Absicht, einen Überwachungsstaat zu errichten."

DDR 2.0 - Deutschland im Jahre 2016!

Online-Durchsuchung, Vorratsdatenspeicherung, E-Mail-Überwachung, Lauschangriff, RFID-Funkchips, Vermummungsverbot, stille SMS, Videoüberwachung, Körpergeruchsproben, ePass, Fingerabdrücke, biometrische Gesichtserkennung, Steuer-Identifikationsnummer, Melderegister, Kontenabruf, automatische Nummernschilderkennung, Mautdatenverwendung, Nummernschildverfolgung mit Maut-Fotoanlagen, Rasterfahndung, Antiterrordatei, Unterbindungsgewahrsam ... ausgeforscht, registriert, nummeriert, abgehört, vermessen, observiert, gefilmt und überwacht! Jeder normale Bürger wird vor jedem Inlandsflug mehrfach aufs Penibelste durchsucht, gescannt und kontrolliert, während ISIS-Kämpfer sich die Bärte abrasieren und ohne jegliche Grenzkontrollen in unser Land einströmen. Danke, „Mutti"!

Eine weitere Etappe hin zum absoluten Überwachungsstaat wird die Abschaffung des Bargelds sein. Zum einen hat das zum Ziel, dass jegliche Transaktion offengelegt und somit jeder Zahlende gläsern wird: Nichts kann mehr an den Augen des großen Bruders „Staat" vorbeigeführt werden. Die großen Bargeldvorräte der Deutschen, welche diese bei sich zu Hause horten, sollen damit auch noch hervorgeholt werden. Es beginnt schon jetzt mit der Abschaffung der 500-Euro-Scheine, und der Rest wird folgen. Dem Staat darf rein gar nichts entgehen! Die Schritte zur Abschaffung des Bargelds sind nichts weiter als der Versuch, einen Polizeistaat zu errichten, in dem jede Transaktion, jeder Kauf und jede Aktivität nachverfolgt und abgespeichert werden. Zugleich wird die Bargeldnutzung mit Terroristen und Kriminellen in Verbindung gebracht, genau so, wie die Nutzung von Pagern in Zeiten vor den Mobiltelefonen mit Drogendealern in Verbindung gebracht wurde. Dass unsere E-Mails und Telefonate mitgelesen und kategorisch überwacht werden, dürfte inzwischen auch kein Geheimnis mehr sein. In Deutschland kontrolliert der Staat, was seine Bürger im Netz anstellen. Hiesige Strafverfolgungsbehörden und auch der Bundesnachrichtendienst haben direkten Zugriff auf den Datenverkehr der Internet Service Provider (ISP) wie Telekom, Vodafone und 1&1. Dass kaum jemand darüber Bescheid weiß, hat seinen Grund: Die Telekommunikations-Überwachungsverordnung (TKÜV) verbietet Providern ausdrücklich, mit

Unbefugten über die Umsetzung der Überwachungs-
verordnung zu sprechen. Sie verpflichtet die Provider,
dauerhafte Schnittstellen in ihre Server-Infrastruktur
einzubauen, auf welche die Strafverfolgungsbehörden bei
entsprechendem Verdacht und mit richterlicher Genehmigung zugreifen können. Das Abgreifen der Daten nehmen
die Mitarbeiter der Behörden vor Ort in den Rechenzen-
tren vor, und zwar an sogenannten „Horchposten". Diese
grauen Kästen sind Serverschränke, die mit Schlössern vor
dem Zugriff Unbefugter gesichert werden. *„Ein paarmal im
Monat kommt jemand mit einer richterlichen Genehmigung
und einem Laptop und zapft Daten ab"*, verriet ein Insider
einem großen deutschen Computermagazin hinter vor-
gehaltener Hand. Alleine im Jahr 2010 wurden bereits
37 Millionen Mails vom BND herausgefiltert, die eines oder
mehrere Signalwörter enthielten. Was denken Sie, wie exorbitant höher die Zahl heutzutage ist? Wundern dürfte das
jedoch niemanden, wenn selbst die NSA das Mobiltelefon
von „Mutti" überwacht und diese das quasi schweigend
hinnimmt.

45. Sport ist etwas Wundervolles!

Im Sport zählen keine Politik, Religion oder Machtansprüche. Das erinnert mich an die Statuten des Clubs, in dem ich Mitglied bin. Gefällt mir daher sehr!

Ich bin auch kein Fußballgucker, aber bei Weltmeister- und Europameisterschaften schaue ich mir natürlich die Spiele der deutschen Mannschaft an. Man kann nur stolz auf etwas sein, das man selbst geleistet hat. Deshalb sage ich auch von mir, dass ich froh bin, in diesem Land geboren zu sein: froh darüber, diese Kultur, diesen Lebensstandard und diesen Entwicklungsfortschritt leben zu dürfen. Ergo bin ich froh, Deutscher zu sein. Daran ist nicht im Geringsten etwas auszusetzen, wie ich meine.

Wer Menschen jedoch seiner Wurzeln entreißen möchte, der beabsichtigt damit, eine identitätslose Herde zu erzeugen. Ich freue mich für jedes Land, das bei der Europameisterschaft mit von der Partie ist, und für jeden Fan und jede Anhängerin, der/die froh und ausgelassen die Farben seiner/ihrer Heimat trägt und mit der Fahne seines/ihres Landes seine/ihre Mannschaft bejubelt und anfeuert. Deutschland scheint in dieser Hinsicht wohl das einzige Land zu sein, in dem irgendwelche Clowns meinen, Fahnen von Autos zu stehlen und diese dann aus anti-nationalistischen Gründen zu verbrennen. Wie krank im Kopf muss man sein und wie erbärmlich im Geiste, so etwas zu tun? Das sollte dieser „Politnachwuchs" mal bei einer russischen, türkischen oder albanischen Fahne versuchen und dann auf die angemessene Reaktion warten. Das wäre dann die letzte Fahne gewesen, die so ein „Jüngelchen" angefasst hat.

Wie dem auch sei, was will man von einem Land erwarten, in dem die deutsche Bundeskanzlerin die Fahnen ihres eigenen Landes einsammelt und von der Bühne wirft? Ach ja, und wer dank dieses Landes Millionen und Abermillionen verdient hat, der kann auch aus Respekt und Anstand die Nationalhymne mitsingen! Wo ist dabei das Problem? Also, viel Erfolg für die deutsche NATIONALMANNSCHAFT – und möge der Bessere gewinnen!

Tim K.

46. Ein Tag im neuen Zuhause

Im Nachbarort eines meiner Freunde befindet sich ein großes Hotel, das Konkurs anmelden musste. Mittlerweile sind dort an die 300 Flüchtlinge untergebracht. Die Betreiberin erhält pro Flüchtling mit Verpflegung an die 40 Euro pro Tag. Das sind 12.000 Euro pro Tag und 360.000 Euro pro Monat. Die Schäden, die durch die Flüchtlinge verursacht werden, werden natürlich im Anschluss erstattet bzw. es wird renoviert. In diesem Flüchtlingsheim gibt es bis zu drei warme Mahlzeiten am Tag. Es ist extra ein eigener Sicherheitsdienst eingestellt worden, der aufpasst, dass alles ruhig zugeht. Einmal im Monat findet die Geldausgabe an die Flüchtlinge statt; das bedeutet, jeder Einzelne erhält einen Bargeldbetrag von ungefähr 500 Euro. Die Flüchtlinge, die den ganzen Tag nicht allzu viel zu tun haben, machen sich gelegentlich einen Spaß und klauen Autos und fahren dann mit denen durch die Gegend. Andere pilgern jeden Morgen zu McDonalds und halten sich dort zwei Stunden auf. Nach zwei Stunden endet nämlich der kostenlose WLAN-Zugang. In einem anderen Ort in der Nähe tummeln sich täglich bis zu 80 „Refugees" auf dem Vorplatz von *„Minipreis"*, weil es dort ein offenes WLAN-Netz gibt. Die jungen Männer nutzen eifrig dieses Netz, um zahlreiche Dating-Apps wie LOVOO zu nutzen. Ausgehungert von Liebe sowie aus Mangel an Zuneigung und körperlicher Nähe bleibt diesen jungen Recken auch beinahe gar nichts anderes mehr übrig. Die einzige Kontaktaufnahme zur Bevölkerung besteht darin, junge Frauen anzupöbeln, als „Schlampe" und „Bitch" zu beschimpfen oder nachzufragen, wie die Dating-App zu bedienen sei. In der Notunterkunft ist es wiederum an der Tagesordnung, dass man sich untereinander schlägt, dass Messer gezogen werden und das Hilfspersonal angepöbelt und beschimpft wird. Von Anspucken bis Wegschubsen bis hin zu Schlägen ist alles im Repertoire. Vor allem die Pakistaner sind bekannt dafür, dass sie die WCs mit ihren eigenen Fäkalien vollschmieren. Auch das sind keineswegs Einzelfälle, sondern stellen flächendeckend die Realität dar. In den Flüchtlingslagern attackieren Asylbewerber andere Asylbewerber wegen Glaubensfragen. Eintreffende Polizisten werden mit Steinen beworfen und mit Reizgas besprüht. Auch Fotografen und Kamerateams wurden schon mit Eisenstangen attackiert. Zudem wurden Möbel aus den Fenstern geworfen und Autos demoliert. Personen werden verletzt und unter ihnen immer wieder Polizeibeamte. Massenschlägereien nehmen weiterhin zu. Größere Gruppen von Flüchtlingen gehen aufeinander los: Albaner gegen Afghanen, Pakistaner gegen Albaner. Mit Eisenstangen prügelte man aufeinander ein. Sogar eine Schusswaffe kam zum Einsatz, indem sie einem anderen Flüchtling an den Kopf gehalten wurde. In der Landesaufnahmebehörde (LAB) des Landes Niedersachsen in Braunschweig brach der Polizei zufolge ein Streit zwischen Algeriern und Syrern aus – 300 bis 400 Flüchtlinge beteiligten sich demnach an der Prügelei. Bei anderen Schlägereien wurde mit Messern gestochen, und mehrere Menschen mussten schwerverletzt ins Krankenhaus gebracht werden. Matratzen wurden angezündet und Flüchtlinge durch Rauch verletzt. Das ist die Wirklichkeit in ganz Deutschland und in beinahe jedem Flüchtlingsheim. Der Grund, warum nur so wenige Fälle an die Öffentlichkeit gelangen, ist einfach erklärt, denn Polizei und Staatsanwaltschaften haben ganz klare Vorgaben: Flüchtlingsgewalt, aber auch Gewalt unter Flüchtlingen selbst und gegen andere dürfen auf keinen Fall an die Öffentlichkeit geraten. Es gibt eindeutige Weisungen an Polizei und Staatsanwaltschaften, dass dies unter keinen Umständen erfolgen darf. Ich weiß das deswegen so genau, weil ich sowohl Freunde bei der Polizei habe, als auch eine Mitarbeiterin bei der Staatsanwaltschaft kenne. In meiner Heimatstadt soll es in den vergangenen Monaten mehrere Vergewaltigungen gegeben haben: Keine davon wurde aufgeklärt.

Deutschland im Herbst 2015

47. Vollpension und Sex-Flatrate

Über 80 Prozent der Flüchtlinge sind junge Männer. Da stellt sich einem vorab die Frage: Was sind das für Typen, die ihre Frauen, Kinder und Eltern in einem gefährlichen und zerbombten Land zurücklassen? Darf man hingegen der Familienministerin Schwesig glauben, dann ist mit einem massiven Familiennachzug zeitnah zu rechnen. Nach Angaben des früheren Präsidenten des Bundesamts für Migration, Manfred Schmidt, würden im Durchschnitt je Flüchtling drei Familienangehörige einen Anspruch auf Nachzug geltend machen. Da bin ich mehr als beruhigt, denn ich dachte schon, dass diese Männer alle herzlos und kalt wären und einfach ihre Angehörigen zu Hause lassen würden. Es gibt aber auch Hoffnung, wieder aufzuatmen. Die meisten syrischen Flüchtlinge haben offenbar nicht vor, dauerhaft in Deutschland zu bleiben. Lediglich acht Prozent der Befragten äußerten bei einer Umfrage der syrisch-deutschen Initiative „Adopt a Revolution" den Wunsch, hierzubleiben. Insgesamt wurden 889 in Deutschland lebende Syrer befragt, so schrieb der „FOCUS" im Oktober dieses Jahres. Für wie bescheuert hält uns dieses Magazin eigentlich? Einer vierköpfigen

Familie kostet die Flucht nach Deutschland umgerechnet 35.000 Euro. Man flieht also erst mal und gibt eine unglaublich hohe Summe Bargeld dafür aus, um dann so schnell wie möglich wieder nach Hause zurückkehren zu können? Und so wollen tatsächlich über 90 Prozent denken und handeln? Das ist wirklich mehr als amüsant. Wie dem auch sei, die zahlreichen jungen Männer, die quasi als Vorauskommando schon angekommen sind, sollen oder müssen doch auf ihre Kosten kommen. Unterkunft und Verpflegung reichen da natürlich nicht aus. Das sieht zumindest ein Pfarrer aus Süddeutschland so. Der evangelische Geistliche Ulrich Wagner fordert daher Gratis-Prostituierte für Asylbewerber. Die sexuellen Bedürfnisse müssen schließlich auch gestillt werden! *„Diese Männer haben ein sexuelles Bedürfnis. Da machen wir aber die Augen zu, so weit denkt niemand"*, begründete der Pfarrer im Ruhestand seinen Vorschlag. Asylbewerber bekämen etwas zu essen und zu trinken, und damit wäre das Problem angeblich beendet. Nicht so für einen evangelischen Pfarrer. Für ihn ist klar: Die sexuellen Bedürfnisse bleiben auf der Strecke. Mit seiner Lösung sorgt er jedoch für reichlich Zündstoff.

„Freie Liebe für freie Menschen." Bordellbesitzer würden damit ein *„gutes Werk"* tun. Durch ein *„Unterstützermodell"* soll der Vorschlag finanziert werden. *„Freie Liebe für freie*

Menschen" – einen ersten Namen hat Ulrich Wagner für seine diskussionswürdige Idee also bereits gefunden. Während einer Asyldebatte in der Nähe von München schlug er vor, Asylbewerbern die Dienste von Prostituierten zur Verfügung zu stellen. *„Das Problem ist gelöst."* Ist es aber nicht.

Im Interview mit der Münchner Lokalzeitung *„Merkur"* erklärte Wagner seinen Vorschlag genauer: *„Der Gedanke kam, als mir ein Freund erzählte, dass in sein Dorf hundert Asylbewerber kommen und viele jetzt Angst hätten, dass so viele Männer die Frauen im Ort belästigen könnten. Ob begründet oder nicht: Diesen Ängsten will ich damit begegnen. Denn es gibt sie."* Der Pfarrer möchte durch seine Idee die sexuellen Bedürfnisse stillen, für die bisher nichts getan würde. *„In unserer Gesellschaft haben wir doch auch Prostitution, das soll doch ein anerkannter Beruf sein, die Zeitungen und das Internet sind voll mit Anzeigen"*, so Wagner gegenüber dem *„Merkur"*. Unbezahlte Dienste mithilfe eines Unterstützermodells. Auch die Bordelle könnten so ein *„gutes Werk"* verrichten. *„Am Vormittag ist da eh nicht viel los, vermute ich"*, sagte er der Zeitung. Finanziert werden soll das Ganze durch einen *„Unterstützerkreis"*. Genaue Informationen zur Finanzierung ließ der Pfarrer jedoch offen. Dass er mit seinem Vorschlag anecken könnte, sei ihm durchaus bewusst: *„Ich bin ein freier Bürger, ich habe eine freie Meinung. Wenn sich jemand über mich ärgern will, kann er* *sich ärgern. Und wahrscheinlich werden sich einige aufregen. Aber das ist deren Problem."* Ich bin auch ein freier Bürger und habe eine freie Meinung. Deshalb mein Vorschlag, lieber Herr Wagner: Sollte es eine Frau Wagner geben, so gehen Sie doch mit gutem Beispiel voran, und bieten Sie Ihre eigene Frau zum Befriedigen der Grundbedürfnisse an. Und da es auch homosexuelle Flüchtlinge gibt, liegt es doch auch in diesem Falle auf der Hand, wer dafür mit gutem Beispiel vorangehen sollte. Herr Wagner, packen Sie es an! (Oder besser gesagt: Lassen Sie sich anpacken!) Dass der Gutmensch Wagner mit seiner Meinung, die armen, sexuell ausgehungerten Männer vollständig verpflegen zu müssen, nicht völlig danebenliegt, beweist die Tatsache, dass sich die sexuellen Übergriffe in den Flüchtlingslagern häufen: Frauen werden dort oft als Freiwild angesehen. Die Folge sind zahlreiche Vergewaltigungen und sexuelle Übergriffe, zunehmend wird auch von Zwangsprostitution berichtet: sogar Kinder seien betroffen. In München gibt es seit einigen Monaten immer wieder Berichte von sexuellen Übergriffen gegen Flüchtlinge in der Bayernkaserne. Das Problem hier ist, genauso wie in Hessen: Viele Frauen melden die Vorfälle nicht den Behörden. *„Viele trauen sich gegenüber der Polizei nicht auszusagen, weil sie mit Nachteilen für ihr Asylverfahren rechnen"*, zitiert die *„Abendzeitung"* Elif Sahin Kobista vom Münchner Frauencafé. Dann ist es ja nur noch eine Frage der Zeit, bis junge oder auch ältere deutsche Frauen abends alleine nicht mehr vor die Tür gehen können. Wer kann denn dafür garantieren, dass sexuell ausgehungerte Pulks herumstreunender Flüchtlinge nicht über diese Frauen herfallen? Einzelne Fälle von Massenvergewaltigungen soll es schon gegeben haben, und die Anzahl der Vergewaltigungen im Allgemeinen ist dank der steigenden Flüchtlingszahlen auch nicht von der Hand zu weisen. Schließlich gibt es noch etwas, das hoffen lässt, dass am Ende alles gut wird, und dies ist auch nicht ganz irrelevant für die arbeitenden Frauen, ganz gleich, in welchem Bereich, in Deutschland. Gegenüber einem ARD-Fernsehteam gab nämlich ein irakischer Flüchtling Folgendes an: *„Deutschland ist eine freie Gesellschaft; hier dürfen Frauen auch arbeiten, und damit habe ich kein Problem."* Also, wenn das keine guten Aussichten sind, dann weiß ich es auch nicht!

48. Die rollende Entgleisung in Person

Es ist kaum mehr in Worte zu fassen, was einige unserer führenden Politiker von sich geben und anscheinend wirklich glauben. Kopfschütteln alleine reicht da schon lange nicht mehr, denn derartige Äußerungen sind gefährlich, verstörend und etablieren subtil eine ausgesprochene Vergiftung unseres allgemeinen Denkens.

Herr Finanzminister Wolfgang Schäuble, ich empfinde tiefstes Mitleid mit Ihnen und schäme mich stellvertretend für Sie in Grund und Boden. Gegenüber der Wochenzeitung „Die Zeit" sagten Sie, dass die Abschottung Europas uns in Inzucht degenerieren lassen würde. Ich wiederhole und übersetze Ihre Botschaft in meinen Worten: Wenn wir die Massen an Afrikanern und Syrern, Afghanen und Irakern nicht hereinlassen, dann verfallen wir in Inzucht und vermischen uns untereinander.

Das haben Sie wirklich gesagt? Sie als Finanzminister, der Hunderte Milliarden in die ganze Welt verschleudert und verschenkt hat, gerade Sie sollten sich doch mit Zahlen auskennen!

In der EU leben ca. 500 Millionen Menschen. Nähmen wir also nach Ihren Einschätzungen nicht all die Massen von jungen, ledigen und alleinreisenden „Besuchern" auf, dann wür-

den wir uns untereinander inzestuös vermehren? In tausend Millionen Jahren nicht, Sie „Experte"!

Hätten Sie vorher nachgedacht, würden Sie wissen, dass Sie sich sogar selbst widersprechen, denn es gibt nicht wenige „Gäste", die innerhalb ihrer eigenen Familie heiraten: und das sogar noch in Form einer hierzulande als „Kinderehe" geltenden Verbindung. Was soll man zu Ihnen noch sagen? Hätte ich Kinder, so würde ich denen sagen: „Lasst den alten Mann in Ruhe. Dem geht es nicht gut." Und damit meine ich nur Ihren geistigen Zustand. Herr Schäuble, geht es Ihnen noch gut? Fühlen Sie sich krank? Verschweigen Sie uns etwas? Weiterhin sagten Sie in dem Interview, dass Afrika unser Problem sein wird und wir uns dieser Aufgabe annehmen müssen. Ich will Ihnen mal etwas ganz deutlich sagen: Leute wie Sie sind unser Problem, und dieser Aufgabe müssen wir uns schnellstens (mit allen rechtstaatlichen Mitteln) annehmen.

Ich wollte eigentlich gar nicht mehr täglich etwas schreiben, aber solche einzigartigen „Hochgeschwindigkeitsdenker" wie Sie hauen einfach kontinuierlich so einen geistigen Irrsinn raus, dass man gar nicht anders kann. Wie schon gesagt, Mitleid und Fremdschämen.

In Verachtung

Tim K.

49. 4-Sterne-Hotel für unsere Neuen!

Es gab einmal ein 4-Sterne-Hotel. In diesem Hotel arbeiteten 80 Mitarbeiter in Voll- und Teilzeit. Es handelte sich um das *„Maritim-Hotel"* in Halle; dieses wurde kurzerhand in eine Flüchtlingsunterkunft umgewandelt. Geht das so einfach? Ja, das geht so einfach. Die Hotelgesellschaft gab den Hotelbetrieb zum Oktober 2015 auf. Landesregierung und Betreiber unterzeichneten einen Vertrag über drei Jahre mit Verlängerungsoption. Das Gebäude soll eine Kapazität für 740 Flüchtlinge haben. Was mit den Mitarbeitern passierte? Diesen wurde angeboten, in andere *„Maritim-Hotels"* auszuweichen; ganz egal, wie weit entfernt diese liegen. Dem Land war der Umgang mit diesen Menschen weitestgehend egal. Hauptsache, die Flüchtling kommen irgendwo unter.

Andere Hotels und inzwischen auch Jugendherbergen sollen ebenfalls zu Notunterkünften umfunktioniert werden. Und nicht nur die, sondern auch Kasernen der Bundeswehr, in denen bereits zahlreiche Flüchtlinge einquartiert wurden. Zwischen Soldaten und ihren Waffen befinden sich in vielen Kasernen bereits Hunderte Einwanderer! Die Soldaten biwaken über den Winter in Zelten, weil man das den Flüchtlingen nicht zumuten kann. Folgendes, gar nicht so unwahrscheinliches Szenario: Die Waffenkammern bleiben in den Kasernen und werden nicht geräumt. Im Ernstfall kommen die Soldaten nicht an ihre Waffen, wenn die Neuinsassen dies nicht wollen. Dass die Neuinsassen nicht herankommen, wenn sie entsprechenden Druck (Geiseln etc.) ausüben, ist nicht sicher. Alles läuft ohne entsprechende Transparenz ab. Das SEK würde im Ernstfall wahrscheinlich wieder auf Socken anrücken müssen.

50. Echte Flüchtlinge

Ich habe mit mehreren älteren Menschen gesprochen, die mittlerweile über 80 Jahre alt sind. Viele sind damals nach dem Zweiten Weltkrieg aus Schlesien geflohen. Diese älteren Menschen, die interessiert die Berichterstattung in den Medien über die Flüchtlingswellen verfolgen, haben mir interessante Denkanstöße mit auf den Weg gegeben. Ihnen ist aufgefallen, dass es sich bei den Bildern und Fernsehberichten nur um junge, gepflegte, kurzhaarige und rasierte Männer handelt. Selten ist einmal eine Frau oder sind Kinder, geschweige denn ältere Menschen zu sehen.

„Junge, als wir damals geflohen sind, da haben wir alle mitgenommen: Kleinkinder, Säuglinge, alte Menschen – wir haben uns um alle gekümmert, und gemeinsam sind wir aufgebrochen. Was sind das nur für Menschen, die ihre engsten Angehörigen, ihre Frauen und Kinder einfach in einem Krisengebiet zurücklassen? Wie kann man so etwas nur tun? Was geht in diesen Köpfen vor? Wie ehrlos und schamlos ist das?" Wenn ich ganz ehrlich bin, konnte ich ihnen in diesen Punkten überhaupt nicht widersprechen: im Gegenteil!

„Guck dir doch mal diese Männer an. Alle in sauberer und moderner Kleidung. Mützen auf den Köpfen und alle ein Mobiltelefon. Als wir damals geflüchtet sind, hatten wir zerrissene Kleidung, waren ungewaschen und unrasiert. Wir flohen aus Angst und hielten alle zusammen."

Sie hatten alle recht. Sehen so Menschen aus, die aus Angst und Sorge vor Verfolgung fliehen? Modern gekleidet, Kurzhaarfrisuren, ordentlich rasiert, grinsend und immer ein Smartphone zur Hand. Wenn mich jemand fragt, kann ich nur sagen: Das sind keine richtigen Flüchtlinge. Das sind junge starke Männer, die so viel Geld zur Verfügung haben, dass sie sich eine teure Überfahrt leisten können, und die aus rein wirtschaftlichen Gründen nach Deutschland wollen. Frauen, Kinder und ältere Menschen haben da nicht die geringste Rolle gespielt, geschweige denn der Anstand und die Ehre, sein Land nicht einfach im Stich zu lassen. Warum seid Ihr nicht in Eurem Land geblieben und habt gekämpft oder zumindest wieder Euer Haus aufgebaut, wenn es denn zerstört wurde? Kommt jetzt ganz Syrien zu uns? Was wäre eigentlich, wenn hier alles zerstört wäre? Weder ich noch meine Eltern oder Großeltern hätten auch nur einen Bruchteil des Geldes, das erforderlich wäre, um nach Syrien auszureisen. Abgesehen davon würde uns Syrien gar nicht aufnehmen.

51. Kinder-Ehen oder der Untergang des Abendlandes

Es gibt Meldungen, bei denen muss man sich erst einmal ganz genau vergewissern, dass sie keine Satire, Comedy oder Hetze sind. Letzteres dachte ich irrtümlicherweise bei folgender:

Das Oberlandesgericht Bamberg erkannte die Ehe zwischen einer 14 Jahre alten Syrerin und ihrem älteren Mann an. Die Syrerin hatte im Februar 2015 mit 14 Jahren ihren etwa sieben Jahre älteren Cousin in Syrien geheiratet. Danach waren beide nach Deutschland geflohen. Das Jugendamt Aschaffenburg trennte die beiden, der Mann wollte seine „Frau" zurück, und das Oberlandesgericht Bamberg sprach sie ihm wieder zu. Das ist kein Scherz!

Das Amtsgericht hatte zuvor schon entschieden, dass das „Ehepaar" sich freitags bis sonntags unbegleitet treffen dürfe. Das bezeichne ich mal als staatlich geförderten Sex mit Minderjährigen! Man muss sich das wirklich einmal vorstellen: Wir lebten hier in einem fortschrittlichen Land, das Frauen und Kinder immer unter seinen Schutz gestellt hat und das bekannt war für Entwicklung, Toleranz und

Humanität. Was mittlerweile hier passiert und staatlich legitimiert wird, ist nichts anderes als Verderbnis, Schande, der Rückfall ins Mittelalter und schlichtweg der Untergang der Vernunft.

Es bringt nichts, nun wieder Einzelne oder Glaubensrichtungen zu verteufeln oder zu kritisieren, denn diese Menschen kennen teilweise nichts anderes und sind aufgrund ihrer Erziehung im Mittelalter stehengeblieben. Gleichwohl haben solche Menschen aber auch nichts bei uns verloren und können gerne „weiterflüchten". Das wirklich Schändliche ist nur, dass Richter und Politiker in diesem Land unsere Kultur und unsere Errungenschaften verraten, verkaufen und zerstören. Abgesehen davon heiratet kein normaler Mann, der Anstand, Moral und gesunden Menschenverstand besitzt, ein Kind. Das ist widerwärtig! Genau so widerwärtig wie diese Richter.

Was heute sonst noch geschah: Richtig, Merkel fordert offene Grenzen auch bei neuem Flüchtlingszustrom. Offenbar erwartet „Mutti" einen signifikanten Anstieg der Flüchtlingszahlen im Sommer.

Tim K.

52. Friseurbesuch in Cottbus

Der Friseurladen war gut gefüllt, und die meisten deutschen Kunden warteten brav auf ihren Haarschnitt. Nachdem sie fertig waren, bezahlten sie und verließen das Ladenlokal. Zwei Flüchtlinge wollten auch einen neuen Haarschnitt haben. Nachdem sie fertig bedient wurden, steuerten sie schnurstracks auf die Ausgangstür zu. Die angestellten Friseurinnen wiesen die beiden darauf hin, dass sie noch bezahlen müssten. Daraufhin erwiderte der eine von beiden: *„Merkel zahlt das"*, und sie verließen das Geschäft.

53. Wann haben wir endlich Einsicht – Gibt es in Düsseldorf etwa keine 4-Sterne-Hotels?

Sachschaden: Zehn Millionen Euro, 30 Verletzte und sechs wegen des Verdachts auf schwere Brandstiftung festgenommene „Flüchtlinge". Hinweise auf eine Brandlegung von außen gibt es bislang nicht.

In der höchstwahrscheinlich selbst abgefackelten Halle waren 282 „alleinreisende" Männer, vor allem aus Syrien, Afghanistan und dem Irak untergebracht. Jetzt müssen wir uns aber alle mal die Frage stellen:

Warum macht man so etwas? War die Unterkunft nicht angemessen? Waren die „Bewohner" mit dem Essen nicht zufrieden? Gab es nicht genügend „Freizeitangebote"? Das sind alles ernsthafte Fragen, die wir nicht einfach unter den Teppich kehren sollten. Und jetzt appelliere ich auch an die Landesregierung: Gibt es nicht genügend „angemessene" Hotels im Raum Düsseldorf, die das Prädikat „High-Class" tragen? Die Rechnungen trägt doch ohnehin die Landeskasse bzw. der Steuerzahler. Für unsere „Gäste" nur das Beste, und überhaupt würden sie auch die Anwohner vor

UND WENN MAN MICH FRAGT WARUM, DANN KANN ICH NUR ANTWORTEN, DASS ES EINE FRAGE DER EHRE UND DES ANSTANDES IST, SICH FUER DIE SEINEN UND DIE HEIMAT EINZUSETZEN.

TIM K.

Merkel - Rost

Kein Teil des Systems

SIEG!

WAS FUER EIN WATERLOO!

VERWALTUNGSGERICHT KÖLN:

Es wird festgestellt, dass die Polizeiverfügung vom 28.1.2016 (Aufenthalts- und Betretungsverbot) aus heutiger Sicht rechtswidrig ist.

Stellungnahme des Brothers MC Germany

Wir finden es widerwärtig, was an vielen Bahnhöfen in diesem Land passiert ist.
Deshalb wollen wir mit unseren Mitteln ein Zeichen setzen.
Es geht nicht um rechts oder links oder deutsch oder ausländisch.
Es geht einzig und allein darum, dass in Deutschland keine Frau (egal welcher Nationalität, Herkunft oder Religion) sexuell belästigt, angegrabscht oder ausgeraubt wird.

Wer dies jedoch nicht versteht, der muss mit Konsequenzen rechnen.
Wir, der Brothers MC Germany, positionieren uns hiermit ganz klar und wir werden Taten sprechen lassen.

Wir beratschlagen derzeitig, wann und zu welchen Anlässen wir mit Abordnungen unseres Clubs erscheinen werden.
Wir werden dabei keine Farben tragen und auch sonst uns nicht in den Vordergrund stellen.
Wir werden uns diszipliniert verhalten und angemessen auf die Situation vor Ort reagieren.

Wer möchte, kann sich uns dann gerne anschliessen. Es geht nicht um Farben oder Repräsentieren, es geht nur um die Sache.
Es wird Zeit, dass sich das Denken verändert und wir anfangen, zu handeln.

Für alle Menschen in diesem Land, die in Frieden zusammen leben und die ihre Frauen und Kinder unbesorgt auf die Straße gehen lassen möchten.

Der Vorstand
Brothers MC Germany
Januar 2016

ES GIBT DINGE, DIE WERDEN WEDER TOLERIERT NOCH VERZIEHEN.   TIM K.

.... Kein Teil des Systems

Wir sind kein Import, sondern unser Abzeichen stammt aus dem Land, in dem wir geboren, aufgewachsen und groß geworden sind: Deutschland.

Das 1%er-Abzeichen bedeutet für uns, nicht krampfhaft auf gesetzlos zu machen, sondern bedingungslos für jeden Bruder einzustehen.

Wir haben kein Interesse am Rotlichtmilieu oder irgendwelchen Discotüren.

Wir interessieren uns auch nicht für Gebiete oder irgendwelche Ansprüche.

Wir interessieren uns nur für anständige Männer, egal welcher Hautfarbe, Religion oder Herkunft, solange sie einen guten Charakter besitzen und die alten Werte in sich tragen.

Ehre, Stolz, Loyalität und Stärke.

Für Männer, denen Begriffe wie Respekt und Höflichkeit nicht fremd sind.

Wer meint, seine kleinkriminellen Geschäfte bei uns betreiben zu können, der soll bloß weg bleiben.

Wir werden uns auch nicht zur Schau stellen oder durch irgendwelche Innenstädte laufen.

Das mag alles ganz anders und neu klingen?

Genau das ist auch der Sinn und Zweck unseres Clubs.

Wir sind anders und wir sind neu.

Wir sind wir und wir wollen genau so leben.

Wir für uns!

Wer uns kennenlernen möchte erreicht uns auf:
Brothers MC Salt City

Brothers MC Germany und Brothers Legion

im Februar 2016

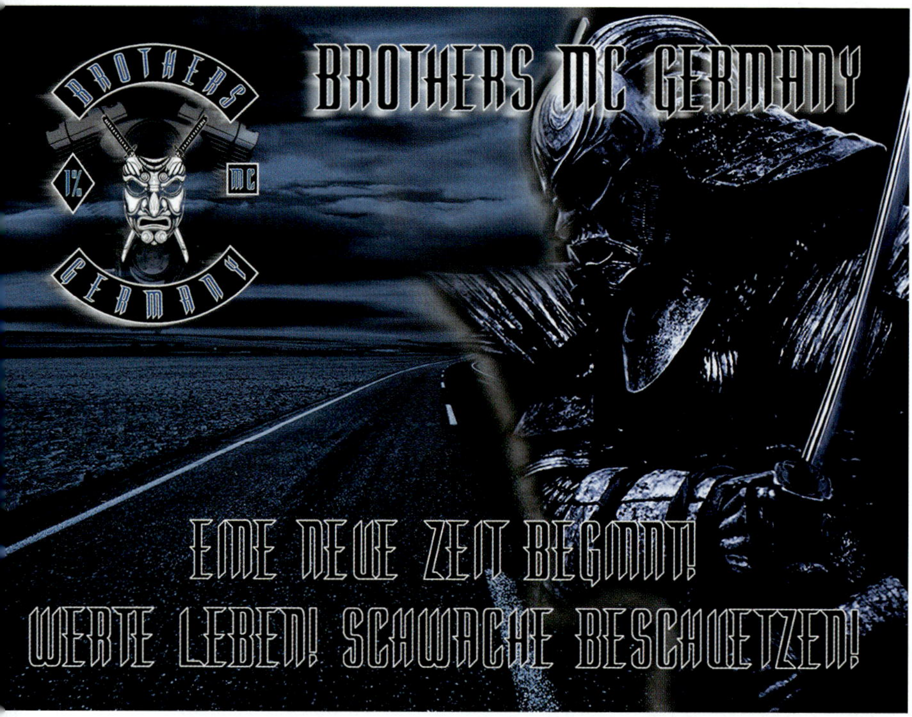

MEINE EHRE HEISST WAHRHAFTIGKEIT.

MEIN STOLZ IST MEINE LOYALITÄT.

MEINE GRÖSSE IST MEINE DEMUT.

MEIN HERZ SCHLÄGT TREU.

MEIN CHARAKTER IST ERFÜLLT VON RESPEKT.

BROTHERS MC SALT CITY

JE NÄHER MAN EINEN MENSCHEN AN SICH HERANLÄSST, DESTO NÄHER KOMMT DIE KLINGE DES NEIDES, DER EIFERSUCHT, DER RESPEKTLOSIGKEIT UND DER INTRIGE AN EINEN HERAN.
DESHALB SOLLTE MAN SORGFÄLTIG WÄHLEN, WEN MAN ZU SEINEM ENGEREN KREIS ZÄHLT.
ALLE ANDEREN BEHANDELT MAN MIT RESPEKT, HÖFLICHKEIT UND DISTANZ.
DAMIT IST JEDEM GEHOLFEN

TIM K.

www.tim-k.com

BUCHAUSZUG

„Verrate niemals deinen Freund oder Bruder. Begehre niemals deines Bruders Frau oder seinen Besitz oder neide ihm etwas. Sei loyal, ehrlich und standhaft!"

Tim K.

TREIBJAGD - Vom COP zum OUTLAW   KAPITEL 65 – LAST WORDS

weiteren Bränden schützen, denn anscheinend werden diese Unterkünfte gerne mal selbst abgebrannt.

Fragen über Fragen.

Sehr geehrte Politiker, handeln Sie! Es geht schließlich um unsere „Gäste" und nicht um die Eingeborenen! Kein Teil Ihres Systems!

Tim K.

54. Einkaufen in Deutschland

In einem „*Netto*"-Markt in Schwedt an der Oder spielte sich folgende Szene ab: Eine Gruppe Flüchtlinge hatte soeben Bier, Chips usw. für einen Betrag in Höhe von 90,64 Euro für den geselligen Abend zu Hause in die Tüten verpackt, als die Kassiererin auf das Bezahlen wartete. Die „Refugees" hatten dies jedoch gar nicht vor und sagten nur: „*Nix zahlen. Deutschland zahlt!*" Die Kassiererin und ihre Kollegin verschlossen daraufhin sofort die Tür, und gemeinsam wartete man auf die Polizei, die kurze Zeit später eintraf. Resultat: Tüten wieder auspacken, und die „Refugees" traten den Heimweg an. Einkaufen in Deutschland. Danke, Frau Merkel. Bei einem monatlichen Satz, der bis jetzt nur vierzig Euro unter dem Hartz-IV-Betrag liegt, sollten das bisschen Bier und die Chips doch wohl drin sein, oder nicht?

Das letzte Dorf

Erst wenn das letzte Dorf „bereichert", die letzte kritische Stimme unter Androhung des Verlusts des Arbeitsplatzes verstummt, sich keine Frau mehr abends alleine auf die Straße wagt, ganze Horden abends durch die Straßen streifen, der letzte Supermarkt aufgrund immenser Diebstähle schließt, das Sozialsystem für die eigene Bevölkerung kollabiert, die Beamten ihre Waffen auf die eigene Bevölkerung richten, der letzte Funken Freiheit im Keim erstickt und das letzte Fünkchen Stolz diesem Land ausgetrieben wurde, dann werdet Ihr feststellen, dass SIE es geschafft haben. Aber bis dahin werden sich hoffentlich starke Herzen zusammenfinden, um alles dagegen zu tun. Kein Teil des Systems!

55. Nur mal angenommen ...

... es bleibt bei 1.000.000 Flüchtlingen. Weiter angenommen, jeder Flüchtling holt nur drei Angehörige nach und nicht, wie prognostiziert, sechs, dann haben wir demnächst 4.000.000 neue Mitbürger. Rechnet man jetzt pro Neubürger mit nur 12.000 Euro für die nötigen Sozialausgaben, dann kosten uns also 1.000.000 Flüchtlinge nebst nachgeholten Familien in Zukunft pro Jahr etwa 48.000.000.000,- Euro. Das sind 48 Milliarden, oder in Worten: achtundvierzigtausend mal eine Million. Die gesamte Bundeswehr kostete den Steuerzahler im Jahr 2014 rund 33 Milliarden Euro. Und das können wir tatsächlich so fortführen ohne eine Obergrenze? Selbstverständlich, in ein paar Jahren werden einige aus der oben genannten Zahl bestimmt auch mal arbeiten gehen und Steuern zahlen. Sagen wir mal 500.000 neue Arbeitnehmer, wobei das sehr hoch geschätzt ist. Dann fallen ergo 500.000 Menschen aus der o.g. Rechnung heraus. Bleiben also immer noch 3.500.000. Die Kosten für die Sozialausgaben reduzieren sich dann auf 42 Milliarden. Die neuen Arbeitnehmer zahlen Lohnsteuer, berechnen wir diese einmal mit 500,- Euro pro Monat. Das entlastet den Sozialetat um weitere drei

Milliarden im Jahr, bleiben Kosten von 39 Milliarden Euro. Und das finanzieren wir ohne Steuererhöhungen?

Diese Zahlen mögen fiktiv sein, aber sind sie unrealistisch?

56. Stellen Sie sich einmal vor!

Stellen Sie sich einmal bildlich folgende Situation vor: Sie reisen illegal in ein Land ein, obwohl mehrere sichere Staaten auf Ihrer Reiseroute liegen. Unterkunft, Essen, Taschengeld, Freifahrtscheine für Bus und Bahn sowie medizinische Versorgungen werden Ihnen kostenlos gewährt. Trotz allem fühlen Sie sich immer noch diskriminiert und beschimpfen das Volk, das Ihnen Gastfreundschaft gewährt, als Rassisten. Was meinen Sie, wie lange Sie in Ihrem auserwählten Land mit „All-inclusive"-Leistungen noch verweilen dürften? Was denken Sie, würden die Herkunftsländer mit protestierenden Deutschen machen, welche die Einheimischen beschimpfen und anspucken?

57. Unwetterkatastrophen

Eure Hoheit Angela Merkel,

hochverehrtes „Schattenkabinett",

wie ich der heutigen Presse entnehmen durfte, haben Sie sich
bis jetzt weder bei der Hochwasserkatastrophe in Nieder-
bayern blicken lassen, noch beabsichtigen Sie, diesen Menschen finanzielle Hilfen zukommen zu lassen. Kein einziges
Selfie mit einem Helfer oder einer Helferin, mit einem Feuer-
wehrmann oder einer Mitbürgerin oder einem Mitbürger, die
ihr ganzes Hab und Gut verloren haben! Haben Sie woanders
wieder Selfies mit „Besuchern aus fernen Ländern" gemacht,
oder ist es lediglich der Grund, dass Ihnen die eigene Bevölkerung ohnehin völlig vorbeigeht? Oder wieder irgendwo
unterwürfig Hände geschüttelt mit Despoten? Ich meine,
vielleicht denken Sie ja: „Ach, das sind ja eh nur Eingeborene,
die schaffen das schon!" Warum wird der nationale Kata-
strophenfonds für die verwüsteten Regionen nicht angezapft?
Die Hochwasseropfer haben doch jahrelang Steuergelder in
eben diesen Fonds eingezahlt! Für die „Raketenforscher"
und „Atomphysiker" werden doch auch weiterhin unzählige
Milliarden lockergemacht. Und anstelle, dass ein Fernseh-
sender gestellte Hilfsaktionen mit „Flüchtlingen" inszeniert,
könnten doch viele dieser jungen, wohlgenährten und bestimmt überaus motivierten „Fachkräfte" tatsächlich in die

Region beordert werden, um sich zumindest in diesem Fall einmal nützlich zu machen. Wie ich ebenfalls heute aus der Presse erfuhr, soll sogar Fluthilfe-Geld aus eben diesem oben genannten Fonds in Flüchtlingsheime fließen. Das Ausmaß an Widerwärtigkeit und Schamlosigkeit der eigenen Bevölkerung gegenüber findet anscheinend keine Grenzen! Sie haben nicht die geringste Empathie und verfügen nicht über das Mindestmaß an Anstand, das sich gehören würde, um diesen Menschen Ihre Anteilnahme und die notwendigen und vorhandenen Hilfsmittel zukommen zu lassen. Jeden Tag verfestigt sich meine Meinung:

Sie regieren gegen dieses Land!

Tim K.

58. Es ist gar nicht so schwer ...

Und wenn sie sagen, dass man das nicht sagen darf, dann entgegne ich ihnen: Wer will mir das verbieten? Sie sagen immerzu, dass man nichts dagegen machen kann. Doch, das kann man! Auch wenn man nur damit anfängt, morgens beim Bäcker die Überschrift der „BILD"-Zeitung mit seiner eigenen Meinung laut zu kommentieren! Sollten sie sagen, alles sei ja gar nicht so schlimm und werde übertrieben, dann erwidere, dass Du persönlich mehrere Fälle kennst, denen das genau so schon einmal passiert ist. Und wenn Du durch die Städte und Dörfer fährst, dann öffne die Augen und beobachte einfach nur: Was Du siehst, ist die Realität, und nicht etwa die gefälschten und bearbeiteten sogenannten „Statistiken". Denn merke: Glaube nur an die Statistik, die Du selbst gefälscht hast.

Deine Eltern haben Dir Freiheit, Moral und Anstand beigebracht. Das ist alles, was zählt: nicht das leere Wunschgefasel der „Mächtigen", die damit ohnehin nur ganz andere Absichten verbergen und verfolgen. Es ist Dein Leben und das Deiner Kinder, was von Bedeutung ist. Nichts anderes! Nicht das Wunschdenken irgendwelcher Fremder in den hohen Reihen der Politik.

Es ist an der Zeit, aufzuwachen.

Tim K.

59. Subjektive Beschreibung eines Ausflugs

Im Oktober 2015 besuchte mich eine Kommilitonin bei mir zu Hause in Nordrhein-Westfalen. Wir gingen gemeinsam etwas essen und verbrachten einen schönen Abend in einem Restaurant am Rande der mittelgroßen Stadt mit etwa 60.000 Einwohnern. Wir unterhielten uns wie immer mit dem Restaurantinhaber, der ein alter Bekannter von mir ist. Er erzählte uns, dass in etwa 300 Metern Luftlinie vom Lokal entfernt circa 800 Flüchtlinge einquartiert wurden; diese würden nun in den ehemaligen britischen Soldatenwohnungen wohnen.

Sie erinnern sich: Um die Ecke liegt das *„Kaufland"* Detmold.

Bis vor Kurzem standen täglich zur „Prime time" etwa 60 männliche Personen auf der gegenüberliegenden Straßenseite seines Lokals, und alle hielten sie ihre Smartphones in den Händen. Die Erklärung lieferte er umgehend: Sein Lokal betrieb ein offenes WLAN-Netz für seine Gäste, und dieses zog die Internet- bzw. Dating-App-Fans natürlich an wie Honig die Bienen oder ein Kuhfladen die Fliegen. Er sah sich deshalb gezwungen, das WLAN-Netz mit einem Passwort zu sichern. Seitdem ist es wieder ruhig auf der anderen Straßenseite.

Meine Freundin und ich beschlossen, uns die Situation vor Ort einmal genauer anzuschauen. Es war nach 20 Uhr und bereits dunkel draußen. Wir fuhren mit dem Auto in Richtung der Wohnsiedlung, in der nun 800 neue Mitbürger ihr neues Zuhause gefunden hatten. Bereits auf dem Weg kamen uns Gruppen von Flüchtlingen entgegen, die alle mit vollgepackten Einkaufstüten vom naheliegenden Großdiscounter kamen; es waren durchgängig Männer. Kurz vor der Siedlung sahen wir, dass ein ehemaliges Militärgebäude zu einer Art Café umfunktioniert worden war, das sich mit großen Buchstaben auf einer Kreidetafel als *„Welcome Café"* auswies. In und vor dem Gebäude tummelten sich viele Flüchtlinge und auch Deutsche in einer Art Folklore- und Feierstimmung. Wir bogen in die Straße zur Siedlung ein. Die Straße war voller Menschen, und alle Wohnblöcke waren hell erleuchtet. Jede Stromquelle, seien es das Eingangslicht, Flurlicht oder Zimmerlicht, war eingeschaltet, folglich war alles hell erleuchtet. Aus den Fenstern schauten Männer, Kinder und Frauen, und dieser Anblick wirkte auf uns irreal und irgendwie gespenstisch.

Wir waren Fremde im eigenen Land und wurden in unserem Auto ebenso als Fremde angegafft. Langsam fuh-

ren wir aus dem Viertel wieder hinaus und blickten uns
wortlos an.

Deutschland am Abgrund.

60. Deutschland im Herbst

Eine Freundin von mir ist graduierte Bauingenieurin. Sie
bewohnte ein Zimmer in einer Pension in Niedersachsen,
weil sie dort jeden Tag auf einer Baustelle arbeiten musste.
In ihrem Zimmer befand sich eine Kochnische. Ein Jahr
lang wurde das Zimmer pünktlich von ihrem Arbeitgeber
bezahlt. Eines Tages trat der Pensionsinhaber an sie heran
und versuchte ihr mit schlechtem Gewissen klarzuma-
chen, dass sie das Zimmer verlassen müsse. Warum? Der
Kreis Salzgitter sei an alle Hotels und Pensionsbesitzer
herangetreten und habe diese aufgefordert, leere Zimmer an Flüchtlinge zu vermieten. Und da ihr Zimmer
beispielsweise über eine Kochnische verfügte, wäre dies
für eine Flüchtlingsfamilie eher angemessen als für eine
einzelne Deutsche.

So musste sie dann wohl oder übel in ein anderes Zimmer ausweichen.

Dann kamen sie auch schon. Die neuen Bewohner der Pension, fast nur Männer, fühlten sich sofort wie zu Hause. Es wurde in der Nichtraucher-Pension geraucht, bis sich die Balken schwärzten, wodurch ständig Feueralarm ausgelöst wurde. Die Nächte waren durchzogen von Geschrei, Streitereien, Schlägereien und zerberstenden Aschenbechern. Meine Freundin hielt es nicht mehr aus und suchte letztendlich das Weite.

Die Polizeiausbildungskaserne in Ostwestfalen-Lippe musste nach drei Monaten kernsaniert werden, weil alle Räumlichkeiten vollkommen „zugeschissen" und verdreckt waren. Die neuen Bewohner koteten überall hin, sogar direkt aus den Fenstern. In der Kantine gab es dreimal am Tag warmes Essen.

Meine Großeltern, die nach dem Krieg geflüchtet waren und dieses Land mit ihren bloßen Händen wieder mit aufgebaut haben, können sich in ihrem hohen Alter kein Essen auf Rädern leisten. Auch fiel der hohe Trinkwasserverbrauch der neuen Gäste auf. Bis zu vier große PET-Wasserflaschen wurden jeden Tag pro Person konsumiert. Oder etwa doch nicht? Als der Verbrauch ins nicht mehr Nachvollziehbare anstieg, machte sich eine Mitarbeiterin der Essensausgabe die Mühe und verfolgte den Weg der PET-Flaschen. Nach deren Ausgabe verschwanden die Trinkwasserliebhaber um die Ecken hinter ein Wohnhaus und gossen das Wasser auf den Boden. Die Erklärung dafür war schnell gegeben: Jede Flasche bringt 25 Cent Pfand!

61. Zwei Meldungen vom selben Tag

„BILD"-Zeitung, Lokalteil Erfurt, Anfang des Jahres 2016, 1. Meldung:

„Aus für Kita"

Trotz Eltern-Proteste soll die Villa Dreikäsehoch Ende Juli 2016 geschlossen werden, entschied der Stadtrat mit den Stimmen von SPD, Linken und Grünen. Die Sanierung sei zu teuer.

2. Meldung (direkt darunter platziert in fetten Lettern):

„Erfurt kann Flüchtlinge aufnehmen"

Alles vorbereitet! Die neuen Flüchtlingsunterkünfte im Norden der Stadt können Ende März bezogen werden, gab Bürgermeisterin Tamara Thierbach gestern bekannt. Es stünden 20 Wohnungen mit drei und zwei Zimmern bereit. Sie sind zwischen 45 und 72 Quadratmetern groß. Eine Wohnung soll als sozialer Treffpunkt und Anlaufstelle dienen.

62. 80 Prozent Atomphysiker/Ärzte und Lehrer

In jedem Artikel der großen Medien, in denen „Flüchtlinge" beschrieben und interviewt werden, haben alle in der Regel angesehene und gut verdienende Berufe. Als Beispiel nehme ich hierfür die „SPIEGEL"-Ausgabe Nr. 43 von Oktober 2015. Hier wurden 23 Flüchtlinge befragt, wie sich Deutschland anfühlt. Wie sieht es aus, wie redet es, wie riecht es? Erste Eindrücke von Menschen, die es wissen müssen: Flüchtlinge. Dann die Auflistung:

Nada (31 Jahre), Lehrerin; Raman (17 Jahre); Ranem (19 Jahre); Omara (21 Jahre), Jurastudent; Dino (27 Jahre) Maler, Bauarbeiter; Mohammed (25 Jahre) Schiffsoffizier; Mohamed (22 Jahre), Jurastudent; Fadi (23 Jahre); Bablu (20 Jahre), Abiturient, will Polizist werden; Sayid (26 Jahre), Importhändler; Hamid (32 Jahre), Journalist; Mariam (23 Jahre), Studentin der Pharmazie; Naman (36 Jahre), IT-Spezialist; Barjas (37 Jahre), Fotograf; Valentino (13 Jahre), Schüler; Baraa (25 Jahre), Musiker und Grafikdesigner; Saad (27 Jahre), Medizinstudent; Miran (25 Jahre), Architekt; Ahmed (30 Jahre), Apotheker; Jehanzaib (19 Jahre), Businessstudent; Mustafa (31 Jahre), Elektroinstallateur; Houssam (32 Jahre), Grafikdesigner; Dani (19 Jahre), Student.

Der „SPIEGEL" scheint in seinem Artikel selbstverständlich eine zufällige Auswahl getroffen zu haben. Den Lesern und Leserinnen soll tatsächlich suggeriert werden, dass die meisten Flüchtlinge hochqualifizierte Berufe haben und Studenten sind. Für wie dumm wird die Leserschaft eigentlich gehalten? Wenn ich an den Orten vorbeifahre, an denen sich offene WLAN-Netze befinden und ich die ausnahmslos jungen Männer sehe, die dort mit ihren Smartphones herumlungern, fällt es mir mehr als schwer zu glauben, dass dies alles Ärzte, Lehrer und Atomphysiker sein sollen. Aber sollte ich mich irren, nehme ich alles Geschriebene zurück.

63. Fragen, die Millionen von Menschen interessieren dürften

Frau Merkel,

ich möchte Sie in diesem Brief nicht kritisieren oder gar diskreditieren. Ich habe nur noch ein paar Fragen an Sie, die ich stellvertretend für Millionen stelle und deren Antworten mich brennend interessieren. Außerdem, wer weiß schon, ob man derartige Fragen irgendwann überhaupt noch einmal stellen darf? Deshalb komme ich gleich zur Sache: Die EU gesteht, dass 60 Prozent der Einwanderer keine Flüchtlinge sind und keinen Anspruch auf Asyl haben. Sind diese aber erst einmal in der EU, ist eine Abschiebung kaum noch möglich. Da Ihnen diese Zahlen selbstverständlich bekannt sind, frage ich Sie, warum Sie weiterhin eine Schließung der Grenzen und ordnungsgemäße Pass-Kontrollen ablehnen? Warum lassen Sie all diese „Reisenden" zu uns kommen, die gar kein Recht darauf haben? Ist das nicht ein vorsätzlicher Bruch der geltenden Gesetze? Brechen Sie damit nicht Ihren Amtseid? Warum meiden Sie eine Obergrenze wie der Teufel das Weihwasser? Was ist, wenn noch viele weitere Millionen aus aller Welt zu uns strömen? Haben Sie sich schon einmal gefragt, warum

90 Prozent der „Reisenden" junge Männer sind? Was sagen Sie dazu, dass in vielen deutschen Städten Frauen abends Angst haben, alleine auf die Straße zu gehen? Wie gedenken Sie, die Frauen in diesem Land vor sexuellen Übergriffen zu schützen? Warum werden fast hundert Milliarden Euro für „Einreisende" in den nächsten Jahren bereitgestellt? Warum investiert man dieses Geld nicht in den Kampf gegen Kinderkrebs, in unser Schul-, Kranken- und Sozialsystem sowie in den Ausbau unserer Straßen? Oder in sozial schwache Familien, die hier geboren wurden? Wissen Sie eigentlich, dass Sie nicht nur dieses Land, sondern ganz Europa mit Ihrer Politik in den Abgrund treiben? Warum mögen Sie die deutsche Fahne nicht? Warum sind Sie keine Kanzlerin für die Bevölkerung, deren große Teile Sie gewählt haben? Warum haben Sie keine Selfies mit Opfern der Unwetterkatastrophe und freiwilligen Helfern und Feuerwehrleuten gemacht? Wissen Sie nicht, dass diese vielen Millionen Fremden wahrscheinlich nicht im Geringsten integriert werden können? Ist Ihnen nicht klar, dass dieses noch ein riesiges Konflikt- und Gefährdungspotenzial für unser Land bedeuten wird? Ich könnte Sie noch so vieles fragen, aber jetzt kommt die für mich wichtigste Frage:

Wann treten Sie endlich zurück?

Tim K.

64. Wem nützt eigentlich diese Invasion?

Diese Frage stellt sich mir unweigerlich. Wem nützt dieser Wahnsinn, und wie ist es überhaupt möglich, dass eine „Staatsführung" dermaßen unverantwortlich, oder besser ausgedrückt, verwerflich und schädlich agiert? Ich frage mich, warum wir tatenlos dabei zusehen und in einer Art Schockstarre wie Lämmer, die zur Schlachtbank geführt werden, alles mit uns machen lassen. Wie aus heiterem Himmel ergießt sich inzwischen ein riesiger Strom über unser Land. All diese Millionen Fremden, die nichts mit unserer Kultur, unseren Gewohnheiten oder Gepflogenheiten zu tun haben, werden regelrecht in unser Land hinein gewinkt. Ist das ein Zufall? Wie erklärt es sich, dass sich auf einmal Millionen zu uns aufmachen? Wie ist es zu erklären, dass alle beinahe ausnahmslos ein Smartphone bei sich tragen, obwohl nur 20 Prozent der Menschen in Afrika überhaupt eines ihr eigen nennen können? Es ist absehbar, dass es in Deutschland zu Aufständen oder bürgerkriegsähnlichen Ereignissen kommen wird, wenn es so weitergeht wie bisher. Diese Meinung wird bereits von ausländischen Politikern und Sicherheitsexperten geteilt. Wem ist daran gelegen, und warum tut man nichts dagegen:

im Gegenteil, fördert es noch? In Funk, Fernsehen, Presse und Internet wird eine gleichgeschaltete Meinung in die Massen hineingepresst. Unsere Politiker singen im selben Chor stets dasselbe Lied, und zwar solange, bis auch der letzte Widerstand, die letzte konträre Meinung verstummt ist und die riesige Flüchtlingsarmee bereits so viele Brückenköpfe gebildet hat, dass es ohnehin zu spät sein wird, gegen diese Politik noch erfolgreich sich zu widersetzen. Der Deutsche ist Wohlstand, Ruhe und Frieden gewohnt, und genau das sind die Attribute, die unseren Politikern in die Karten spielen. Wie in einem trägen Winterschlaf muckt ohnehin niemand mehr auf. Es ging uns ja immer gut, und es gab auch keinen gravierenden Anlass fürs Aufmucken, bis jetzt ...

Und dennoch geht es uns immer noch zu gut. Funktioniert ja auch noch alles. Das Leben geht weiter wie bisher. Die Läden sind voll mit Lebensmitteln, die Elektrogeschäfte ebenfalls, Fußball-Bundesliga und Sommerurlaub sind auch fester Bestandteil, worüber also soll man sich aufregen? In jedem kleinen Dorf werden inzwischen Flüchtlinge einquartiert, man sieht diese auch ständig am Straßenrand oder in kostenlosen WLAN-Zonen, beim Einkaufen oder in der Fußgängerzone, und sie werden täglich mehr. In meiner Heimatstadt fährt die Polizei ungefähr alle 15 Minuten aufgrund eines Ladendiebstahls zu einem großen

Einkaufscenter, in dessen Nähe ungefähr 800 Flüchtlinge leben. Diese Fremden erhalten plötzlich alle Rechte und Zuwendungen, die für bedürftige Menschen in Deutschland jahrelang nicht existierten: Begrüßungsgeld, Taschengeld, Wohnraum sowie viele Arten der sozialen Hilfe und Zuwendung. Alle Medien feiern diese Ankömmlinge als Bereicherung, und sie wären notwendig für unser Überleben und Fortbestehen. Warum? Wer oder was steckt dahinter? Was ist der große Plan?

Große Teile der Bevölkerung Deutschlands sind dagegen. Man darf aber diese Art der Meinung nicht öffentlich äußern. Die Folgen sind zwangsläufig gesellschaftliche Verurteilung, mediale Ächtung, Verlust des Arbeitsplatzes und eines Tages womöglich staatliche Sanktionen. Wer sich kritisch äußert, wird sofort als „Nazi" oder „Rechtsradikaler" mundtot gemacht. Wer sind diese Schleuserbanden, die Millionen hierherbringen, und wer steckt dahinter? Woher haben alle Flüchtlinge ein Smartphone? Die Fragen wiederholen sich andauernd, denn es gibt keine offiziellen Antworten darauf. Also vermute ich inoffiziell, aber dazu komme ich noch. Wie sieht unser Land eigentlich in zehn bis 15 Jahren aus? In einem soeben veröffentlichten Memorandum des Wiener Akademiker-Kreises heißt es unter anderem: *Die Migrationswelle aus Afrika und Asien hat ihren Höhepunkt noch lange nicht erreicht. Gunnar Hein-*

sohn, Professor für Militärdemographie am NATO Defense College, rechnet bis 2050 mit 950 Millionen Migranten allein aus Afrika und dem Nahen Osten.“ Warum nehmen nicht die wohlhabenden Ölstaaten ihre leidenden Landsleute auf, da jene doch viel leichter für die hilfesuchenden Menschen erreichbar wären, und die sie aufgrund desselben Glaubens auch viel besser verstehen können als wir? Wieso sind es vornehmlich christliche Gruppierungen, katholische und evangelische Hilfseinrichtungen, die sich hier bei uns um die Migranten kümmern, während die islamischen Moscheen ihre Tore fest verschlossen halten und niemanden hereinlassen? Wenn man sich die Flüchtlinge einmal genauer ansieht, kommt man schnell zu möglichen Erklärungen. Im Gegensatz zu ausgemergelten und wirklich hilfsbedürftigen Flüchtlingen und Opfern von Bürgerkriegen und Hungersnöten sind die hier einreisenden „Flüchtlinge“ junge wohlgenährte und vitale Männer, die aggressiv, laut, streitsüchtig und unverschämt auftreten. Sie prügeln sich untereinander, spucken Einheimische an und durchforsten Einkaufsläden nach Macheten, die sie stammestypisch in ihrer Heimat immer getragen haben. Sind solche Aussagen fremdenfeindlich? Nein, das ist die Wahrheit! Vokabeln wie „Nazi“ und „Rassist“ sind ihnen sofort bekannt. Woher? Ich habe viele grundlegende Fragen gestellt, die niemand in der Öffentlichkeit oder in den Medien richtig beantworten kann und wird. Auch ich beanspruche nicht, die Weisheit mit Löffeln gegessen zu haben, aber ich maße mir an, eine logische Erklärung hierfür heranzuziehen. Fazit: Eine derartige Massenwanderung von Menschen kann nur gezielt und aus dem Hintergrund gesteuert geschehen. Wie kann es sonst sein, dass auf einmal Millionen Menschen sich gleichzeitig und urplötzlich in Bewegung setzen? Deutschland war das starke Land in Europa. Wir waren führend auf dem Kontinent und galten als das wirtschaftliche Zugpferd. Wir hatten inzwischen wieder Steuerüberschüsse und für 2016 einen Puffer von knapp neun Milliarden Euro. Die Zeiten der Schwarzen Null sind aber ein für allemal vorbei, dem „Flüchtlingssommermärchen" sei Dank! Wem könnte also daran gelegen sein, Deutschlands Vormachtstellung zu zerstören und vor allem, wie? Meiner Meinung nach sind es amerikanische Lobby-Gruppen, die sich genau das zum Ziel gesetzt haben. Dies würde auch erklären, warum vor allem amerikanische Organisatoren die Schlepper- und Schleuserbanden finanzieren, welche die Asylanten von Afrika und Arabien nach Europa bringen. Dies meldete vor Kurzem das österreichische Abwehramt, ein österreichischer Geheimdienst, und auch der russische Präsident Wladimir Putin, der vor nicht allzu langer Zeit vor dieser Art Kriegsführung der US-Administration warnte, die er ebenso für die Umstürze in der Ukraine, in Libyen, Irak,

Afghanistan und Syrien verantwortlich machte. Der größte Teil der Schleuser, der Flüchtlingsboote, der Hunderttausende Smartphones wird professionell organisiert und gelenkt. Das steht fest. Einflussreiche, finanzstarke und mächtige amerikanische Kreise verfolgen meiner Meinung nach das Ziel, Deutschland mithilfe dieser „Migrantenwaffe" zu zersetzen und letztendlich in seiner Kultur, seinem Wohlstand und seiner Sicherheit zu zerstören. Diese Kreise müssen eine derartige Macht des Kapitals besitzen, dass selbst Politiker wie Marionetten ihnen willenlos ergeben und hörig sind. Nicht anders ist das Verhalten von „Mutti Merkel" und ihren unterwürfigen und rückgratlosen Gefolgsleuten inklusive all der anderen Politiker zu erklären. Hinzu kommen das ansässige Kapital und die starken Finanzkräfte wie Versicherungen, die Pharmaindustrie sowie Immobiliengesellschaften. Es steckt eine regelrechte Flüchtlingsindustrie dahinter. Wenn man sich vor Augen führt, dass ein Asylbewerber den Steuerzahler etwa 3.500 Euro monatlich kostet, dann sind das bei einer Million neuer Asylbewerber allein 2016 monatlich 3,5 Milliarden Euro – also pro Jahr 42 Milliarden Euro. Das ist die Summe, die in einem Jahr an alle Arbeitslosen in ganz Deutschland ausgezahlt wird. Betreuer, Dolmetscher, Sozialpädagogen oder Schlepper, Miet-Haie und gierige Vermieter, die alle mit abkassieren, sind selbstredend auch nicht zu vergessen. Die Pharmaindustrie verdient Milliarden dank all der neuen „Flüchtlinge", ebenso die Versicherungen. Langsam versteht man, warum so eine aggressive und ungezügelte Invasionspolitik mit allen Mitteln durchgepeitscht wird. Trotzdem ist es absolut unerklärlich, wie hier ein Land zugrunde gerichtet und in eine Zukunft geführt wird, vor der mir schon graut. Bereits jetzt steht fest, dass Kommunen, Kreise, Städte und Länder nicht nur an ihre Grenzen gestoßen sind, viel schlimmer: sie kollabieren bereits. Trotzdem heißt die gewünschte und forcierte Devise weiterhin: Alles und jeder rein, der geht. Das ist anscheinend sogar gewünscht. Obergrenzen gibt es nicht und darf es nicht geben. Noch nicht mal darüber sprechen dürfen Politiker. „Mutti" verbietet allen den Mund. Mit voller Fahrt voraus in den Eisberg.

Wie können eine Regierungschefin und alle führenden Politiker das eigene Land vorsätzlich in den Abgrund reißen, zerstören und vernichten? Weil es von anderen, größeren und mächtigeren Stellen genau so gewünscht wird. Diese verfolgen nämlich einen ganz anderen Plan. Ergo führen Merkel & Co. ihre Weisungen aus und importieren gleichzeitig eine große Anzahl IS-Kämpfer in unsere Heimat. Wenn wir uns nicht sofort eines Besseren besinnen und dagegen angehen, dann ist es um unser Land endgültig geschehen. Wir stehen unmittelbar am Abgrund.

65. Wir stehen am Abgrund!

In einer aktuellen Gerichtsverhandlung bezüglich der Silvesternacht in Köln kam Folgendes zutage: Jennifer W. wurde zuerst von hinten an den Po und dann von einem anderen Mann vorne in den Schritt gefasst, während ein Dritter sich an ihrer Handtasche zu schaffen machte. Sie musste mit ansehen, wie ihre Freundin ein oder zwei Meter weiter von einem Mann in den Schwitzkasten genommen wurde. Er versuchte, sie zu küssen. Der Täter ist derselbe Mann, der noch wenige Minuten zuvor mit den beiden jungen Frauen ein Foto machen ließ und „freundlich" wirkte. Es handelte sich um einen irakischen Asylbewerber. Der Richter beschreibt in seiner Urteilsbegründung, dass sie wie *„Tiere"* über die Frauen herfielen.

Der Verlobte von Jennifer W. wurde von einem weiteren Asylanten bedroht: *„Give the girls, give the girls or Tod."* Auch mit ihm hatte der Verlobte kurz vorher noch ein „freundliches" Foto gemacht. Beide Subjekte, beide Asylanten wurden zu einem Jahr Haft auf Bewährung verurteilt.

In Chemnitz wurde eine Zivilpolizistin bei ihrem Streifengang von einem Pakistaner in der Innenstadt begrabscht. Auch in Laatzen bei Hannover betatschte und streichelte ein

Asylbewerber aus Afghanistan (17 Jahre) im Nichtschwimmerbecken zwei Mädchen (8 und 9 Jahre) unter Wasser; zuvor tat er dies mit einer 18-Jährigen. Die Polizei ließ ihn laufen, da er 17 Jahre als sein Alter angab.

In den Freibädern ist ein immenser Anstieg von immer wiederkehrenden „Einzelfällen" zu verzeichnen, bei denen Frauen und Kinder angegrabscht und sexuell belästigt werden. Dabei wird immer wieder auf einen „kulturellen Irrtum" hingewiesen und dass man den Tätern nur sagen müsste, dass so etwas nicht erlaubt ist.

Das ist doch nicht zu fassen! In keinem Land ist es erlaubt, Frauen oder Kinder zu begrabschen! Und wem man so etwas erst noch erklären muss, der hat ohnehin hier nichts zu suchen! Dieses Land und seine Regierung lassen seine Frauen, Mütter, Töchter und zukünftige werdende Mütter alleine und im Stich! Alle diese Politiker, Befürworter, die gleichgeschaltete Presse und alle Gutmenschen sind für mich potenzielle Mittäter und genießen fast dasselbe Ansehen wie diese Subjekte.

Wer seine Frauen nicht mehr beschützen kann, der ist verloren.

Deutschland am Abgrund!

Tim K.

66. Vatertag

Ich war zwar am diesjährigen Vatertag nicht mit Boller-
wagen und Bier unterwegs, musste aber dennoch ein paar
Termine wahrnehmen. Die Sonne strahlte, und es war
ein richtig schöner Tag. Egal, durch welche Stadt oder
welches Dorf ich fuhr, überall waren Gruppen von jungen
„Augenärzten", „Atomphysikern" und „Raketenforschern"
unterwegs. Ich vermute, dass viele Tagungen und Kongresse
stattfanden, zu denen diese zahlreichen Gruppen von ambitionierten Akademikern hin pilgerten. Ihre Familien,
also ihre Frauen, Kinder und Eltern, hatten die jüngsten
Promovierten der Welt nicht dabei. Ich schätze mal, dass
die Kongresse der Eliten wohl nur Männern vorbehalten
waren. In den Händen hielten die Dozenten Smartphones
und Tablets. Wahrscheinlich bereiteten sie sich mithilfe
ihrer elektronischen Medien noch auf ihre Vorträge vor.

Wenn das alles nicht so unfassbar wäre, müsste man
den ganzen Tag nur laut lachen: darüber, wie man einen
ganzen Kontinent und dessen Errungenschaften ohne
Rücksicht auf Verluste, Schäden und Gefahren zugrunde
richtet. Ich bin mittlerweile 42 Jahre alt, lebe mein Leben
so, wie es mir gefällt, und bin von keinem Arbeitgeber,
geschweige denn von einer Firma abhängig. Deshalb kann
ich sagen, was ich will und wie ich es will. Ich lasse mir

mein Verständnis von Demokratie und Meinungsfreiheit nicht von irgendwem, geschweige denn von der „Schlepperkönigin" und ihrem Hofstaat, in irgendeiner Art und Weise zerstören. Ich verachte diese Subjekte dafür, was sie aus diesem Land gemacht haben, wie sie unsere Freiheit beschneiden, das Recht auf freie Meinung unterdrücken und uns alle zu einer dummen Schafsherde formen wollen, die brav und artig auf die Klippen des Abgrunds zu trottet. Ich freue mich schon, dass viele Gutmenschen und Gegner jetzt wieder kotzen, aber, hey Leute, so ist das in einer Demokratie. Ihr bekommt langsam, aber sicher immer mehr Gegenwind! Und vielleicht wird dieser Gegenwind irgendwann zu einem Sturm. Ich werde mein Leben von nun an größtenteils meiner Überzeugung und meiner Einstellung widmen und alles dafür tun, um einer von vielen Gegenpolen dieses Systems und dieser Entwicklung zu sein, und zwar aus dem einfachen Grund, weil mir alles, was ich soeben als meine Heimat umschrieben habe, mir viel zu sehr am Herzen liegt.

Kein Teil des Systems!

67. „Siggi"

Wo „Mutti" ist und daherfaselt, da ist „Siggi" auch nicht
weit weg: wenn auch nicht physisch, doch zumindest mit
seinem absurden Geschwafel. Ich las davon, dass Sigmar
Gabriel die *„Wende in der Flüchtlingspolitik von Angela Merkel
kritisiere"*. Das war dann doch zu viel für mich. Ein Post
musste raus!

Guten Tag, Herr „Vizekanzler" Sigmar Gabriel,
   *jetzt mal ganz im Ernst: Normalerweise würde ich Ihnen
das burschikose „Kampf-Du" anbieten, weil Du, ich meine Sie,
so ein gespielt bürgernaher Kumpel-Typ sind. Aber das ist ja
auch mehr Schein als Sein. In der Realität sind Sie genauso
eine Marionette wie die anderen gleichgelagerten Subjekte, die
sich scheinheilig „Politiker" nennen, und die in Wirklichkeit
nur machtbesessene Egoisten sind, die allerlei Interessen, nur
nicht die der eigenen Bevölkerung vertreten. Damit ich nicht
ständig durcheinander komme, wähle ich daher nun eine Mix-
tur aus „Sie" und „Du" und werde Dich, ich meine Sie, „Siggi"
nennen und Dich/Sie dabei siezen.*
   *Siggi, wenn ich an Ihre Chefin denke, die „Königs-Mutter",
dann fallen mir sofort drei Schlagworte ein: Zerstörerin, Verrat
und Hausmütterchen. Die meisten Bürger werden Sie, „Siggi",
gar nicht so gut kennen, weil Sie zum einen nichts bewirken*

und zum anderen im Glanze der „Mutti" völlig untergehen. Ich versuche trotzdem mal auf die Schnelle drei Schlagworte zu finden, die ich mit Ihnen direkt in Verbindung bringe: Verlierer, Lausbub und „Pack". Ich werde Ihnen das kurz erläutern. Sie sind für mich der ewige Verlierer und Flatrate-Zweite. Sie sind für mich ein fast 60-jähriger Mann, der immer noch wie ein unterdrückter alberner Lausbub rüberkommt. Jemand, den man einfach nicht ernst nehmen kann. So eine Art Schelm. Und als „Pack" hast Du Menschen bezeichnet, die eine andere Meinung als Du in der Flüchtlingspolitik haben. Übrigens, ich kriege das nicht hin mit dem Siezen, weil ich Dich einfach nicht ernst nehmen kann.

Siggi, was Angela Merkel mit der CDU geschafft hat, nämlich eine Art Nachfolgeorganisation der SED aufzubauen, das hast Du mit der SPD in eine andere Richtung vollbracht. Die Volkspartei des kleinen Mannes und Arbeiters ist zu einer Art Randerscheinung verkommen. Auch deshalb, weil Du die Politik gegen die kleinen Leuten unterstützt und mit vorantreibst. Erst vor ein paar Tagen hast Du Angela Merkel vorgeworfen, dass sie eine 180-Grad-Wende in der Flüchtlingspolitik vollzogen und sich komplett von ihrem Willkommenskurs in der Flüchtlingspolitik verabschiedet habe. Du kritisierst das sogar! Damit wir uns richtig verstehen: Natürlich hat die schlichte Pfarrerstochter aus der Uckermark das nur getan, damit ihre Umfragewerte nicht *noch weiter in den Keller stürzen. Deutschland und das Wohl seiner Bürger spielten dabei keinerlei Rolle, denn ansonsten hätte sie schon vorher angemessen reagiert und nicht vorsätzlich Europa in den Abgrund getrieben. Aber was in aller Welt fällt Dir überhaupt ein, das zu kritisieren? Möchtest Du weitere Millionen „Atomphysiker" und „Augenärzte" bei uns willkommen heißen? Willst Du weiter Politik gegen den kleinen Mann und das eigene Volk betreiben? Willst Du, dass die unzähligen und vorhandenen Milliarden Euro anstelle für die eigene Bevölkerung lieber in das fortführende Studium von „Raketenforschern" und „Wirtschaftsjuristen" gepumpt wird? Habe ich da etwas verpasst, oder sitzt Du nicht auch in der sogenannten Regierung? Ist Angela Merkel nicht eine „Pausenlos-180-Grad-Wende"? Sie dreht sich doch nur im Kreis!? Gäbe es eine 1.000-Grad-Wende, müsste diese nicht nach Dir benannt werden?*

„Es gab zur Entscheidung der Kanzlerin, im vergangenen September die deutsche Grenze für die Flüchtlinge aus Ungarn zu öffnen, keine Alternative." *Das waren Deine Worte. Natürlich gab es eine Alternative: Die Grenzen einfach geschlossen zu halten. Punkt!*

Ich möchte noch mal auf den Begriff „Vizekanzler" zurückkommen, den ich bewusst in Anführungsstrichen gesetzt habe. Sigmar, Du bist niemand, der den Namen „Kanzler" als Titel tragen sollte, noch nicht einmal mit einem „Vize" davor. Du bist ganz einfach zu unfähig bzw. zu ungeeignet dafür und unterm Strich ohne jeglichen Standpunkt. Du bist und bleibst der „Lausbub", der krampfhaft versucht, staatsmännisch zu wirken und Seriosität auszustrahlen. Glaub es mir, keines von beiden hat auch nur annähernd funktioniert. Du und die Deinigen haben lange genug dieses Land in den Ruin und an den Abgrund getrieben! Mein Ratschlag: gemeinsam mit „Mutti" das sinkende Schiff verlassen und nach Chile absetzen. Siggi: Note 6, setzen!

Mit der höchsten Form der Verachtung, aber auch mit einer gehörigen Portion Mitleid.

Tim K.

68. Fremd im eigenen Land

Sehr geehrte Antidiskriminierungsstelle,
hochverehrte Damen und Herren,
ich heiße Tim K., bin in diesem Land geboren, 42 Jahre alt, habe bei der Bundeswehr und der Polizei gedient, immer meine Steuern gezahlt und fühle mich außerordentlich diskriminiert.

Auf Nachfrage eines Kunden bestätigte nämlich die Deutsche Bahn, dass dunkelhäutige und südländisch aussehende

Personen kostenlos Bahn fahren dürfen. Wenn diese nämlich vorgeben, kein Deutsch zu sprechen, gelten sie als Asylbewerber und werden nicht kontrolliert, dürfen ohne Bußgeld an der nächsten Station aussteigen, oder es wird ein sogenannter „Nuller"-Fahrschein ausgestellt, der zur kostenlosen Weiterfahrt berechtigt.

Ich als Deutscher müsste Strafe zahlen und hätte mit einer Anzeige zu rechnen. Ich fühle mich daher maßlos diskriminiert!

Wenn ein „Flüchtling" mit seinem Fahrrad in ein Auto fährt oder einen andersartigen wirtschaftlichen Schaden verursacht, so bleibt der oder die Geschädigte auf den Kosten sitzen. Warum? Ganz einfach, weil die „bereichernden Fachkräfte", „Atomphysiker" und „Raketenforscher" keine Haftpflichtversicherung besitzen. Ich als Eingeborener muss selbstverständlich zahlen, was ja auch richtig ist. Das bedeutet gleichwohl Kosten für mich, die diese „wertvollen Fachkräfte" nicht zahlen müssen. Ich fühle mich daher auch hier außerordentlich diskriminiert!

In Sachsen werden „Flüchtlinge" kostenlos mit Taxen zum Arzt oder zu Terminen bei Behörden gefahren. Darüber berichtete sogar der MDR. Die Kosten übernimmt die Landesdirektion.

Warum dürfen unsere älteren Menschen nicht kostenlos mit Bus, Bahn und Taxi fahren? Dies ist eine allgemeine und nicht nachvollziehbare Diskriminierung!

Ich könnte diese Aufzählung noch fortführen, aber mir ist mittlerweile schlecht geworden, und aus Vorsorge, mich nicht übergeben zu müssen, beende ich den Text an dieser Stelle.

„Die Gnade der späten Geburt", wie Helmut Kohl einmal in Bezug auf die Nachkriegsgeneration sagte, ist zu einem „Fluch auf heimischem Boden" verkommen. Aber es sind ja nur wir, die unwichtigen und bedeutungslosen Eingeborenen, mit denen man bekanntlich alles machen kann: die, welche nicht murren und weiterhin lethargisch sich in Richtung Abgrund führen und lenken lassen. Moment, es gibt noch ein paar Ausnahmen: jene, die Luftballons aufblasen und Teddybären werfen. Aber die kann man ohnehin nicht für voll nehmen.

Ich muss mit Enttäuschung und Resignation erkennen, dass ich bedauerlicherweise ein hier Geborener bin, der nach Strich und Faden auf seinem Grund und Boden verarscht und diskriminiert wird. Kein Teil des Systems!

Tim K.

69. Ein Sohn Kölns

Dieses Kapitel bedeutet mir persönlich sehr viel, denn es ist ein Nachruf auf einen besonderen jungen Mann, der möglicherweise das Opfer eines Verbrechens wurde: kein gewöhnliches Verbrechen, sondern ausgeführt und vielleicht sogar vertuscht von staatlicher Seite, und zwar von Polizeibeamten und Staatsanwaltschaft. Wie viele Fälle gibt es außerdem noch, in dem gerade diese Institutionen, die der Wahrheit, der Moral und der Gerechtigkeit verpflichtet sind, fatal scheitern oder ihre Macht schlichtweg schändlich missbrauchen?

Hafid Z. erblickte am 19.10.1972 in Köln das Licht der Welt und wurde als Sohn von Mahfoud und Aziza Z. geboren. Insgesamt waren sie neun Geschwister, und vor allem war er der große Bruder meines kostbaren Freundes und Bruders Brahim. Hafid wuchs mit Brahim und seinen Geschwistern in Köln-Ostheim in der Gerensheimer Straße auf. Sein Vater, der als Gastarbeiter nach Deutschland kam und zur ersten Generation dieser gehörte, arbeitete 46 Jahre lang bei der Kölner Müllabfuhr. Seine Mutter arbeitete ebenso lange als Putzfrau. Beide waren ehrenvolle Menschen, die niemals in ihrem Leben straffällig wurden oder Probleme mit der Justiz hatten. Ihre Söhne Hafid und Brahim hatten zwar den gleichen guten Charakter, aber ihr Lebensweg sollte sich dennoch von dem ihrer Eltern grundlegend unterscheiden, was für den einen schließlich zum Verhängnis wurde und für den anderen irgendwann die Erkenntnis bringen sollte, ein neues, anderes Leben leben zu wollen. Hafid und Brahim durchliefen die Schule und begannen dann jeweils ihre Ausbildungen als Malocher. Beide gingen nicht in diesem Leben auf, und aufgrund ihrer Physis landeten sie dann im Türstehermilieu. Hafid war 2,08 Meter groß, 160 ausgewachsene Kilogramm schwer und trainierte wie ein Besessener von seiner Jugend an Boxen und Thai-Boxen. Er war, kurz gefasst, eine fleischgewordene Kampfmaschine. Brahim stand ihm in nichts nach und war die kleinere Ausführung seines großen Bruders. Zwangsläufig führte der Weg weiter ins Milieu, in dem sich beide in Köln einen großen Namen machten. Wenn man sich in derartigen Welten bewegt, bekommt man früher oder später die Rechnung dafür. Diese Erfahrung muss jeder irgendwann machen.

Brahim landete im Gefängnis, und Hafid bekam das volle Paket von sieben Jahren Haft für räuberische Erpressung und andere Delikte. Auch in diesem Fall spielte wieder eine Frau eine bedeutende Rolle für die Polizei und die Staatsanwaltschaft, die maßgeblich beeinflusst und instrumentalisiert wurden, um die „Kampfmaschine"

Hafid für eine längere Zeit von der Straße zu bekommen. Ich weiß selbst nicht, was wahr oder falsch war, aber ich kenne die Behörden, und ich weiß um ihre Vorgehensweise. Irgendwann bekommt man für alles die Rechnung, und für Hafid wurde diese damals auch ausgestellt.

Nach zwei Dritteln der Zeit kam Hafid wieder aus dem Knast und wurde nach Spanien abgeschoben, wo eine zusätzliche Haftstrafe auf ihn wartete. Damit wir uns richtig verstehen: Der Junge war kein Chorknabe, und im Gegensatz zu Brahim, der zumindest vorher immer noch nachdachte und abwog, fackelte Hafid nicht lange. Man muss allerdings dazu sagen, dass es in fast allen Fällen immer die Richtigen traf.

Aufgrund eines finanziellen Deals mit der spanischen Justiz durfte Hafid aber nach wenigen Tagen das Gefängnis wieder verlassen und pendelte von nun an zwischen Holland und Deutschland hin und her. Dass er das spanische Gefängnis so schnell wieder verlassen durfte, gefiel den deutschen Behörden ganz und gar nicht. Es dauerte nicht lange, und ein internationaler Haftbefehl wurde gegen ihn beantragt. Zu der damaligen Zeit hielt sich Hafid öfters im Raum Krefeld, genauer gesagt in Viersen auf, weil dort seine Freundin lebte. So geschah es auch, dass er nachts um drei Uhr mit dem gemeinsamen Hund draußen spazieren ging, als er unvermittelt von einer Streifenwagenbesatzung kontrolliert wurde. In der Umgebung hatte sich wohl ein Einbruch oder eine andere Straftat ereignet, welche die Beamten zur Personenkontrolle veranlasste. Das übliche Spiel begann: Wer sind Sie? Was machen Sie noch so spät hier auf der Straße? Warum laufen Sie hier noch rum? So oder ähnlich schien der Beginn der Kontrolle verlaufen zu sein, die sich deswegen dann auch schnell hochschaukelte und in einer Auseinandersetzung endete. Aus dem Wortwechsel wurde ein Streit, und aus dem Streit wurde ein Gerangel, was letztendlich in Widerstand gegen die Staatsgewalt mündete bzw. nicht nur in einen Widerstand, sondern im K.o. für die eingesetzten Polizisten. Bevor die Beamten außer Gefecht gesetzt wurden, hatten sie vorsorglich über Funk Verstärkung herbeigerufen, die sich mittels vieler Streifenwagen schon sehr bald am Einsatzort einfand und sich auch umgehend selbst „einbrachte". So viel zum nächtlichen „Routineeinsatz", der mit der „Verhaftung" von Brahims Bruder Hafid endete.

Als Brahim am nächsten Morgen seinen Bruder aus dem Polizeigewahrsam in Krefeld abholen wollte und sich in der dortigen Wache einfand, wurde er sofort von acht Polizisten eingekreist, die alle ihre Hand an der Waffe hielten. Man muss dazu sagen, dass Brahim Z. alles andere als unbekannt war. Das war der eine Grund, und der andere war die Art der Botschaft, die ihm gleich übermittelt werden sollte: Sein Bruder Hafid war tot.

Als Brahim die Nachricht vom Tod seines Bruders vernahm, war er sowohl völlig außer sich als auch innerlich zerstört. Die offizielle Version hieß: Herzversagen. Der austrainierte und konditionsstarke Kampfsportler Hafid soll aufgrund der kräftezehrenden Festnahme im Nachhinein aufgrund eines Herzversagens gestorben sein. Dies zu glauben, fällt bereits mehr als schwer. Was aber dann noch zum Vorschein kommen sollte, lässt hinter diesem ungeklärten Todesfall einen zum Himmel schreienden Skandal vermuten. Bei der abschließenden Autopsie stellte Aziza, die Mutter Hafids, ein Loch im Genick ihres toten Sohnes fest. Ein Loch, das möglicherweise auf ein Einschussloch hätte schließen lassen können. Der ungeklärte Tod von Hafid hatte zur Folge, dass Brahim ein Stadtbetretungsverbot für Viersen und Krefeld erhielt, wahrscheinlich aus Angst, den geliebten Bruder zu rächen. Die Anwältin der Zaianis geriet regelrecht in Panik bei der Betreuung dieses Falls. Hatte sie im Vorfeld eine Ansage der Staatsanwaltschaft erhalten? Wurde ihr der Fall zu heiß? Bei der Akteneinsicht wurde zwar festgestellt, dass vier Polizisten vorläufig suspendiert wurden, aber was daraufhin wirklich mit ihnen geschah, erfuhr niemand. Die Akte verblieb unvollständig, und obwohl die Familie als Nebenkläger ein Verfahren anstrebte, wurde dieses niemals eröffnet. Es fand niemals eine Verhandlung statt.

Ich habe dieses Kapitel für meinen kostbaren Freund und Bruder Brahim geschrieben, als Vermächtnis und Andenken an seinen geliebten Bruder Hafid, dessen Tod er bis zum heutigen Tage nicht verwunden hat und das wohl auch niemals werden wird. Ein gemeinsames Buchprojekt über das Köln der 90er Jahre, den Krieg an den Ringen und die Rolle von Brahim und Hafid Zaiani wird irgendwann realisiert werden. In Gedenken an Hafid, einen Sohn Kölns, der viel zu jung gestorben ist. Ruhe in Frieden!

Der verstorbene Hafid Z. - Ruhe in Frieden

70. Mein Eid

Ich werde niemals aufgeben oder zurückweichen, niemals meine Überzeugung auf dem Altar des Konformismus opfern. Ich werde mich immer für die Schwächeren einsetzen: für jede Frau, jeden Mann, jedes Kind und jedes Tier. Ich sage, was ich denke, und ich tue, was ich sage. Ich werde in der Gerechtigkeit keine Unterschiede machen. Ich glaube nicht an die Politik oder an ihre Instrumente der Macht, denn ich glaube an die reine Bereitschaft, sich für das Gute einzusetzen. Ich sage die Wahrheit, denn ich verachte die Lüge. Ehre und Respekt sind mein Unterpfand. Ich bin der, der ich bin, und ich bleibe mir auch treu. Ich bin nicht alleine, denn von mir gibt es viele. Ich werde mich erheben, denn man kann mich nicht kleinhalten. Ich glaube an das Gute und weiß um das Böse. Ich bin nachsichtig, wo es angebracht ist, und ich gewähre keine Gnade, wo es erforderlich ist. Ich werde meine Pflicht erfüllen, wenn die Zeit gekommen ist.

Tim K.

71. „Eure Hoheit" — Lösungsvorschlag

Eure Hoheit Angela Merkel,

„Schlepperkönigin" Europas,

ich wende mich heute an Sie, weil ich mir ein paar Gedanken inklusive Lösungsvorschlägen für unser Land bezüglich Ihrer „Flüchtlingspolitik", oder besser gesagt, Ihres zerstörerischen „Flüchtlingsdebakels" gemacht habe. Mit „unser Land" meine ich das Deutschland der vielen Millionen anständiger Bürgerinnen und Bürger und nicht Ihr Land, denn ansonsten würden Sie nicht gegen dieses Land und seine Bevölkerung regieren. Wie dem auch sei, ich erlaube mir einmal, meine bescheidenen Gedanken zur partiellen Lösung der „Flüchtlingskrise" vorzutragen:

Jeder wirkliche Flüchtling soll bei uns Asyl genießen dürfen; darüber sind wir uns einig. Ein richtiger Flüchtling flieht bekanntlich aber auch nur vor Krieg, Terror und nicht aus wirtschaftlichen Gründen. Deshalb wird bald jeder Flüchtling an der Grenze eidesstattlich befragt, ob er verfolgt wurde und aus einem Kriegsgebiet floh oder dies nur aus wirtschaftlichen Gründen tat. Ich denke, dass fast alle „Refugees" die Flucht vor Krieg und Tyrannei bejahen werden. Sollte jemand aber Letzteres bestätigen, so ist er sofort abzuweisen. Bejaht er, wie gesagt, Ersteres, so dürfen seine Frau, seine Kinder und Eltern, insofern er diese überhaupt mitgebracht hat, temporär bei uns bleiben. Er selbst wird in ein sechswöchiges Ausbildungslager der Bundeswehr geschickt und dort an der Waffe und im Kampf ausgebildet. Nach diesen sechs Wochen wird er zusammen mit seinen anderen Landsleuten nach Hause geflogen. Nach der Landung werden ihm eine Waffe und Munition übergeben, und er wird gegen den „Islamischen Staat" oder einen anderen Despoten für die Freiheit seines Landes, seiner Frau und seiner Kinder kämpfen. Für diese Zeit erhält er einen Sold, der für ihn gespart wird, und Frauen und Kinder genießen bei uns Asyl. Nachdem der Kampf irgendwann gewonnen wurde, werden dann seine Frau und seine Kinder mithilfe von Bundeswehrtransportmaschinen zurück zu ihrem Mann und Vater in ihre befreite Heimat geflogen; seinen angesparten Sold nehmen sie dann mit. Das wird ein Wiedersehensfest! Sollte er sich aber weigern, das zu tun, so können er und seine Familie in ein anderes Land „flüchten", denn wer nicht selbst für Land und Familie kämpfen möchte, der hat auch keinerlei Ansprüche zu erwarten. Das hätte dann zur Folge, dass in unserem Land überwiegend Frauen, Kinder und ältere Menschen temporär wahren Schutz genießen, unsere Frauen nicht von diversen widerwärtigen Subjekten begrabscht und vergewaltigt werden und die immense Zahl von Ladendiebstählen ebenfalls drastisch sinken würde. Des Weiteren würden die Tyrannen und der

„Eure Hoheit" - Lösungsvorschlag

„Islamische Staat" *effizient an ihrer Wurzel bekämpft werden. Das verhilft der Gerechtigkeit zum Sieg und spart uns eine riesige Menge Geld, das von nun an erst recht für die eigene Bevölkerung verwendet werden kann. Das Sicherheitsgefühl wird zudem in einem außerordentlichen Maße wieder ansteigen, und Sie müssen keine unterwürfigen und beschämenden Deals mit irgendwelchen Despoten abschließen, die moralisch verwerflich sind und uns dazu noch sehr viel Geld kosten.*

Ich bitte Sie, von Jobangeboten für mich als Berater oder Ähnliches abzusehen, denn ich würde niemals mit Menschen kooperieren, die dieses Land im Stich gelassen und regelrecht zerstört haben. Ich habe aber noch eine Überraschung für Sie, und ich verspreche Ihnen, dass dies ein heißer Sommer für Sie werden wird. Schauen Sie einmal hier: www.tim-k.com

Viel Spaß damit!

Tim K.

72. IS-Messe

Vor einem Jahr zog der 17-jährige Florent aus Hamburg in den Dschihad und reiste nach Syrien zum IS. Wenig später war er tot. Dies nahm ein Pastor aus Hamburg tatsächlich zum Anlass, um für dieses Subjekt einen Gottesdienst abzuhalten. Eine rote Mütze wurde am Altar der Hamburger St. Pauli-Kirche befestigt, und zwischen den Kerzen am Boden standen seine grauen Lieblingsturnschuhe. Ein regelrecht harmonischer und friedlicher Abschied sollte diese Trauerfeier werden für jemanden, der vormals Hamburg verließ, um sich in Syrien dem *„Islamischen Staat"* anzuschließen und dessen Grausamkeiten „beizuwohnen", oder treffender formuliert: sich an diesen zu beteiligen. Als ich das in der Presse gelesen hatte, konnte ich wieder einmal gar nicht anders:

Sehr geehrter Herr Pastor Wilm,

Sie haben gestern in „Ihrer" evangelischen Kirche in Hamburg einen Trauergottesdienst für einen getöteten IS-Kämpfer abgehalten. Ich frage Sie vorab einmal: Um Gottes Willen, sind Sie noch ganz bei Trost? Wissen Sie eigentlich, wofür der „Islamische Staat", diese widerwärtige Mördertruppe, steht? Für Massenmord, Vergewaltigungen, das Köpfen von Frauen und Kindern sowie für die schändlichsten Taten überhaupt.

Diese Mörderbande ist eine Beleidigung für jeden Muslim, jeden Christen und für jeglichen friedlichen Glauben auf der ganzen Welt. Jetzt ist eines dieser Subjekte GOTT SEI DANK tot, und Sie betrauern solch ein Subjekt noch? Sie sagen „... dass wir heute hier zusammen sind ..., das gefällt nicht allen ... Aber Gott gefällt das." Was maßen Sie sich an? Woher wollen Sie wissen, dass Gott das gefällt? Sie betonen weiterhin, dass uns Menschen kein letztes Urteil zusteht. Dem widerspreche ich, denn ich urteile folgendermaßen: Ich begrüße den Tod dieses IS-Kämpfers und wünsche mir, dass dem Rest dieser Bande das Gleiche widerfährt. Pastor Sieghard Wilm, wenn ein Kind vom IS geschändet wird, sollen die Eltern ihre andere Tochter auch noch feilbieten? Und wenn ein Vater einen von denen tötet, um seine Frau und seine Kinder zu beschützen, trauern Sie dann auch um den? Und ebenso kann ich mir nicht vorstellen, dass ein Gott, der gut und gerecht ist, Ihre Meinung teilt. Bilal, Du IS-Kämpfer, ich freue mich, dass Du nicht mehr auf diesem Planeten weilst. In Treue fest für die Freiheit und für die Toleranz und gegen jegliche Ungerechtigkeit und Unterdrückung. Wenn die Guten nicht kämpfen, dann siegen die Bösen. Und je mehr Böse „von uns gehen", desto besser wird die Welt.

Pastor Wilm, schämen Sie sich!

Tim K.

73. Symbolik einmal anders

Es mag Zufall sein, dass in meinem nächsten Post wieder die Kirche mit einbezogen war, aber vor dem Kölner Dom wurde die Fronleichnamsmesse gefeiert – mit einem sieben Meter langen Flüchtlingsboot als Altar. Das „Kölner" Flüchtlingsboot – oder: Symbolik einmal richtig nutzen!

Es war laut Medienberichten eine „beeindruckende" Messe, die der Kölner Kardinal mitten in Köln zelebrierte. Als Altar diente ihm ein Flüchtlingsboot, welches extra für diesen Anlass dorthin gekarrt wurde. Jetzt überlegt man, wohin das Boot gebracht werden soll. Ich hätte da einen Vorschlag, und der befasst sich ebenfalls mit Symbolik: Das Boot wird zerlegt, und aus seinen Planken und Einzelteilen wird ein Schrein gebaut, der an alle genötigten, missbrauchten und vergewaltigten Frauen aus der Kölner Silvesternacht erinnert. All das ereignete sich ja nur wenige Meter entfernt, und der Gedenkort wäre selbstverständlich kein passenderer als der vor dem Kölner Dom am Bahnhofsvorplatz. Wie Kardinal Woelki in seiner Rede bereits sagte, dürfen die Menschen ihre Augen und Ohren nicht verschließen, sondern sollen barmherzig und entschlossen handeln. Das täte man dann. Wir dürfen nämlich nicht unsere Augen verschließen und müssen konsequent handeln, wenn Frauen missbraucht werden und Jugendliche andere Jugendliche willkürlich fast zu Tode prügeln oder gar ermorden. Mich interessiert keine Herkunft, kein Glaube und keine Religion, wenn es sich um eine widerwärtige Tat und um ein unschuldiges Opfer handelt. Alle Menschen sind gleich und sollen auch so behandelt werden, als wären sie es. Heutzutage sind aber einige gleicher! Mich interessiert nur die Gerechtigkeit und das Gute. Und für die Gerechtigkeit und das Gute muss man sich immer erst vor seiner eigenen Haustür einsetzen. Warum gab es bis heute keine Messe für die missbrauchten Frauen? Diese ganze Korrektheit, diese gewünschte und gelenkte Meinungsmache und der Gesinnungszwang kotzen mich nur noch an. Keiner verbietet mir, das zu sagen, was ich denke und wie ich denke, denn ich scheine zu denen zu gehören, die einfach nicht gleich sind.

Tim K.

74. Das „Stalingrad" der Kölner Polizeiführung

Ich hätte auch schreiben können: das „Waterloo", aber dieses Buch soll aufrütteln, polarisieren und zu Aufschreien anstacheln. Ich will nämlich in den Köpfen der Menschen etwas bewegen, und man bekommt viele nur vom gemütlichen Sofa und vom Flachbildschirm, auf dem die Bundesliga läuft, mit markanten Worten hoch bzw. weg; wenn überhaupt, denn der normale Bundesbürger reagiert meiner Ansicht nach erst, wenn der „Feind" im eigenen Vorgarten steht, die Gartenzwerge zertrampelt, das Auto zerkratzt und der Sommerurlaub verhindert würde. Die ganze Bewegung, der Anfang der Popularität und die damit verbundene Reichweite meiner Aussagen fanden ihren Ursprung in den Übergriffen der Kölner Silvesternacht. Unser Club distanzierte sich davon, positionierte sich und versprach den Frauen in Zukunft Präsenz und damit verbundenen Schutz. Dies hatte zur Folge, dass Städtebetretungsverbote verfügt wurden. Absender war in jedem Fall das Polizeipräsidium Köln, also die ansässige Polizeiführung. Ich widersetzte mich medienwirksam diesem Verbot, fuhr nach Köln und wurde dort verhaftet. Wie schon zuvor berichtet, hatte dies ein Ordnungsgeld in Höhe von 500,- Euro zur Folge, welches ich mich weigerte zu zahlen. Vielmehr reichte ich über meinen Freund und Anwalt Hendrik Schnelle Klage beim Verwaltungsgericht gegen diese Verfügungen/Verbote ein. Schließlich kam der Tag, an dem das Verwaltungsgericht antwortete und eine deutliche Tendenz hinsichtlich der zu erwartenden Entscheidung bereits zu erkennen war. Das Verwaltungsgericht in Köln wies wie folgt aus:

„Es handelt sich bei der streitgegenständlichen Verfügung um eine Ermessensentscheidung, sodass zu prüfen ist, ob der in der Verfügung genannte Sachverhalt bzw. die benannten Gründe geeignet sind, die Ermessensentscheidung zu tragen. Des Weiteren ist dabei von Bedeutung, dass ein Nachschieben von Gründen bei erledigten Verwaltungsakten nicht in Betracht kommt. Die in der Verfügung benannten Gründe erscheinen nach Ansicht der Kammer nicht geeignet, die Ermessensentscheidung zu tragen. Zwar dürfte es unstreitig sein, dass der Kläger Mitglied des „Brothers MC Germany" ist, der sich auf seiner Internetseite zu den Vorfällen in der Silvesternacht in Köln äußert. Dies dürfte aber für sich genommen — auch unter der Berücksichtigung der Inhalte der Stellungnahme — zur Begründung der Maßnahme nicht ausreichen. Dass es sich bei den Mitgliedern des „Brothers MC Germany" um gewaltsuchende Hooligans handelt, ergibt sich aus der Begründung nicht. Ein Aufruf zur Gewalt gegen Menschen mit Migrationshintergrund

ist den Stellungnahmen im Internet nicht zu entnehmen. Dass Mitglieder des „Brothers MC Germany" an Vorfällen vom 10.1.2016 – wie sie in der Verfügung geschildert werden – beteiligt waren, ist der Verfügung ebenfalls nicht zu entnehmen. Sollten Anhaltspunkte für derartige Annahmen vorliegen, hätten diese ausgeführt werden müssen. Welche gegen den Kläger geführten Strafverfahren hier herangezogen wurden, ist der Verfügung ebenfalls nicht zu entnehmen. Es wurden insoweit keine Verurteilungen benannt bzw. Ausführungen zum Restverdacht bezüglich eines strafrechtlichen Verhaltens des Klägers getätigt. Darüber hinaus ist nicht erkennbar, welche Erwägungen im Fall des Klägers zu der räumlichen Festlegung des Verbotsbereiches geführt haben."

Soweit die Ausführungen der Kammer, die einer endgültigen Entscheidung, die uns bis zum heutigen Tag aber noch nicht vorliegt, vorangingen.

Zusammengefasst ist das eine schallende Ohrfeige links und rechts in das Gesicht der Kölner Polizeiführung, die, wie so oft typisch für diese Herrschaften, völlig hilflos, dilettantisch und unwissend erst einmal etwas entschieden und rausgehauen hat, was im Nachhinein überhaupt keinen Bestand oder irgendeine Rechtsgültigkeit aufgewiesen hat. Typisch. Ich werde diesen Sieg gebührend und weitreichend auskosten! Kein Teil des Systems!

75. Es gibt nur einen einzigen richtigen Weg: deinen eigenen!

Ich habe mich vor 16 Jahren bei der Polizei beworben, weil ich mich für das Gute einsetzen und Schwächere beschützen wollte. Die Herkunft der Täter war mir damals ebenso egal wie die Herkunft der Opfer: Es ging mir nur um die Gerechtigkeit. Das ist heute nicht anders.

Ich war keiner von denen, die in der verkehrsberuhigten 30er Zone irgendwelche Bürger auf dem Weg zur Arbeit mit Bußgeldern wegen zu schnellen Fahrens abgezogen haben, sondern ich habe denen Lektionen erteilt, die es wirklich verdient hatten. Als ich damals einer jungen Frau half, von ihrem widerwärtigen Peiniger fortzukommen, brachte mir das eine siebenmonatige U-Haft ein, und mein Leben schien zerstört. Ich hatte danach alles verloren, und zu Hause wurde mir sogar der Strom abgestellt, weil ich die Rechnungen nicht mehr bezahlen konnte. Ich bin nicht stolz auf alles, was ich getan habe, aber es war mein Leben: Ich durfte nicht absaufen, und wenn ein einziger Tag anders verlaufen wäre, wäre ich nicht der, der ich heute bin.

Ich habe niemals aufgegeben und mich gut zurückgekämpft. Doch je bekannter man wird, desto öfter kommen sie aus ihren Löchern gekrochen, und wer den Ball hat, der wird nun mal immer angegriffen. Aber Neider sind wie Dispo-Zinsen: unverschämt, ansteigend und nur profitierend von den Errungenschaften anderer, weil sie selbst nichts aus eigener Anstrengung schaffen. Man muss mit ihnen leben, weil es sie immer geben wird, aber man sollte keinen Gedanken an sie verschwenden. Heute stehe ich hier und setze mich wieder für Gerechtigkeit ein und versuche, die Gesellschaft etwas besser zu machen und Schwächere zu beschützen. Ich versuche, mit meinen Mitteln irgendetwas zu bewegen, was ein Umdenken in den Köpfen der Menschen bewirken könnte; etwas, das denen die Macht nimmt, die sie über andere zu haben meinen. Die Macht des Stärkeren, des Unverschämten und des Unverfrorenen: genau diese Macht von Politikern und Unterdrückern innerhalb der Gesellschaft. Natürlich bin ich genau denen ein Dorn im Auge, und das ist auch gut so. Ich stehe genauso gegen die, die dieses Land zugrunde regieren, wie gegen die, die meinen, Schwächere unterdrücken oder Frauen misshandeln zu können. Wer einen anderen Menschen aufgrund seiner Hautfarbe, Religion oder seiner Berufszugehörigkeit kategorisch verurteilt, ist einfach nur ein minderbemitteltes, schlichtes und armseliges Subjekt mit einem niederträchtigen Charakter. Wer einen anderen Menschen grundlos angreift, zusammenschlägt und verletzt, ist menschlicher

Es gibt nur einen einzigen richtigen Weg: deinen eigenen!

Abfall. Wer eine Frau schlägt, sexuell nötigt oder vergewaltigt, ist Abschaum. Und genau wie damals stehe ich auch heute wieder gegen derartige Subjekte, mit dem Unterschied, dass ich heute eine andere Uniform in Form einer Kutte trage. Die Kutte des „Brothers MC Germany", die ich bis zu meinem Tode tragen werde. Ich bin ein „Brother" und Mitbegründer der „Brothers Legion", und ich setze mich für Schwächere, Frauen, Kinder und meine Heimat ein, denn ich bin mir treu geblieben. Damals wie heute.

Tim K.

76. Ist der Dalai Lama etwa jetzt ein Nazi?

Gegenüber der „*FAZ*" sagte der Dalai Lama, dass er eine Begrenzung der Flüchtlingszahlen für moralisch vertretbar halte. Zwar hätten Bessergestellte eine Verantwortung, den Flüchtlingen zu helfen, doch sei deren Zahl z.B. in Deutschland inzwischen zu hoch, sagte er. Aus moralischer Sicht sei es richtig, Flüchtlinge nur vorübergehend aufzunehmen: *„Das Ziel sollte sein, dass sie zurückkehren und beim Wiederaufbau ihrer eigenen Länder mithelfen."*

Natürlich ist er kein Nazi, und das, was er gesagt hat, ist völlig richtig und auch erforderlich. Immer erwartet man Respekt von uns und dass wir auf die Sorgen anderer eingehen. Wer aber respektiert uns und unsere Meinung? Wer geht auf unsere Sorgen ein? Was ist das für eine Meinungsfreiheit, in der nur eine gewünschte Meinung wirklich frei ist? Es geht um die Frage, ob man sich heraushält in einer Zeit, in der das „Sich-Heraushalten" die Zukunft unserer Frauen und Kinder gefährdet; ob man schweigt, obwohl man weiß, dass viele andere die gleiche Meinung haben, sich aber nicht trauen, diese offen zu sagen. Wir sollten uns alle ein Beispiel am Dalai Lama nehmen, der ohne jeglichen Zweifel ein wunderbarer Mensch ist.

77. Ein bedauerlicher „Einzelfall"

Frau Merkel, falls Sie kurz Zeit haben, dann schauen Sie sich an, was Sie aus diesem Land gemacht haben. Ich mache Sie für diesen „Einzelfall" mitverantwortlich!

Am einem Donnerstagmorgen erhielt ich die Nachricht von einer jungen Frau aus Bremen, die mir berichtete, dass ihre Mutter in der vorangegangenen Nacht vergewaltigt wurde: von einem „Flüchtling". Die Mutter war völlig zerstört, die ganze Familie stand unter Schock, und ihr Anliegen war es nur, dass dieser Fall publik gemacht und nicht, wie womöglich so viele andere, geheim gehalten wird. Ich sicherte ihr sofort meine Unterstützung zu und besuchte daraufhin die junge Frau und ihre Mutter am Abend in Bremen.

Das Bild, das sich mir dort bot, war herzzerreißend: Ich wurde von den beiden Töchtern des Opfers empfangen, und die Mutter selbst saß tränenüberströmt und apathisch auf dem Balkon ihrer kleinen Wohnung am Rande der Stadt. Ebenfalls unter Tränen schilderte mir eine der Töchter, die im achten Monaten schwanger ist und selbst keine Wohnung in Bremen findet, was ihrer Mutter Furchtbares und Abscheuliches widerfahren war.

Die Mutter ist bei einer Zeitarbeitsfirma angestellt, die in Flüchtlingsheimen die sogenannten „Flüchtlinge" unterstützt. Annette S. (Name geändert) war dafür zuständig, den überwiegend jungen Männern das Essen auszugeben, ihnen bei der Wohnungs- und Arbeitssuche zu helfen und ihnen letztendlich die „Einbürgerung" in die Gesellschaft zu ermöglichen. Sie wird in der Zeltstadt in Bremen, Überseestadt, überall nur „Mama" genannt. Die 52-Jährige war so gut zu ihren „Flüchtlingen", dass sie einige von ihnen sogar privat zu sich nach Hause einlud, um mit ihnen gemeinsam zu essen. Fünf Männer nahmen das Angebot dankend an, und ein weiterer stieß hinzu. Schon bei diesem Treffen war der spätere Täter stark alkoholisiert.

An einem anderen Tag im Juli grillte man zusammen im Flüchtlingslager und ging anschließend noch gemeinsam am Weserufer mit einer größeren Gruppe spazieren. Als sich diese dann auflöste, ging Annette S. mit dem Mann, den sie vor Kurzem noch als ihren Gast bei sich zu Hause empfangen und mit dem sie gemeinsam am Tisch gegessen hatte, zurück. Sie hatten denselben Heimweg.

Annette S. setzte sich auf einen Stein, um sich kurz auszuruhen, als der Mann sich über sie beugte, ihre Beine zusammendrückte und sie zum Oralverkehr zwang. Nachdem er „fertig" war, ließ er von ihr ab. In diesem Augenblick hockte sich ein Obdachloser neben sie, öffnete seine Hose und wollte sich anscheinend auch noch daran beteiligen. Dies missfiel aber dem Täter, der lautstark auf ihn losging, was Annette S. zur Flucht nutzte. Sie lief davon und hörte nur, wie der Täter den Obdachlosen, der laut schrie, zusammenschlug. Aus Angst, der Obdachlose könnte schwer verletzt werden, kehrte sie um und zog den „Flüchtling" von diesem weg. Der Obdachlose nutzte dies wiederum zur Flucht, und Annette S. wurde daraufhin zu Boden gedrückt. Ihre Hände wurden über ihrem Kopf festgehalten, und sie wurde ein zweites Mal brutal vergewaltigt. Aus schierer Panik brachte sie keinen einzigen Ton heraus.

Als das widerwärtige Subjekt von ihr abgelassen hatte, lief sie sofort zur Polizei am nahegelegenen Bahnhof und berichtete von dem Vorfall. Die Beamten leiteten sofort eine Nahbereichsfahndung ein, fanden den Täter jedoch nicht mehr. Zwei Beamtinnen kümmerten sich derweilen um das Opfer und veranlassten eine Untersuchung im Klinikum Bremen-Mitte (Frauenklinik). Während der zweistündigen Untersuchung wurden eindeutige DNA-Proben festgestellt und gesichert. Obwohl die fünf Männer mit dem Täter befreundet sind, weiß keiner von ihnen, wo dieser wohnt und wie er heißt. Einer von ihnen, der mit diesem Subjekt zusammenziehen will, wollte Annette S. noch davon abhalten, Anzeige gegen seinen Freund zu erstatten.

Die 52-Jährige war vor dieser Vergewaltigung nach langer Zeit wieder glücklich in ihrem Leben, und ihr machte die Arbeit Spaß. Sie verstand sich mit ihren Mitarbeitern, und eine zweite Gehaltserhöhung stand unmittelbar bevor. Es sollte nur 45 Minuten dauern, bis ihr Leben in Trümmern lag. Sie ist psychisch völlig zerstört und kann und wird nicht mehr bei dieser Firma in diesem Lager arbeiten.

Der krönende Abschluss fand bei der zweiten Vernehmung durch die Polizei zwei Tage nach der Tat statt. Die vernehmende Polizeibeamtin gab Annette S. folgende Hinweise mit auf den Weg:

„Sie haben da eh nichts von, und Sie kriegen nichts dafür. Egal, ob der verurteilt wird, in den Knast geht oder Bewährung bekommt, dadurch wird es auch nicht besser. Außerdem steht Aussage gegen Aussage. Deshalb machen Sie sich keine zu große Hoffnungen. Und fangen Sie bloß nicht jetzt an, alle über einen Kamm zu scheren!"

Die Polizei Bremen kann diesen Vorfall nicht leugnen, und ich glaube dieser Frau.

Schämen Sie sich! Und Sie, Frau Merkel, Sie sind für mich die Scharfrichterin Europas! Sie sind für mich eine potenzielle Mittäterin. Sie stehen auf Seiten der „Flüchtlinge" und ich auf der Seite meiner Mitmenschen in diesem Land! Und ich werde der jungen, hochschwangeren Frau helfen, in Bremen eine Wohnung zu finden. Sie ist leider hier geboren, kein „Flüchtling" und kann daher nicht auf volle Unterstützung zählen. Die Zeit ist gekommen, nicht mehr wegzuschauen und sich zu engagieren!

Der wichtigste Schritt aber wird sein, Sie, Frau Merkel, mit allen gebotenen legalen und politischen Mitteln aus Ihrem Amt zu entfernen. Und das am besten so schnell wie möglich, denn mit jedem Tag länger zerstören Sie dieses Land und Europa mehr! Kein Teil des Systems!

Tim K.

78. Dunkle Zeiten – ein Ausblick

Ich wurde in diesem Land geboren, und ich bin ein freidenkender Europäer und Deutscher. Ich bin froh darüber, hier geboren worden zu sein, denn dieses Land stand immer für Kultur, Stil, moderne Errungenschaften und Fortschritt. Ich wurde so erzogen, dass Respekt, Höflichkeit und Wertschätzung unabdingbare Grundlagen für das Zusammenleben mit jedem Menschen sind, ganz gleich, welcher Herkunft, Rasse oder Religion. Ich wurde auch erzogen, in einem freien Land zu leben, in dem ich jederzeit meine Meinung sagen kann, sofern ich niemand anderen damit unflätig beleidige oder verletze. Das ist zudem stets eine Frage des Stils, den ich mir von niemandem diktieren oder nehmen lasse. Ich habe dennoch dermaßen die Schnauze voll von dem, was mit und in diesem Land passiert, dass ich des Öfteren Gefahr laufe, meine gute Erziehung und meinen Stil zu vergessen. Das wird letztendlich doch nicht passieren, denn von derartigen Subjekten lasse ich nicht mein Verhalten beeinflussen. Was an der Spitze dieses Landes steht, ist an Erbärmlichkeit und Stillosigkeit nicht mehr zu überbieten. Die farblose Pfarrerstochter aus der Uckermark und „Schlepperkönigin" hat ganz Europa an den Rand des Abgrunds getrieben.

Und was tun die rückgratlosen Lakaien Ihrer Majestät? Sie wagen es nicht einmal, der „Mutti" zu widersprechen, während jegliche Errungenschaften und Fortschritte unserer Vorfahren zunehmend zerstört werden. Ich sehe eine Frau, die anscheinend Europa vorsätzlich zerstören will. Ich sehe einen Justizminister, der alles dafür tut, dass die Leistungen vorheriger Generationen zunichte gemacht werden. Ich sehe die Bundeswehr in Afghanistan, Syrien und demnächst in der Ukraine. Ich sehe Menschen, die in einem totalitären System mitgelaufen sind und jetzt scheinbar ein gleichartiges System hier wieder installieren wollen. Und ich sehe Menschen, die am Bahnhof stehen und klatschen und Teddybären werfen, oder Tausende, die den Aufstieg ihrer Mannschaft von der 4. in die 3. Liga frenetisch mit Tränen in den Augen feiern. Aber was mitten unter uns oder mit unseren Frauen, Kindern und älteren Menschen passiert und noch passieren wird, das scheint keinen zu interessieren. Rückgrat, Charakter und eine eigene Meinung zu besitzen und auch zu vertreten, sind die Grundfesten einer wahren Demokratie. Ich lasse mir mein Demokratieverständnis nicht von einer Frau zerstören, die in der ehemaligen DDR freiwillig mitmarschiert ist und mitgejubelt hat, und wäre dieses System nicht zusammengebrochen, würde sie dort heute eine führende Position bekleiden; so viel steht fest. Selbst wenn ich mit meiner Meinung alleine dastünde: Ich stehe bis zum Ende dafür ein. Das ist mein Stolz und mein Selbstverständnis. Wenn die Entwicklung so weitergeht, dann sind wir nicht mehr zu retten: Das ist meine tiefste Überzeugung.

Wir werden eingenommen von fremden Massen, die weder kulturell, geschweige denn von ihrem Entwicklungsstandard auch nur annähernd die Möglichkeit besitzen, sich irgendwann zu integrieren. Dass es sich bei diesen „Invasoren" um fast 90 Prozent junge Männer handelt, spielt eine weitere verheerende Rolle. All diese Menschen werden sich in Ghettos zusammenfinden, sich abschotten und nichts zu unserer Gesellschaft beitragen, außer von ihr zu profitieren. Im Gegenteil, die Kriminalität wird in die Höhe schnellen und das Gesundheits- und Sozialwesen in außerordentlichem Maße durch sie in Mitleidenschaft gezogen werden. Die Regierung – das System – kennt die Zahlen und Fakten nur zu genau, und die Entwicklung ist ihr selbstverständlich bekannt. Umso schändlicher und widerwärtiger ist es, dass diese Entwicklung bzw. der Niedergang mit Hochdruck weiter vorangetrieben wird. All das geht einher mit der Beschneidung der Rechte der eigenen Bevölkerung, wohingegen jeder/jede Fremde Zuneigung und Vorzüge in jeglichem Maße genießen darf.

Dieses Land ist tief gespalten, und zwar gespalten in zwei Lager: Das eine Lager besteht aus der großen Herde der Gutmenschen und denen, die in einem scheinbar gleichgültigen oder vertrauensseligen Zustand die bevorstehende Apokalypse nicht wahrhaben wollen. Das andere Lager besteht aus denen, die den drohenden Untergang dieses Landes, die Verrohung, die Gleichgültigkeit der Politik gegenüber den eigenen Bürgerinnen und Bürgern und die drohende Diktatur der Parteikader nicht mehr hinnehmen wollen. Ich gehöre zum zweiten Lager.

Ich weiß, dass mich viele Menschen nicht mögen oder sogar hassen werden, aber ich weiß auch, dass ich ebenso vielen aus dem Herzen spreche. Ich kann gar nicht anders und folge meiner Überzeugung, meinem Charakter und meiner Moral. Ich möchte mit diesem Buch etwas bewegen. Ich möchte in die Köpfe vieler Menschen gelangen: sie aufmuntern, ermutigen und stärken. Ich möchte und ich werde polarisieren. Und das ist auch gut so!

Ich folge meiner inneren Stimme und meiner Bestimmung, irgendetwas Gutes in den Menschen zu bewegen, Gutes zu tun und Gutes zu bewahren. Ich bin der, der ich schon immer war, und der ich bin: Kein Teil des Systems!

Tim K.

79. Letzte Worte

Verrate niemals Deinen Freund oder Bruder!

Begehre niemals Deines Bruders Frau oder seinen Besitz oder neide ihm etwas!

Sei loyal, ehrlich und standhaft!

Beschütze die Schwächeren, und behandele eine Frau mit Respekt!

Gib niemals dem Feind Deines Freundes die Hand!

Ich danke dem kleinen Kreis von Menschen, die ich als meine Familie bezeichne. Ihr wisst, wen ich meine.

Ich danke meinem Motorradclub „Brothers MC Germany".

Ich danke meinen Freundinnen und Freunden.

Und ich danke meinen Feinden, denn Ihr zeigt mir immer wieder, wofür und gegen wen es sich lohnt, sich einzusetzen.

SYMBOLISCH GESEHEN IST
DAS GESPROCHENE WORT OFT
SCHÄRFER ALS JEDE
GESCHMIEDETE KLINGE.

DESHALB MUSS MANCHMAL
VIELLEICHT ERST METALL GEGEN
METALL SCHLAGEN, DAMIT JENE
FUNKEN SPRÜHEN, DIE DANN ERST
EIN GROSSES FEUER ENFACHEN.
KEIN TEIL EURES SYSTEMS!

TIM K.